정보의 진화

WHY INFORMATION GROWS:
THE EVOLUTION OF ORDER, FROM ATOMS TO ECONOMIES

이 도서의 국립중앙도서관 출판예정도서목록(CIP)은 서지정보유통지원시스템 홈페이지
(http://seoji.nl.go.kr)와 국가자료공동목록시스템(http://www.nl.go.kr/kolisnet)에서
이용하실 수 있습니다.
(CIP제어번호: CIP2018037314)

정보의 진화

물리학과 경제학으로 정보성장의 메커니즘을 파헤치다

César Hidalgo
세자르 히달고 지음
박병철 옮김

Why Information Grows

문학동네

일러두기

1. 본문에 숫자로 표시된 미주와 •로 표시된 각주는 모두 지은이주다. 옮긴이주는 별도로 표시했다.
2. 본문 중 고딕체는 원서에서 이탤릭체로 강조한 부분이다.
3. 인명, 지명 등 외래어는 국립국어원의 외래어표기법을 따랐다. 단, 외래어표기법이 제시되지 않은 일부 언어들은 국내 매체에서 통용되는 사례를 참조했다.

차례

서문: 끝없는 전쟁

우주는 에너지와 물질, 그리고 정보로 이루어져 있다. 물리학자와 우주론학자들의 눈에는 에너지와 물질이 중요하겠지만, 우주를 흥미로운 곳으로 만드는 주인공은 단연 정보다. 정보가 없다면 우주는 뚜렷한 형태가 없고 구조도 없으며, 아름다움과 다양성을 낳은 프랙털fractal의 배열도 없이 그저 걸쭉한 수프에 불과할 것이다.

정보는 은밀한 곳에 숨어서, 무질서를 향해 나아가는 우주와 전쟁을 벌이고 있다(여기서 무질서란 엔트로피entropy를 의미한다. 열역학법칙에 의하면 우주의 엔트로피는 시간이 흐를수록 계속 증가하고 있다). 이 책의 주제는 "정보가 성장하는 이유"와 "정보와 무질서 사이에 벌어지는 전쟁의 메커니즘"으로 요약된다. 이 메커니즘에는 정보가 탄생하는 자연적 과정 및 사회적 정보의 성장을 촉진하는 경제적 메커니즘이 포함되어 있다. 또한 정보의 성장은 물리적 질서의 성장과 일맥상통하여, 우리의 지구가 (원자에서 경제에 이르기까지) 독특하고 풍부하면서 다사

다난한 행성으로 진화하는 데 결정적인 역할을 해왔다.

이 책에 서술된 내용의 대부분은 우리의 고향행성인 지구와 거기 서식하는 최상위 생명체, 즉 인간이라는 종種에 집중되어 있다. 익숙한 환경에서 벗어나 범우주적 관점에서 바라봐도 지구는 너무나도 특별한 곳이기 때문이다. 우주에는 지구보다 많은 에너지와 물질로 이루어진 천체가 도처에 널려 있지만, 지구처럼 방대한 양의 정보가 집약된 곳은 (적어도 우리가 아는 한) 존재하지 않는다. 블랙홀은 질량이 너무 커서 시공간을 휘어지게 만들고 중성자별neutron star은 밀도가 너무 커서 한 스푼만 떠도 엠파이어스테이트빌딩보다 무거우며, 태양계가 속한 은하Milky Way에는 지구와 비교가 안 될 만큼 엄청난 에너지를 가진 별들이 수천억 개나 존재하고 있다. 그런데도 지구가 특별한 이유는 물질이나 에너지 때문이 아니라 물리적 질서, 즉 '정보' 때문이다. 블랙홀에게 물질이 있고 별에게 에너지가 있다면, 지구에게는 정보가 있다. 지금도 지구에서는 정보가 은밀한 곳에 숨어서 자라나는 중이다. 지구가 없다면 우주는 아무런 결실도 없는 황량한 공간에 불과할 것이다.

그렇다면 정보는 어디에서 오는가? 정보는 왜 지구에 집중되어 있으며, 생명체는 어떻게 정보의 성장을 촉진하는가? 사회와 경제는 어떤 메커니즘을 통해 정보의 성장을 견인하고 있는가? 이미 누적된 정보는 어떻게 더 많은 정보를 취득하는 능력을 갖고 있는가? 그리고 정보를 양육하는 메커니즘은 복잡다단한 사회와 경제에 어떤 영향을 미치는가?

이제 독자들은 정보가 무엇이며 어디서 오는지, 그리고 왜 스스로 자라는지를 알게 될 것이며, 엔트로피와 전쟁을 벌이고 있는 정보를 자연과 사회, 그리고 경제가 어떤 식으로 돕고 있는지 알게 될 것이다. 그리고 우주 전역에서 벌어지고 있는 질서와 무질서의 전쟁, 즉 정보와 엔트로피 사이의 치열한 전쟁에서 국지적으로 정보가 이기도록 도와주는 메커니즘이 무엇인지도 알게 될 것이다.

입문: 원자에서 인간으로, 인간에서 경제로

루트비히는 불행한 사람이었다. 아들의 죽음을 지켜보면서 정신이 이상해졌을까? 동료들의 비난을 못 이기고 자포자기한 것일까? 아니면 원자를 너무 사랑한 나머지 거시적 세계에 대한 애정을 접은 것일까?

1906년 여름, 그는 휴가를 보내던 중 스스로 목숨을 끊었다. 밧줄에 목을 맨 그의 모습을 처음 발견한 사람은 막내딸 엘사Elsa였는데, 그녀는 죽는 날까지 그날의 비극을 절대로 입에 담지 않았다.

그렇다. 나는 지금 나는 루트비히 볼츠만Ludwig Boltzman의 이야기를 하는 중이다. 그는 생전에 크게 성공한 과학자였지만, 그와 동시에 심성이 매우 나약한 사람으로 알려져 있다. 그는 자연을 이해하는 데 중요한 기여를 했으나 그가 제안한 아이디어는 다른 과학자들로부터 수많은 비난과 도전을 받아왔다.

대부분의 과학자들이 원자를 '편리한 비유' 정도로 치부하던 시절, 루트비히는 원자가 실제로 존재한다고 굳게 믿었다. 그는 기체가 원자나 분자로 이루어져 있다는 가정하에 기체의 거동을 설명하는 이론을 구축했고, 그의 이론은 실제 경험과 잘 맞아떨어졌다. 그러나 당시에는 원자의 존재를 검증할 만한 도구가 전혀 없었기에, 루트비히는 동료들의 비난과 혹평을 고스란히 받아내야 했다.

직접적인 증거가 없으니 루트비히는 당연히 수세에 몰릴 수밖에 없었다. 한때 물리학을 연구하다가 철학자로 변신한 에른스트 마흐Ernst Mach는 "모름지기 과학이란 직접 관측 가능한 객체들의 상호관계에 집중해야 한다"며 루트비히의 이론을 사정없이 깔아뭉갰다. 19세기의 물리학계는 '볼츠만의 원자'와 같은 가설을 수용할 만한 준비가 전혀 되어 있지 않았던 것이다.

당시 루트비히를 괴롭혔던 문제는 이것뿐만이 아니었다. 그는 '물리적 질서의 기원'을 설명하기 위해 수십 년 동안 혼신의 노력을 기울인 끝에 하나의 이론을 구축했는데, 본인이 예상했던 것과 정반대의 결과가 얻어지는 바람에 몹시 낙담하고 있었다. 일상생활에서 주변을 둘러보면 꽃이 피고 나무가 싹을 틔우고 공장에서는 매일같이 새로운 상품을 생산하는 등 질서가 점점 더 정연해지고 있는데, 루트비히의 이론에서는 시간이 흐를수록 물리계가 혼돈스러워진다는 예상 밖의 결과가 나온 것이다. 그의 이론은 열이 뜨거운 곳에서 차가운 곳으로 흐르는 이유와 커피에 우유를 추가한 후 스푼으로 저으면 소용돌이를 치다가 사라지는 이유, 그리고 바람이 잦아들면 소리가 사라지는 이유를 설명해주었으며, 우주의 미세구조가 질서를 갉아먹고 있음을 보여주었다. 그러나 루트비히는 자신의 이론에 정보와 관련된 메커니즘이 빠져 있다고 생각했다.

눈에 보이는 세상은 왜 질서가 점점 더 정연해지고 있을까? 루트비히는 이 의문 때문에 마음 편할 날이 없었다(물론 과학자들만 이해할 수 있는 불편함이었다). 이론에 어떤 요소가 빠진 것 같긴 한데, 대체 무엇이 빠졌는지 알 길이 없었다. 쏟아지는 비난과 풀리지 않는 수수께끼에 지칠 대로 지친 그는 결국 밧줄 한 가닥으로 모든 문제를 해결하는 극약처방을 택하게 된다. 현대물리학이 거둔 최대의 성과는 원자의 존재를 증명한 것이다. 그러나 루트비히는 이 영광스러운 날을 맞이하지 못하고 쓸쓸하게 삶을 마감했다.

* * *

루트비히 볼츠만은 1906년에 세상을 떠났지만, 그를 괴롭혔던 철학적 문제들은 여전히 풀리지 않은 채로 남아 있었다. 생전에 그는 물리적 질서의 기원을 설명하기 위해 각기 다른 규모(공간적 스케일)에서 일어나는 현상인 원자와 기체를 연결시켰는데,[1] 요즘 시각으로 보면 아무런 문제가 없지만 당시만 해도 공간의 규모를 오락가락하는 것은 과학자들 사이에 금기사항으로 여겨지고 있었다. 루트비히의 연구동료들은 공간의 규모가 달라질 때마다 새로운 구조가 드러나기 때문에, 연구분야 자체가 달라진다고 생각했다. 간단히 말해서 과학이 마트료시카(Matryoshika, 큰 인형 속에 작은 인형이 연달아 들어 있는 러시아의 전통 인형: 옮긴이)처럼 계층구조를 갖고 있다고 믿은 것이다. 이 믿음이 사실이라면 굳이 경계를 넘나들 필요가 없다. 경제학에는 심리학을 도입할 필요가 없고, 화학에는 생물학이 필요 없다. 기체의 상태를 원자론으로 설명하는 것은 인간의 행동양식을 생물학으로 설명하는 것만큼 엉뚱하진 않지만, 그래도 19세기 과학계의 불문율을 위배하는 짓이었다. 볼츠만은 거시계의 특성을 원자의 운동으로 설명함으로써 스스로 '죄인'이 된 것이다.

* * *

20세기에 들어 루트비히의 원자관은 과학계의 정설로 수용되었고, 각 분야의 영역을 넘나드는 것도 어느 정도 허용되었다. 루트비히의 원자를 화학 및 재료공학과 연결시킨 일등공신은 20세기 물리학의 총아인 양자역학quantum mechanics이다. 분자생물학과 생화학은 세포의 생물학적 특성을 단백질의 화학적 특성과 연결시켜 분야 간의 융합을 선도했고, 생물학과 심리학도 상호 협력하에 인간의 행동양식을 어느 정도 설명할 수 있었다.[2] 그렇다고 모든 분야가 교류를 시도한 것은 아니지만, 경계를 초월한 소통이 유행처럼 퍼지던 시기에 거의 모든 분야에 통용되는 개념이 하나 있었으니, 그것이 바로 이 책의 주제인 '정보information'였다.

루트비히도 정보에 각별한 관심을 갖고 오랜 세월 동안 파고들었으나, 아직 개념이 확립되기 전이어서 문제의 핵심을 짚어내기가 어려웠다. 지구에서는 시간이 흐를수록 질서가 점점 더 정연해지는 것 같은데, 우주는 왜 무질서를 향해 나아가고 있는가?

20세기 들어 각종 정보가 급증하면서 정보를 학술적으로 분석한 연구논문이 조금씩 발표되기 시작했다. 그러나 대부분의 과학기술이 그렇듯이, 정보이론의 발전에 가장 큰 기여를 한 것은 학문이 아닌 전쟁이었다. 전쟁중에 각국의 군대들은 기밀유지를 위해 모든 통신을 암호로 교환했고 적국의 암호를 입수했을 때 가장 필요한 것이 암호를 해독하는 기술이었기에, 정보에 대한 수학적 연구가 전쟁의 승패를 좌우하는 최강무기로 떠오른 것이다.

결국 2차 세계대전은 암호전쟁에서 한 발 앞선 연합군의 승리로 끝났고, 암호 생성 및 해독법은 전쟁터에서 상아탑으로 옮겨왔다. 전후의 수학자들은 암호를 해독하는 기술보다 통신기술에 정보이론을 접목하는 쪽으로 연구를 진행했는데, 이 분야에서 큰 성공을 거둔 클로드 섀넌Claude Shannon과 워런 위버Warren Weaver, 앨런 튜링Alan Turing, 그리고 노버트 위너Nobert Wiener는 최초의 정보이론학자(또는 인공두뇌학자cybernetics)로 역사에 이름을 남겼다.

정보이론은 1950~1960년대에 다양한 분야에 도입되어 학문 간의 경계를 허무는 데 커다란 역할을 했다.[3] 이 무렵에 과학자들은 정보라는 것이 점토판에서 DNA 가닥에 이르는 거의 모든 객체에 새겨질 수 있으며, 물리적 특성과 달리 그것을 담고 있는 보관체의 크기에 따라 예민하게 변하지 않는다는 사실을 깨달았다. 그리하여 정보이론은 거의 모든 분야에 적극적으로 수용되어 다양한 형태로 발전하게 된다.

생물학자들은 부모의 형질을 후손에게 전달하는 유전자에 정보이론을 접목했고, 클로드 섀넌의 업적에 영감을 얻은 공학자들은 아날로그 및 디지털 네트워크를 구축하면서 정보이론에 기초한 송신기와 수신기를 개발했다. 또한 컴퓨터과학자와 심리학자, 그리고 언어학자들은 인간의 마음을 이론적으로 연구하기 위해 스스로 생각하는 기계를 만들기도 했다. 원자론에 의해 20세기 과학의 패러다임이 바뀌면서 정보가 최대 현안으로 떠오른 것이다.

정보의 개념은 사회과학과 경제학에도 도입되었다. 섀넌과 동시대에 활동했던 오스트리아의 경제학자 프리드리히 하이에크Friedtrch Hayek는 애덤 스미스Adam Smith의 '보이지 않는 손invisible hand'에 정보를 접목하여 "가격은 상품의 수요-공급과 관련된 정보를 운반한다"고 주장했다. 이와 관련하여 하이에크는 자신의 저서에 다음과 같이 적어놓았다. "관련 지식이 사람들 사이에 쉽게 퍼지는 집단에서, 상품의 가격은 각 개인의 서로 다른 행위를 조정하는 역할을 한다."[4]

경제학자들은 정보의 개념 덕분에 시장실패market failure(가격경쟁을 시장에 맡겼을 때 자원 배분이 적절하게 이루어지지 않는 현상: 옮긴이)가 발생하는 원인을 이해할 수 있었다. 미국의 경제학자이자 노벨상 수상자인 조지 애컬로프George Akerlof는 "소비자들이 상품의 품질에 대하여 각기 다른 정보를 취득하면 시장은 실패할 수 있다"고 주장함으로써 세계적인 명성을 얻었으며,[5] 경제학과 조직이론, 인공지능 등 다양한 분야에 업적을 남긴 만물박사 허버트 사이먼Herbert Simon은 '제한된 합리성bounded rationality'의 개념을 도입하여 경제적 주체들이 정확한 정보를 얻을 수 없을 때 나타나는 현상을 설명했다.

20세기에 각국의 경제규모가 비약적으로 커지면서 정보의 개념이 세계적 관심사로 떠올랐지만, 정보의 홍수에 묻힌 사람들은 지난 세기에 볼츠만을 괴롭혔던 '물질적 개념의 정보'를 망각한 채 정보라는 단어를 '천상의 정기'나 '비물질적인 그 무엇', 또는 '실체가 없는 디지털 데이터'와 같은 뜻으로 취급했다. 그러나 정보는 볼츠만의 원자가 실어나르는 에너지만큼이나 현실적인 개념이다. 정보는 고체나 액체가 아니어서 만질 수 없고 입자의 집합체도 아니지만, '운동'이나 '온도'만큼 실질적이다(운동과 온도도 입자로 이루어져 있지 않다). 정보는 실체가 없지만, 그 안에는 항상 물리적 속성이 담겨 있다. 정보는 사물 자체가 아니라 물리적 사물이 배열된 상태와 관련되어 있다. 비유하자면 순서가 다르게 배열되어 있는 여러 벌의 카드가 주어졌을 때, 이들을 구별하는 물리적 질서라 할 수 있다. 그런데 대다수의 사람들에게는 이상하게 들리겠지만, 사실 정보 자체에는 아무런 의미도 없다.

* * *

1949년, 클로드 섀넌과 워런 위버가 공동 저술한 짧은 책 『커뮤니케이션의 수학적 이론The Mathematical Theory of Communication』이 출간되었다. 이 책의 1장에서 위버는 정보의 개념을 포괄적으로 서술했고, 2장에서는 섀넌이 오늘날 정보이론으로 알려진 수학이론을 소개했다.

정보이론의 개념을 정확하게 이해하려면 정보라는 단어의 일상적 의미와 수학적 의미를 확실하게 구별해야 한다. 섀넌과 위버의 책에도 이 부분이 특별히 강조되어 있다. 이 책에서 위버는 "우리의 이론에서 '정보'라는 단어는 일상적으로 통용되는 뜻과 사뭇 다르다. 독자들은 특히 '정보information'와 '정보에 담긴 의미meaning'를 혼동하지 않도록 주의를 기울일 필요가 있다"고 적어놓았다.[6]

섀넌도 이 책에서 정보의 개념을 강조했는데, 그의 설명은 다분히 공학적이다. "커뮤니케이션의 근본적인 문제는 한곳에서 선택된 메시지가 다른 곳에서 정확하게, 또는 대략적으로 재현된다는 것이다. 대부분의 메시지에는 의미가 담겨 있다. (…) 그러나 커뮤니케이션의 언어적 특성(메시지의 의미)은 공학적 문제와 완전히 무관하다."[7]

섀넌과 위버가 '정보'와 '의미'를 구별하려고 애쓴 데에는 몇 가지 이유가 있다. 당시 섀넌은 메시지의 의미에 상관없이 정보를 교환할 수 있는 기계장치를 설계하고 있었는데, 정보와 의미를 구별하지 않으면 공학적 문제가 뒤죽박죽으로 엉켜버린다. 또한 섀넌과 위버는 정보와 의미를 철학적 관점에서도 완전히 다른 개념으로 취급했다. 인간(또는 일부 기계장치)은 메시지를 해독하여 나름대로 의미를 부여할 수 있지만, 전선이나 전자기파를 타고 전달되는 신호 자체에는 아무런 의미가 없다. 그것은 그냥 정보일 뿐이다.

인간은 메시지를 수신하는 즉시 해석하려는 성향이 있기 때문에 정보와 의미를 구별하기가 쉽지 않다. 우리는 메시지를 해독한 후, 그 '해독된 내용'이 나에게 전달되었다고 생각하지만 사실은 그렇지 않다. 메시지의 내용과 메시지 자체가 동일하게 보이는 것은 스스로 만들어낸 환상일 뿐이다. 의미란 지식의 주체(ex: 인간)가 메시지에 사전 지식을 가미하여 만들어낸 2차적 결과이며, 이것은 메시지의 물리적 순서나 메시지 자체와 엄연히 다르다. 메시지는 생명체(또는 정보처리 능력이 있는 기계장치)에 도달했을 때 비로소 의미를 갖는다. 정보를 전달하는 것은 종이에 찍힌 잉크나 음파가 아니며, 빛이나 전기펄스도 아니다.

"9월 11일"이라는 메시지를 예로 들어보자. 누군가가 이 단어를 소리내어 읽으면 대부분의 미국인들은 2001년에 일어났던 9·11테러를 떠올리고, 칠레 사람들은 1973년에 일어났던 쿠데타를 떠올릴 것이다. 그러나 내가 학생들에게 "9월 11일"이라고 한 것은 한동안 학회에 참석했다가 9월 11일에 MIT로 돌아올 예정이라는 뜻이었다. 이와 같이 메시지에 담긴 의미는 수신자가 처한 상황에 따라 얼마든지 달라질 수 있다. 즉, 메시지의 의미는 메시지의 일부가 아니라는 이야기다. 우리는 수신된 메시지에서 의미를 유추하기 위해 안간힘을 쓰고, 이런 시도는 대부분 성공으로 끝난다. 그러나 이 과정이 아무리 매끄럽게 진행된다 해도, 정보에 담긴 의미와 정보 자체는 엄연히 다른 것이다.

임의의 메시지를 암호화하려면 최소 몇 개의 문자가 필요할까? 이것을 계산하는 일반적인 공식이 과연 존재할까? 섀넌은 메시지의 의미와 상관없이 정보 전달에만 충실한 기계장치를 설계하던 중, 이런 공식이 필요하다는 사실을 절실하게 깨달았다. 그는 해리 나이퀴스트Harry Nyquist와 랠프 하틀리Ralph Hartley의 연구에 기초하여 잡음이 없는 채널, 또는 잡음이 많은 채널을 통해 메시지를 전송할 때 필요한 정보의 양을 계산했고, 메시지에 포함된 문자의 상호관계를 이용하여 전송되는 정보의 양을 최소화하는 '효율적 커뮤니케이션'의 기틀을 마련했다(예를 들어 영문에서는 q 앞에 t가 붙는 경우보다 h 앞에 t가 붙는 경우가 압도적으로 많다). 정보에 대한 섀넌의 철학적 관점은 볼츠만의 관점과 비슷했기에, 그가 시도했던 수학적 접근법도 볼츠만과 크게 다르지 않았다. 결국 섀넌은 임의의 메시지를 가장 효율적으로 암호화하는 기본 공식을 발견하기에 이른다. 그의 공식을 이용하면 자기테이프나 전자기파, 잉크, 종이 등 다양한 매개체에 정보를 새겨넣을 수 있다. 섀넌의 공식은 50년 전에 볼츠만이 유도했던 공식과 거의 동일한 형태였는

데,[8] 이것은 결코 우연이 아니었다.

* * *

섀넌과 볼츠만의 공식이 거의 동일한 이유는 정보가 갖고 있는 물리적 특성 때문이다. 대부분의 자연과학은 단순한 원자에서 시작하여 가장 복잡한 생명에 이르기까지, 우주에 존재하는 모든 객체의 특성을 설명하는 쪽으로 발전해왔다.• 반면에 사회과학은 각 개인을 최소단위로 간주하여 인간과 사회, 그리고 경제의 상호관계를 파헤친다. 자연과학에서 인간은 제일 마지막에 등장하지만, 사회과학은 아예 인간에서 출발한다. 즉, 사회과학에서 인간은 '사회와 경제를 구성하는 원자'인 셈이다. 그러나 자연과 사회를 이런 식으로 분리시켜도 크게 문제될 것은 없다. 정보의 성장을 지배하는 메커니즘은 무생물과 생물, 생물과 사회, 그리고 사회와 경제를 구분하는 장벽을 초월해 있기 때문이다.

그래서 나는 이 책의 나머지 부분을 "원자에서 경제에 이르기까지, 모든 규모에서 정보의 성장을 지배하는 메커니즘"을 설명하는 데 할애할 생각이다. 원자에서 인간으로 범위를 넓혀나가는 과학이나 인간에서 경제로 범위를 넓혀나가는 경제학과는 사뭇 다른 방식이다. 이 메커니즘을 알고 있으면 정보의 성장을 견인하면서 인간의 정보처리 능력을 저하시키는 물리적, 생물학적, 사회적 및 경제적 요인들 사이의 상호관계를 이해할 수 있다. 일반적으로 정보를 처리하는 능력은

• 생명을 다루지 않는 지질학과 천문학은 예외이다.

수학적인 계산능력과, 흔히 지식이나 노하우knowhow로 통하는 '소프트웨어'에 의해 좌우된다. 그러므로 이 책의 내용은 "시간대에 따라 순차적으로 나열한 우주의 역사"가 아니라, "계의 복잡성에 따라 순차적으로 나열한 우주의 역사"라 할 수 있다.

시간은 오직 미래로만 흐르는 일방통행적 특성을 갖고 있다. 물리학자들은 이것을 '시간의 화살arrow of time'이라 부른다. 자연의 복잡한 정도 역시 단순한 쪽에서 복잡한 쪽으로 진행되는데, 앞으로 이것을 '복잡성의 화살arrow of complexity'이라 부르기로 하자.

우주와 종種의 역사를 좌우하는 것은 바로 이 복잡성의 화살(또는 정보의 성장)이다. 지금으로부터 약 138억 년 전, 빅뱅이 일어난 직후에 우리의 우주는 질서를 창출할 능력이 없었다. 그후 우주는 볼츠만의 예견대로 무질서를 향해 줄기차게 달려왔으며, 그 와중에도 방대한 양의 물리적 질서(또는 정보)를 보관할 만한 저장소를 만드느라 엄청나게 바쁜 세월을 보냈다. 그 저장소의 대표적 사례가 바로 지구이다.

우리의 태양계가 태어나기 전에 존재했던 수많은 별들은 내부에서 핵융합을 수행하여 훗날 생명에게 필요한 탄소, 산소, 칼슘, 질소, 철 등 무거운 원소를 만들어냈다. 초창기 별들은 수명을 다한 후 대폭발을 일으켰고, 그 잔해에서 태어난 후손별의 행성들은 생명에게 필요한 원소를 이미 확보한 상태였다. 46억 년 전에 태어난 우리의 지구는 주어진 화학원소를 십분 활용하여 전례를 찾아볼 수 없는 복잡한 행성으로 진화했고, 그 와중에도 정보는 화학원소→무기물→유기물→원시생명체→인간의 단계를 거치면서 꾸준히 증가했다. 대부분이 빈 공간인 우리의 우주에서 지구는 정보와 지식, 노하우가 유별나게 집중되어 있으며, 이 모든 것들은 자기강화 메커니즘을 보유한 생명체와 태양에너지 덕분에 지금도 계속 증가하고 있다.

정보는 모든 경계를 뛰어넘으면서 진화한다. 사회와 경제에서 창출된 인공적 정보도 마찬가지다. 정보를 넓은 의미에서 '물리적 질서'로 해석할 때, 우리의 경제시스템이 창출한 정보야말로 바로 이런 정보에 속한다. 인간을 생물학적 세포의 집합체로 간주하건 생산공장으로 간주하건 간에, 우리가 생산할 수 있는 것이라곤 정보밖에 없다. 왜 그런가? 자전거 생산자는 정보 외에 손으로 만질 수 있는 무언가를 만들어내지 않았는가? 아니다. 여기서 한 가지 명심할 것은 정보가 메시지에 국한된 개념이 아니라는 점이다. 자전거는 물론이고 건물, 가로등, 믹서기, 헤어드라이어, 신발, 샹들리에, 탈곡기, 속옷 등 우리가 만든 모든 물건들은 오직 정보만으로 이루어져 있다. 이들이 인간의 아이디어로부터 탄생한 물건이어서가 아니라, 물리적 질서가 구현된 물건이기 때문이다. 우리가 사는 세상 모든 곳에는 정보가 잉태되어 있다. 이 세상은 불규칙한 원자의 수프가 아니라 형태와 구조, 색상, 그리고 이들 사이의 상호관계가 깔끔하게 정리되어 있는 집합체이다. 이렇게 질서정연한 구조가 존재한다는 것은 정보가 그 모습을 드러냈음을 의미한다. 물리적 질서에 아무런 의미가 없다 해도 이 사실은 달라지지 않는다.

그러나 정보를 생산하는 것은 결코 쉬운 일이 아니다. 우리의 우주는 정보를 생산하기 위해 오랜 세월 동안 사투를 벌여왔다. 인간이 정보를 생산하고, 각종 제품 및 기반시설을 제작하고, 조직을 성공적으로 운영하려면 무질서를 향해 가차없이 나아가는 자연과 치열한 전쟁을 벌여야 한다. 다행히도 우리의 우주는 무질서와 싸우고 정보를 양육하는 비장의 방책을 갖고 있는데, '불균형 시스템out-of-equilibrium system'과 '고체에 축적된 정보', 그리고 '물질의 계산능력'이 바로 그것이다. 이 세 가지 메커니즘 덕분에 정보가 숨을 수 있는 곳(인간의 몸이나 지구 등)에서 정보가 자라나고 있는 것이다.

그러므로 물리적, 생물학적, 사회적, 경제적 성장은 우주에 축적된 정보와 그것을 처리하는 우리의 능력에 의해 좌우된다. 빅뱅 직후부터 오늘날까지 우주는 이런 식으로 운영되어왔다. 정보의 성장이라는 맥락에서 볼 때 생명의 탄생과 경제의 성장, 그리고 복잡성의 출현과 부富의 기원은 하나로 통일된다.

그러나 우주는 물론이고 지구에서도 정보의 성장은 균일하게 일어나지 않는다. 정보를 낳고 저장하는 능력이 위치마다 다르기 때문이다. 인간이 창출한 정보는 주로 도시와 기업, 또는 집단에 집중적으로 누적된다. 물론 각 도시와 기업, 집단들 사이에서도 큰 차이가 날 수 있다.

정보란 무엇인가? 그리고 정보는 왜 자라나는가? 이 질문의 답을 찾으려면 물리적 질서의 변천사와 함께 경제적 질서의 변천사까지 파고들어야 한다. 앞으로 우리는 물리학의 기본원리에 정보이론과 사회경제이론, 인식론, 그리고 산업다각화와 경제발전을 접목하여 정보의 실체를 조명할 것이다. "정보는 왜 자라나는가?" 이 질문은 "부는 왜 자라나는가?"라는 질문과 일맥상통하고, 부유한 나라와 가난한 나라, 생산적인 집단과 비생산적인 집단의 차이와 깊이 관련되어 있으며, 지식을 축적하는 능력에 집단이 미치는 영향 및 정보저장소를 구축하는 능력에 제한을 가하는 메커니즘과도 관련되어 있다. 우리는 사회와 경제를 이해하는 기존의 방식에서 한 걸음 뒤로 물러나 물리적, 생물학적, 사회적, 그리고 경제적 메커니즘을 종합함으로써 사물이 아닌 '그 무엇'이 꾸준히 성장하는 이유를 규명할 것이다. 여기서 '그 무엇'이란 당신과 나, 그리고 볼츠만의 호기심을 끊임없이 자극해온 물리적 질서(또는 정보)를 의미한다. 우리 주변에서 고도로 집중된 복잡성이 주로 눈에 띄는 이유는 우주 전역에 정보가 널려 있기 때문이 아니라, 우리가 그것으로부터 태어났고 그것이 우리로부터 태어났기 때문이다.

1부

비트와 원자

Bits in Atoms

1장

시간여행의 비밀

딸아이의 출산을 기다리며 앉아 있던 의자는 정말 불편했다. 아내 안나와 내가 매사추세츠 종합병원에 도착한 것은 그주 토요일 오후 6시 30분이었다. 그날 낮부터 진통이 시작되었는데, 진통 간격이 몇 분 단위로 짧아졌을 때 아내를 차에 태우고 냅다 병원으로 달려온 것이다. 아내는 병원에 도착한 후에도 한동안 진통이 계속되었으나, 마취제를 맞고 비로소 안정을 되찾았다. 그때가 새벽 2시. 혈압계 모니터에서 삑삑거리는 소리가 간간이 들려올 뿐 사방은 쥐 죽은 듯 고요했고, 찰스 강Charles River에 반사된 가로등 빛이 병실을 희미하게 비추고 있었다. 나는 위에서 말했던 불편한 의자에 앉아서 아내의 손을 잡고 아기가 나오기를 기다렸다.

새벽 3시, 간호사가 와서 본게임이 시작되었음을 알렸다. 안나는 젖 먹던 기운을 다해 힘을 주었고 드디어 우리 딸 아이리스Iris가 세상 밖으로 나왔다. 아내의 뱃속에 있던 아기가 잔뜩 긴장한 인턴의 팔에 안길 때까지 걸린 시간은 겨우 26분. 하나의 생명이 탄생하는 데 소요된 시간치고는 너무 짧다. 그러나 그날 새벽에 아이리스가 겪었던 것은 몇 인치짜리 산도를 통과하는 초단거리 여행이 아니라, 수십만 년에 걸친 장거리 여행이었다. 그 짧은 26분 동안 아이리스는 고색창연한 엄마의 자궁 속에서 21세기 최첨단사회로 이동한 것이다. 그렇다. 출생은 본질적으로 시간여행과 비슷하다.

아이리스가 엄마 뱃속에 있는 동안 겪었던 세상은 (가끔씩 외부에서 들려오는 이상한 잡음을 제외하고) 수만 년 전 태아들이 겪었던 세상과 크게 다르지 않았다. 아이는 현대사회가 얼마나 정신없는 곳인지 전혀 모르는 채, 주로 부모의 목소리만 들었을 것이다. 그러나 이 모든 환경은 단 26분만에 급격하게 변했다.

새벽 3시 26분, 아이리스는 햇빛 대신 형광등과 백열전구가 주렁주렁 달려 있는 분만실에서 태어났고 아이의 친할아버지는 이메일을 통해 손녀딸과 처음으로 대면했다. 아이리스가 태어난 후 처음으로 들은 것은 새소리나 바람소리가 아니라, 컴퓨터에서 복잡한 알고리즘을 통해 흘러나오는 경음악이었다.• 그날 새벽에 아이리스는 몇 인치 길이의 산도를 26분에 걸쳐 통과했을 뿐이지만, 깊은 의미에서 보면 훨씬 긴 여행이었다. 수십만 년 전과 별로 다르지 않은 자궁 속에서 갑자

• 그날 컴퓨터에서 흘러나온 곡은 실로(Cillo)의 "빗방울(Raindrops)"이었는데, 기분이 한껏 들떠 있던 나는 탁월한 선곡이라며 엄지손가락을 치켜들었다.

기 21세기로 나왔으니, 이처럼 환상적인 여행이 또 어디 있을까.

딸아이의 탄생은 나에게 더할 나위 없이 특별한 사건이었으나, 사실 아이리스가 겪은 시간여행은 별로 특별할 것이 없었다. 21세기에 태어나는 것은 아이들에게 매우 생소한 경험이다. 우리 선조들이 살던 세상과 비교할 때, 21세기는 거의 외계행성이나 다름없다. 요즘 사방에 넘쳐나는 물건들은 불과 수십 년 전만 해도 상상밖에 할 수 없었던 것들이고, 수백 년 전에는 상상조차 하지 못했던 물건들이다. 아이리스가 태어난 분만실도 손으로 만질 수 있는 물건들로 가득차 있었다. 그러나 현대사회를 구성하는 요소는 이런 물건들이 아니다. 아이리스가 태어난 세상과 초기 호미니드hominid(인류의 조상: 옮긴이)가 살던 세상이 다른 이유는 물질 때문이 아니라 물질의 배열상태가 다르기 때문이며, 여기 함축된 물리적 질서가 바로 정보에 해당한다. 아이리스의 탄생이 의미를 갖는 이유는 없었던 물체(아기)가 생겼기 때문이 아니라, 그 물체에 담긴 정보 및 그 안에 함축되어 있는 지식과 노하우 때문이었다. 또한 아이리스가 태어날 때 분만실을 비추던 빛은 백열전구가 아니라 전기와 에너지, 그리고 물질에 대한 '인간의 이해'였으며, 아이리스를 따뜻하게 감쌌던 것은 무작위로 얽힌 실의 조합이 아니라 물질과 지식, 그리고 상상력으로 정교하게 짜여진 담요였다. 역설적이게도 아이리스는 무형無形으로 만들어진 유형有形의 세계에 태어난 것이다. 지금의 세상은 우리 선조들이 살았던 '물질의 배열만 존재했던 세상'과 근본적으로 다르다.

정보와 상상력이 물체로 구현된다는 것은 분명한 사실이다. 정보는 자연의 근본적인 속성으로 생명보다 훨씬 오랜 세월 동안 존재해왔으며, 생명과 함께 진보해왔다. DNA나 RNA처럼 다량의 정보가 들어 있는 분자의 복제과정을 예로 들어보자. DNA와 RNA의 복제 메커니즘은 물질 자체를 복제하는 것이 아니라 '정보'의 복제를 통해 이루어진다. 살아 있는 생명체는 정보를 생산하고 처리하는 초정밀기계로 간주할 수 있다. 그러나 이 책에서 우리의 주된 관심사는 세포의 정보생산능력이 아니라, 인간과 사회의 정보생산능력이다. 다른 면에서도 그렇지만, 정보의 관점에서 봐도 인간은 아주 특별한 동물이다. 우리는 다른 동물과 달리 육체 바깥에 흩어져 있는 방대한 양의 정보를 부호화하는 탁월한 능력을 갖고 있기 때문이다. 지금 당장 눈에 띄는 것만 봐도 책과 악보, CD, 비디오 등은 정보전달을 위한 도구이다. 그러나 인류는 문자를 발명하기 훨씬 전부터 수많은 인공물과 자연물에 정보를 담아왔다. 화살과 돌도끼에서 전자오븐과 인터넷에 이르기까지, 모든 것이 정보로 가득차 있지 않은가. 의자와 컴퓨터, 식탁보, 와인잔 등을 만드는 것은 인간만이 갖고 있는 능력이다. 인간과 동물의 다른 점은 무엇인가? 동물은 주어진 천연자원을 있는 그대로 활용하는 수준에 머물러 있지만, 인간은 자신이 상상한 것을 물리적 실체로 구현하는 능력을 갖고 있다.[1]

다음 장에서는 지구와 우주의 정보성장을 설명하는 물리적, 사회적, 그리고 경제학적 메커니즘을 소개할 예정이다. 바로 이 메커니즘 덕분에 물리적 질서가 탄생했고, 그 덕분에 나의 딸 아이리스는 현실적이면서 마술 같은 이 세상에 태어날 수 있었다. 물리적 정보는 정보의 실체와 정보가 출현하는 메커니즘을 알려준다. 그러나 이것만으로는 아주 단순한 물리적 질서밖에 설명할 수 없다. 현대사회에 널리 퍼져 있는 복잡다단한 질서를 설명하려면 물리학의 범주를 넘어서 집단이 정보를 생성하는 사회적, 경제적 과정을 알아야 한다. 여기에는 사회적, 전문적 네트워크가 중요한 역할을 하며, 이로부터 지식과 노하우가 축적된다.

지식과 노하우는 계산과 관련된 기본능력으로, 경제와 사회가 정보를 축적하기 위해 반드시 필요한 요소이다. 그런데 여기서 주의할 것은 지식과 노하우가 근본적으로 다른 개념이라는 점이다. 간단히 말해서 지식은 객체들 사이의 상호관계나 연결고리에 대한 정보이며, 이 관계를 잘 활용하면 어떤 행위를 직접 실행하지 않고서도 결과를 유추할 수 있다.[2] 예를 들어 "담배를 피우면 폐암에 걸릴 확률이 높아진다"는 사실을 알고 있으면 굳이 담배를 피워보지 않아도 내 몸에 어떤 결과가 초래될지 미리 알 수 있다.

노하우는 '행동을 수행하는 눈에 보이지 않는 능력'을 포함한다는 점에서 지식과 구별된다.[3] 예를 들어 우리 모두는 능숙하게 걸을 수 있지만, 직립보행의 물리학적 원리(균형을 유지하면서 팔다리를 움직여 무게중심을 앞으로 이동하는 원리)를 아는 사람은 거의 없다.

대부분의 사람들은 사물을 인지하고 분류하는 데 아무런 어려움도 느끼지 않는다. 누군가가 "어떻게 그럴 수 있는가?"라고 묻는다면 딱히 할말은 없지만, 너무나 익숙한 과정이어서 굳이 인식하지 않아도 자동으로 실행된다. 다른 사람들의 얼굴을 알아보고, 음식을 소화시키고, 타인의 감정을 읽는 것도 마찬가지다. 어떻게 하는지 설명할 수는 없지만 못하는 사람도 없다. 왜 그럴까? 바로 '노하우'를 갖고 있기 때문이다. 노하우는 특정 행동을 수행하는 암묵적(겉으로 드러나지 않는)

계산능력으로, 개인과 집단이 모두 갖고 있다.

노하우가 있으면 자신이 무슨 일을 하고 있는지 굳이 인식하지 않아도 마치 자동화기계처럼 행동을 수행할 수 있다. 이렇게 제2의 천성처럼 몸에 밴 노하우가 겉으로 드러나지 않는다는 것이 다소 이상하게 들리겠지만, 알고 보면 별로 이상할 것도 없다. 인공지능의 아버지로 통하는 마빈 민스키Marvin Minsky는 이런 말을 한 적이 있다. "컴퓨터는 하달된 명령만 수행할 뿐, 자신이 무슨 일을 하고 있는지 전혀 인식하지 못한다. 그런데 사람도 대부분의 시간을 컴퓨터와 비슷한 상태에서 보내고 있다."[4]

본론으로 들어가기 전에, 또 한 가지 구별해둘 것이 있다. "~의 정보information as something"와 "~에 대한 정보information about something"가 바로 그것이다. 자동차를 예로 들어보자. 누군가가 내 차에 대해 물어봤을 때 "붉은색 외장에 6단 변속 수동기어가 장착되어 있고 배기량은 1,600cc다"라고 대답했다면, 이것은 자동차에 "대한about" 정보일 뿐 자동차라는 실체의 정보가 아니다. 다음 장에서 알게 되겠지만, 내 자동차는 "~에 대한" 정보가 아닌 "~의 정보"로 이루어져 있다. 이것이 바로 앞에서 여러 번 언급했던 물리적 질서이다.

특별한 경우가 아닌 한 이 책에서 말하는 '정보'는 물체에 내재되어 있는 물리적 질서를 의미한다(정확한 정의는 다음 장에서 내릴 것이다). 굳이 그럴 필요가 있느냐고? 물론 있다. 정보라는 단어를 이런 뜻으로 사용하면 정보성장이론을 구축하기가 좀더 쉬워진다. 이 이론에 의하면 물리적 질서는 (질서 자체에 의미가 있건 없건) 우주의 계산능력과 함께 진화해왔다.

자연과 사회에서 정보의 성장을 설명하려면 '물리적 질서'와 '우주에 물리적 질서를 낳은 지식과 노하우'가 함께 진화해온 역사를 되돌아볼 필요가 있다. 이 과정에서 우리는 정보가 자발적으로 창출되는 가장 단순한 물리계에서 방대한 지식과 노하우가 요구되는 복잡한 사회로 옮겨가게 될 것이다.

사회와 경제는 지식과 노하우에 커다란 제한조건이 가해지기 때문에 가장 복잡한 계system에 속한다. 정보가 물체에 내재되어 있는 것처럼, 지식과 노하우도 항상 물리적으로 내재되어 있어야 한다. 그러나 정보와 달리 지식과 노하우는 물체가 아닌 사람(또는 사람들 사이의 네트워크)에 내재되어 있으며, 이들이 수용할 수 있는 지식과 노하우의 양에는 한계가 있다. 인간의 능력은 유한하므로 인간이 구축한 네트워크의 능력도 유한할 수밖에 없고, 이로 인해 지식과 노하우를 축적하고 전송하는 능력은 지역마다 차이를 보이게 된다. 즉, 이 세상이 균등하지 않은 이유는 지식과 노하우가 사람이나 사람들 사이의 네트워크를 통해 구현되기 때문이다. 이 내용은 3부와 4부에서 집중적으로 다룰 예정이며, 각기 다른 지역의 집단에서 생산된 물건의 데이터를 이용하여 위의 주장을 입증할 것이다. (정보로 이루어진) 제품에는 그 지역에서 입수 가능한 지식과 노하우가 그대로 반영되어 있기 때문이다.

그러므로 정보성장의 주요인은 정보가 물리적으로 구현된 '물리적 객체' 및 지식과 노하우를 갖고 있는 '사람'으로 요약된다. 이런 관점에서 볼 때 경제란 지식과 노하우를 축적한 사람들이 물리적 질서(상품)를 창출하는 행위라 할 수 있다. 사람들은 이 과정을 거치면서 지식과 노하우를 축적하는 능력이 향상되고, 그 결과 더 많은 정보를 모을 수 있게 된다. 앞으로 우리는 경제와 관련된 정보, 지식, 그리고 노하우에 집중하여 물리적 질서에 입각한 상품이론을 구축하고, 이로부터 사회에 지식과 노하우를 축적하는 메커니즘을 살펴볼 것이다.

그러나 정보는 수학적, 물리학적 속성을 모두 갖고 있으므로, 본격적으로 발을 들이기 전에 정보에 관한 기본물리학이론부터 알아둘 필요가 있다. 볼츠만과 섀넌이 동일한 공식에 도달할 수밖에 없었던 이유를 이해하면, 정보의 성장이 물리학의 기본원리와 일맥상통한다는 사실도 이해할 수 있을 것이다.

2장

의미 없는 몸체

누군가 나에게 "거리와 질량, 전기력, 엔트로피, 아름다움,
그리고 멜로디를 종류별로 분류해보라"고 한다면,
나는 거리, 질량, 전기력을 따로 떼어놓고 엔트로피와 아름다움,
그리고 멜로디를 하나로 묶을 것이다.
아름다움과 멜로디는 각 부분을 하나로 묶었을 때 비로소 그 모습을 드러내는데,
엔트로피도 이와 비슷한 속성을 갖고 있기 때문이다.

아서 에딩턴

한 무더기의 쓰레기와 뛰어난 상상력만 있으면
누구나 발명가가 될 수 있다.

토머스 A. 에디슨

몇 달 전, 칠레에서 발행된 일간지의 경제란에 "한 칠레인이 세계에서 가장 비싼 승용차를 구입했다"는 기사가 실렸다. 그가 구입했다는 부가티 베이론Bugatti Veyron은 판매가가 250만 달러(약 28억 원)쯤 된다. 대체 돈이 얼마나 많은 사람이길래 그런 차를 한 번에 구입할 수 있었을까? 나는 그의 소비행태가 과시적 소비의 최상급이라고 생각했다.

그래도 부러운 마음을 떨치지 못한 나는 인터넷에서 부가티 베이론의 제원을 찾아 무게당 가격을 계산해보았다. 결과는 1kg당 1,300

달러!(약 150만원: 옮긴이)[1] 이것이 어느 정도 비싼 가격인지 감을 잡기 위해 1kg당 금과 은의 가격과 비교해보자. 매일 조금씩 달라지긴 하지만, 은 1kg의 가격은 약 1,000달러이고 금 1kg은 5만 달러쯤 된다.[2] 다른 자동차와 비교해보자. 현대자동차에서 생산한 엑센트는 1kg당 가격이 10달러이고, BMW의 최고급 모델인 M6는 60달러이다. 그러니까 부가티 승용차는 같은 무게의 은보다 비싸고, 현대자동차의 엑센트는 같은 무게의 청동과 값이 비슷하다.

독자들은 자동차를 무게당 가격으로 비교하는 것이 난센스라고 생각할 것이다. 하긴 그렇다. 부가티 베이론에서 떼어낸 1kg짜리 범퍼조각을 1,300달러에 살 바보가 세상에 어디 있겠는가? 그러나 이 난센스를 잘 분석하면 물리적 질서(정보)가 상품에 반영되는 과정을 이해할 수 있다.

당신이 경품에 당첨되어 부가티 베이론을 상으로 받았다고 가정해보자. 오, 마이 갓~! 세상에 이런 횡재가… 오늘은 생애 최고의 날이다! 당신은 열쇠를 받자마자 당장 차를 타고 달리기 시작했다. 그런데 너무 흥분한 나머지 커브길에서 제동을 걸지 못하여 벽돌담을 들이받고 말았다. 다행히 크게 다친 곳은 없었지만 차는 완전히 망가졌다. 정신을 차리고 가만히 생각해보니… 또 한번 오 마이 갓~! 아직 보험을 안 들었네? 이건 생애 최고가 아니라 최악의 날이다. 자, 이제 당신의 부가티는 1kg당 얼마의 가치가 있을까?

답은 자명하다. 벽돌담을 들이받은 후에도 차의 무게는 달라지지 않았지만, 1kg당 1,300달러나 나갔던 가치는 완전히 증발해버렸다. 왜 그럴까? 충돌사고로 자동차를 구성하는 원자가 부서졌기 때문일까?

아니다. 원자는 이 정도 충격으로 분해되지 않는다. 가치가 0으로 급감한 이유는 사고로 인해 원자의 '배열'이 달라졌기 때문이다. 부가티를 이루는 각 부품들이 부서지고 뒤틀리면서 그 안에 담겨 있던 정보가 크게 손상된 것이다. 다시 말해서, 부가티에 부여된 250만 달러의 가치는 차를 구성하는 원자에 저장되어 있는 것이 아니라, 그 원자의 '배열'에 저장되어 있다.[3] 이 배열이 바로 정보에 해당한다.[4]

사람들은 "정보란 무엇인가?"를 놓고 아직도 논쟁을 벌이고 있지만, 부가티의 가치가 물리적 질서(정보)에 저장되어 있다는 것만은 분명한 사실이다.[5] 정보이론의 아버지로 통하는 클로드 섀넌에 의하면, 정보란 메시지를 명확하게 전달하기 위해 요구되는 최소 커뮤니케이션의 척도이다. 즉, 부가티에 내재된 정보의 양은 부가티를 구성하는 모든 원자의 배열상태를 전송할 때 필요한 비트bit의 수와 같다.

섀넌의 정의를 좀더 정확하게 이해하기 위해, 부가티보다 간단한 트위터를 예로 들어보자. 이곳을 통해 전송되는 140자 이내의 문장은 부가티와 마찬가지로 일종의 '정보뭉치'에 해당한다. 트위터는 커뮤니케이션의 일환으로 생성된 정보라는 점에서 부가티와 확연하게 구별되지만, 섀넌의 정보이론에 의하면 이런 차이는 별로 중요하지 않다. 정보란 "임의의 메시지를 확실하게 전달하기 위해 요구되는 최소한의 데이터량"을 의미하기 때문이다. 정보이론의 관점에서 보면 알파벳을 무작위로 섞어놓은 트위터나 재기발랄하고 위트 넘치는 트위터나 별반 다를 것이 없다.

그렇다면 140개의 문자로 이루어진 트위터에는 얼마나 많은 정보가 담겨 있을까? 간단한 사례를 통해 알아보자. 여기, 트위터 사용자인 애비Abby와 브라이언Brian이 서로 상대방의 트위터 내용을 알아맞히는 게임을 하고 있다. 좀더 공정한 게임을 위해 두 사람은 알파벳 140자로 만들 수 있는 모든 가능한 배열이 수록되어 있는 데이터북을 갖고 있으며, 그중에서 각자 하나씩 고른 후 상대방의 질문을 받기로 했다. 단, 질문은 오직 "yes"나 "no"로 대답할 수 있는 것만 허용된다. 섀넌의 정보이론에 의하면 애비의 트위터에 담긴 정보의 양은 브라이언이 애비의 트위터를 100% 정확하게 알아맞히는 데 필요한 질문의 최소 개수와 같다.[6] 자, 과연 몇 번의 질문이 필요할까?

상황을 좀더 단순화하기 위해, 애비와 브라이언이 사용할 수 있는 문자가 32개[영어 알파벳 소문자 26개와 빈칸( ), 슬래시(/), 쉼표(,), 마침표(.), 앳 심벌(@), 그리고 해시(#)]로 한정되어 있다고 가정하자. 그리고 각 문자에 번호를 할당하여 애비와 브라이언이 숫자로 질문을 주고받는다고 하자(a=1, b=2 […] @=31, #=32와 같은 식이다. 문자를 숫자로 바꿔도 게임의 본질은 달라지지 않는다).

브라이언이 애비의 트위터를 알아맞히는 최선의 방법은 매 질문마다 문자의 범위를 반으로 줄여나가는 것이다. 예를 들면 첫번째 질문을 "첫번째 문자가 16보다 큽니까?"라고 묻는 식이다. 만일 애비의 대답이 "no"였다면, 애비의 트위터의 첫 글자가 a와 p 사이에 있다는 뜻이다. 이제 브라이언은 좁혀진 범위를 또다시 좁히기 위해 두번째 질문을 던진다. "그럼 첫 글자가 8보다 큰가요?" 애비가 "yes"라고 답했다면 트위터의 첫 글자는 9와 16 사이(i와 p 사이)에 있다. 이제 독자들은 브라이언의 다음 질문을 예측할 수 있을 것이다. "첫 글자가 12보다 큽니까?"

브라이언이 질문 하나를 던질 때마다 글자의 범위는 반으로 줄어든다. 그런데 두 사람이 사용하기로 약속한 문자는 총 32개이므로, 위와 같은 식으로 질문을 다섯 번 던지면 문자 하나를 맞힐 수 있다(32를 2로 다섯 번 나누면 1이 된다). 그런데 애비의 트위터는 140개의 문자로 이루어져 있으므로, 브라이언이 애비의 트위터를 완전하게 알아맞히려면 총 140×5=700회의 질문을 던져야 한다.[7]

섀넌의 이론에 의하면 32개의 문자로 적힌 140자짜리 트위터로 의사소통을 하려면 700비트(또는 700개의 yes-no 질문)가 필요하다. 현대의 모든 통신시스템은 섀넌의 이론에 기초하고 있다. 그는 메시지를 작성하기 위해 필요한 비트의 수를 정량화함으로써, 디지털 커뮤니케이션의 기틀을 닦아놓았다. 그러나 섀넌은 자신이 유도한 공식이 50년 전에 볼츠만이 유도했던 공식과 똑같다는 사실을 미처 알지 못했다. 그 후 헝가리의 수학자 존 폰 노이만 John von Neumann은 섀넌의 공식이 통계물리학의 엔트로피 공식과 동일한 형태임을 간파하고 섀넌에게 '엔트로피'라 부를 것을 제안했고, 섀넌은 그의 제안을 흔쾌히 받아들였다(전하는 바에 따르면 노이만은 "엔트로피의 개념은 누구나 알고 있으니까, 당신이 계산한 양을 엔트로피라고 부르면 틀림없이 성공할 것"이라며 섀넌을 설득했다고 한다).

그러나 정보에 대한 섀넌의 해석은 정보의 통상적인 의미에 부합되지 않았고, 그가 정의한 엔트로피도 볼츠만이 도입했던 엔트로피와 비슷한 구석이 별로 없었다. 섀넌이 말하는 정보와 요즘 도처에서 회자되고 있는 정보라는 단어의 차이는 컴퓨터를 통해 쉽게 이해할 수 있다. 지금 당신이 사용하고 있는 컴퓨터를 예로 들어보자. 데스크톱

이건 노트북이건 스마트폰이건 간에, 당신은 그것을 사진이나 그림, 문서, 또는 소프트웨어를 저장하는 데 사용하고 있다. 그 그림과 문서는 하드디스크에 저장되어 있으며, 당신은 그것을 '정보'라고 부른다. 만일 누군가가 이 모든 데이터의 비트값(0 또는 1)을 무작위로 바꿔놓는다면 사진과 문서는 엉망진창으로 망가질 것이다. 그러나 섀넌의 정의에 의하면 비트의 값을 무작위로 바꿨을 때 하드디스크에 저장된 정보의 양은 오히려 증가한다. 어떻게 그럴 수 있을까? 섀넌의 정보에 담겨 있는 것은 계系의 상태를 전송하는 데 필요한 비트의 개수뿐이다(즉, 당신의 하드디스크에 저장되어 있는 비트의 배열상태가 바로 정보에 해당한다). 그런데 그림이나 문서에는 비트가 어떤 규칙에 따라 배열되어 있는 반면(그래서 그림이나 문서는 압축이 가능하다!), 무작위로 섞어놓은 비트는 아무런 규칙이 없기 때문에, 이런 하드디스크의 상태를 전송하려면 더 많은 비트가 필요하다. 그러므로 정보에 대한 섀넌의 정의에 의하면 정상적인 그림이나 문서보다 비트를 무작위로 섞어놓은 그림이나 문서에 더 많은 정보가 담겨 있다. 우리의 직관과는 상반되지만 어쨌거나 기술적으로는 맞는 말이다. 그러나 섀넌의 정보이론(기본적으로 커뮤니케이션공학이론theory of communication engineering이다)이 일상적인 의미의 정보와 볼츠만의 이론에 부합되려면 좀더 넓은 의미로 확장되어야 한다. 이 책에서는 섀넌의 이론을 보완하기 위해 엔트로피에 대한 볼츠만의 정의를 먼저 살펴본 후, 정보로 가득찬 그림과 문서의 상태를 정의하는 식으로 논리를 펼쳐나갈 것이다.

볼츠만의 엔트로피와 섀넌의 엔트로피는 어떻게 다를까? 좌석의 절반이 관중으로 차 있는 대형 경기장을 예로 들어보자.• 이런 경기장의 중요한 특징은 "좌석의 절반을 채우는 방법의 수"가 엄청나게 많다는 것이다. 그리고 이 가능한 방법들을 분석하다보면 엔트로피의 개념이 자연스럽게 도입된다.

우선 관중들이 좌석을 마음대로 고를 수 있는 경우부터 생각해보자. 이런 경우에 좌석의 절반을 채우는 방법 중 하나는 사람들이 가능한 한 필드에 가까운 쪽으로 밀집해서 앉고 뒤쪽 좌석을 비워놓는 것이다. 또는 이와 정반대로 필드에 가까운 자리를 비워놓은 채 가능한 한 먼 쪽 좌석부터 채워나가는 방법도 있다. 물론 아무런 규칙 없이 이곳저곳에 무작위로 앉으면서 좌석의 절반을 채우는 것도 가능하다.

이로부터 엔트로피를 이끌어내려면 새로운 개념이 추가로 도입되어야 한다. 일반적으로 계의 구성원소들은 주어진 조건에 따라 다양하게 배열될 수 있는데, 개개의 특정한 배열을 계의 '상태state'라 하자. 관중석의 절반이 찬 경기장의 경우, 관람객 수는 정해져 있지만 사람들이 앉는 방법의 수는 매우 다양하다. 이럴 때 사람들이 앉을 수 있는 개개의 경우들이 계의 상태에 해당한다(이것을 '미시상태microstate'라고도 한다).

통계물리학적 엔트로피는 '동일한 상태의 개수'로 정의된다(엄밀하게는 여기에 log를 취한 값인데, 굳이 log를 고려하지 않아도 우리의 논리에

• 일반적으로 원형경기장은 중심에서 멀어질수록 좌석의 수가 많아진다. 수학을 좋아하는 사람들(좀더 적나라하게 말하면 수학광들)은 이 점까지 고려하고 싶겠지만, 웬만하면 말리고 싶다. 그래도 마음에 걸린다면 가장자리로 가도 좌석수가 변하지 않는 경기장을 떠올리기 바란다. 이런 경기장에서 좌석의 세로번호(원을 따라 돌아가는 번호 말고, 경기징의 중심에서 반지름방향을 따라 증가하는 번호)는 좌석과 필드 사이의 거리를 의미한다.

는 별 지장이 없다). 따라서 관중들이 가능한 한 필드에 가까운 쪽으로, 또는 가능한 한 필드에서 먼 쪽으로 밀집된 상태는 엔트로피가 가장 작다. 이런 식으로 앉는 방법은 단 한 가지밖에 없기 때문이다.[8] 이와는 반대로 중간 좌석에 사람이 제일 많고 필드에 가깝거나 먼 쪽으로 갈수록 사람 수가 적어지는 상태는 가능한 배열의 수가 가장 많기 때문에 엔트로피도 가장 크다. 볼츠만은 엔트로피를 '동일한 상태의 수'로 정의했다. 경기장 좌석의 경우, 동일한 상태가 가장 많은 배열은 중간에 사람이 가장 많고 위나 아래로 갈수록 사람 수가 감소하는 배열이다.

엔트로피라고 하면 흔히 '계의 무질서한 정도를 수치로 나타낸 값'을 떠올린다. 그러나 엔트로피와 무질서도는 완벽하게 같지 않다. 엄밀히 말해서 엔트로피는 '동일한 상태의 수'를 나타내는 양이다(동일한 상태의 수란 하나의 특정한 배열을 그대로 유지하면서 구성원소를 바꾸는 방법의 수를 의미한다. 예를 들어 관중들이 특정한 배열로 앉아 있을 때, 사람들이 서로 자리를 맞바꿔도 좌석의 점유현황은 달라지지 않는다. 이런 식으로 '자리를 맞바꾸는 방법의 수'가 미시상태의 수이며, 이 값이 클수록 엔트로피가 크다: 옮긴이). 그런데 무질서한 상태일수록 '무질서도가 똑같은 상태의 수'가 많기 때문에, 엔트로피가 큰 상태를 무질서도가 높은 상태로 간주해도 별 문제가 없는 것이다. 즉, "엔트로피 = 무질서도"라는 등식은 그런대로 괜찮은 해석이다. 그러나 무질서도가 증가하지 않아도 엔트로피는 커질 수 있다. 예를 들어 상자에 기체를 주입한 후 크기를 두 배로 늘였다고 가정해보자(관중들을 그대로 둔 채 경기장의 크기를 두 배로 늘인 것과 같다). 부피가 커지면 기체입자들이 배열될 수 있는 방법도 많아지기 때문에, 기체의 엔트로피는 상자의 부피에 비례하여 커진다. 그러나 상자의 부피를 키워도 계의 무질서도는 변하지 않는다.

섀넌은 계의 미시상태(개개의 트위터나 경기장에 분포된 사람들)를 주고받는 커뮤니케이션에 집중했기에, 정보와 엔트로피를 같은 양으로 취급했다(종종 두 단어를 같은 뜻으로 사용했다). 경기장에서 가운데 열에 사람들이 가장 많이 앉아 있는 경우에는 동일한 미시상태가 매우 많기 때문에, 이들 중 어떤 상태인지를 명시하려면 그만큼 메시지가 길어진다. 특정 메시지(섀넌의 정보)를 정의하는 데 필요한 비트의 수는 '전송될 수 있는 모든 가능한 메시지의 수(동일한 상태의 수, 즉 엔트로피)'의 함수이므로, 섀넌의 이론에서 정보와 엔트로피는 동일하게 취급할 수 있다. 그렇다고 해서 정보와 엔트로피가 같다는 뜻은 아니다. 1967년에 노벨 화학상을 수상했던 독일의 화학자 만프레트 아이겐Manfred Eigen은 "엔트로피는 (물리적) 상태의 평균이며, 특정한 (물리적) 상태에 대한 정보를 담고 있다"고 했다.[9]

경기장에서 사람들이 좌석을 무작위로 선택하거나 하드디스크의 비트가 무작위로 배열되어 있으면 이 상태를 전송할 때 더 많은 비트가 필요하다. 하지만 그렇다고 해서 이런 상태에 더 많은 정보가 들어 있는 것은 아니다. 물론 정보는 증가하는 비트와 관련되어 있지만, 사실은 그 이상의 의미를 담고 있다. 경기장의 사례에서 사람들이 무작위로 앉았을 때 나타날 수 있는 엄청난 상태의 수는 가장 큰 엔트로피와 가장 낮은 질서로 표현된다(개중에는 질서가 매우 높은 상태도 있을 수 있다). 사실 자연과학자들과 일반대중들 사이에는 "정보란 비트 이상의 그 무엇이며, 그 안에는 계의 질서가 포함되어 있다"는 믿음이 오랫

동안 퍼져 있었다. DNA나 악보, 영화필름, 또는 책에 저장된 정보를 생각해보라. 이런 경우에 정보란 'DNA나 악보를 전송하는 데 필요한 비트의 수' 외에 어떤 '질서'까지 함축되어 있다.

그러나 질서정연한 상태는 드물면서uncommon 특이한peculiar 상태이다. 우선 '드문 상태'의 뜻부터 정확하게 설명한 후, 다량의 정보가 내재되어 있는 '특이한 상태'의 의미를 살펴보기로 한다. 정보라는 단어가 지금과 같은 의미로 통용되는 이유는 '많은 정보=특이한 상태'라는 상관관계 때문이다.

질서정연한 상태가 왜 드문 상태인지 이해하기 위해, 볼츠만이 원자를 이용하여 서술했던 논리를 경기장의 사례로 재현해보자. 지금 경기장은 관중석의 절반이 차 있고 사람들은 마음대로 자리를 바꿀 수 없다. 그리고 계의 허용된 상태는 사람들이 중앙에 집중된 상태뿐이라고 가정하자. 이것은 물리계에서 계의 에너지가 하나의 값으로 고정된 경우와 동일하다. 그러나 사람들이 중앙에 집중된 배열에서도 여러 개의 상태가 가능하므로, 계는 여러 개의 가능한 상태 중 하나를 고를 수 있다. 이들 중 대부분은 사람들이 무작위로 분포되어 있지만, 일부는 아주 '드문 배열'에 해당한다. 예를 들어 헬기를 타고 위에서 내려다봤을 때 사람들의 배열이 'INFORMATION'이라는 글자를 만들거나 '헬로키티' 모양을 그릴 수도 있다. 이런 경우는 과연 얼마나 드물게 일어날까?

평범한 상태와 드문 상태를 구별하려면 주어진 계에서 모든 가능한 상태를 추려내야 하는데, 한 가지 방법은 상태들 사이의 연결관계를 이용하는 것이다. 상태 A에 간단한 변환을 가하여 상태 B를 만들 수 있을 때, "A와 B는 서로 연결되어 있다connected"고 한다. 문제를 단순화하기 위해, 모든 사람들이 옆자리로 일제히 이동하는 변환을 생각해보자(단, 이렇게 이동하여 만들어진 새로운 상태도 '가운데로 집중된 상태'라는 우리의 조건을 만족한다고 가정하자). 이 변환에는 모든 사람들이 오른쪽으로 한 칸 이동하는 변환도 있고, 아래쪽 반에 앉은 사람은 한 칸 위로, 위쪽 반에 앉은 사람은 한 칸 아래로 이동하는 변환도 있다.

원리적으로는 이 변환을 이용하여 허용된 모든 상태를 만들어낼 수 있지만, 실제로는 그리 녹록지 않다. 관중석에 앉은 사람들이 (가운데로 집중된 상태를 유지하면서) 이웃한 자리로 아무리 여러 번 이동해도 문자나 그림은 나타나지 않는다. 이런 상태는 극히 드물기 때문에, 간단한 변환으로 도달하기가 쉽지 않다. 이 사례는 질서가 내재된 정보를 정의하는 데 유용하다. 물리계에서 정보는 엔트로피와 정반대이다. 정보는 매우 드물면서 고도의 연관성을 가진 배열(단순한 변환으로는 도달하기 어려운 배열)을 포함하고 있기 때문이다.

부가티나 전기기타처럼 원자가 매우 드문 형태로 배열된 물체는 동일한 원자집단으로 만들어진 평범한 배열보다 많은 정보를 갖고 있다(커뮤니케이션을 시도할 때에는 질서도가 높은 배열이나 낮은 배열이나 동일한 양의 비트가 소요된다. 그러나 질서도가 높은 상태는 구성원들 사이에 특별한 관계가 있기 때문에, 실제로는 더 적은 비트로도 전송이 가능하다. 사진이나 문서를 전송할 때 압축이 가능한 것은 이런 이유 때문이다). 섀넌의 이론과 볼츠만의 이론이 완전히 똑같다고 할 수는 없지만, "메시지뿐만 아니라 대부분의 물체들은 정보로 이루어져 있다"는 주장은 여전히 유효하다.

다시 부가티로 되돌아가보자. 부가티는 엄청나게 많은 원자의 배열이므로, 140개의 문자로 이루어진 트위터보다 훨씬 복잡하다. 또한 부가티에서 우리의 관심사는 '모든 가능한 원자의 배열'이 아니라, '부가티를 부가티답게 만드는 특별한 배열'이다(관중석에서 바디섹션으로 헬로키티를 만든 관중들의 배열과 비슷하다). 예를 들어 부가티의 타이어가 돌아가면 부가티의 전체적인 원자배열은 달라지지만 우리의 주 관심사인 차체에는 아무런 변화가 없으므로, 바퀴의 회전상태만 다른 부가티는 모두 같은 것으로 간주해도 무방하다. 그러나 부가티의 구성원자들이 배열될 수 있는 수많은 경우들 중에서 '상태가 완벽한 부가티의 집합'은 극히 일부에 불과하다. 경기장의 관중들이 자리를 바꾸듯이 부가티 원자들이 재배열되었을 때, 여전히 완벽한 부가티로 남아있을 확률은 거의 0에 가깝다. 반면에 벽을 들이받고 부서진 부가티는 동일한 미시상태가 엄청나게 많기 때문에(엔트로피가 크기 때문에) 정보가 별로 많지 않다(이런 상태들을 전송하려면 훨씬 많은 비트가 필요하다). 그러나 이 모든 상태들 중에서 확률이 가장 높은 상태는 (사람들이 관중석에 무작위로 앉은 경우처럼) 부가티에 들어간 재료들이 자연적인 상태에 있는 경우이다. 즉, 철은 철광석에 섞여 있고 알루미늄은 보크사이트에 섞여 있을 때 확률이 가장 높다. 그러므로 부가티가 망가졌다는 것은 정보가 파괴되었다는 뜻이며, 공장에서 부가티를 생산했다는 것은 무작위 배열에 질서를 부여하여 정보를 심어놓았다는 뜻이다.

경기장의 사례에서 알 수 있듯이 부가티처럼 많은 정보를 담고 있는 물체는 매우 드문 상태이며, 무작위로 배열된 상태에서 단순한 변환을 통해 이런 상태에 도달하는 것은 거의 불가능에 가깝다. 또한 우리는 경기장의 사례를 통해 질서의 역학적 기원을 이해할 수 있다. 원자들이 모여서 물리적 질서를 창출하려면 각자 적절한 위치를 찾아가야 하는데, 문제는 주어진 계가 하나의 상태에서 다른 상태로 자유롭게 점프할 수 없다는 점이다. 경기장의 경우 현재 상태에 따라 향후 이동방향이 결정되는데, 무질서한 상태에서 질서정연한 상태로 옮겨가려면 정교한 이동이 여러 번에 걸쳐 순차적으로 일어나야 한다. 그러나 안타깝게도 하나의 상태에서 질서도가 높은 상태로 가는 길은 무질서한 상태로 가는 길보다 훨씬 적다. 게다가 상태의 이동이 무작위로 일어난다면(통계학적 물리계가 대표적 사례이다), 올바른 길을 찾아가기가 결코 쉽지 않다.

루빅스큐브Rubik's cube를 예로 들어보자. 이 장난감을 아무렇게나 무작위로 움직여서는 목적지에 절대로 도달할 수 없다. 즉, 루빅스큐브는 이동 가능한 경로와 엔트로피 사이의 관계를 보여주는 완벽한 사례이다. 루빅스큐브가 놓일 수 있는 상태의 수는 약 4,300경 개(43,252,003,274,489,856,000개, 또는 4.3×10^{19}개)인데, 이들 중 각 면의 색이 제대로 맞춰진 경우는 단 하나뿐이다. 또한 루빅스큐브는 어떤 상태에서 시작하건 20번 이내에 풀 수 있기 때문에, 최종목적지가 그리 멀지 않은 계이기도 하다.[10] 그렇다, 20번이면 한번 도전해볼 만하다. 그러나 단 한 번의 실수도 없이 20번에 걸쳐 올바른 길을 찾아가기란 결코 쉬운 일이 아니다. 대부분의 사람들은 루빅스큐브를 풀 때 먼 길을 돌아서 간다. 기본적인 해법으로 공략하면(우선 한 면의 색상을 십자가 모양으로 맞추고 정해진 절차에 따라 네 귀퉁이를 맞춘 후, 중간 열을 제일 나중에 맞추는 식이다), 보통 50번 이상을 움직여야 한다(그래서 최근까지만 해도 사람들은 루빅스큐브를 맞추는 데 필요한 이동횟수가 20보다 크다고 믿었다).[11] 이는 곧 루빅스큐브를 맞추는 경로가 매우 드물다는 뜻이기도 하다. 큐브의 질서를 망가뜨리는 길은 엄청나게 많고, 완벽한 질서를 찾아가는 길은 단 몇 개에 불과하기 때문이다. 엔트로피는 어린아이의 손에 쥐어진 루빅스큐브와 비슷하다. 해법을 모르는 아이는 큐브를 마음대로 돌릴 것이고, 그럴 때마다 큐브의 색 분포는 더욱 무질서해진다. 자연에는 '다량의 정보가 함축된 상태'가 드문데다가, 자연의 운영방식으로는 그런 상태에 도달하기 어렵기 때문에 정보를 찾기가 쉽지 않다.

다량의 정보가 함축된 상태란 어떤 상태일까? 그리고 이런 상태를 구별할 수 있다면, 우리는 그 지식을 어디에 활용할 수 있을까? 다량의 정보가 저장된 상태의 중요한 특징 중 하나는 장거리 상호관계long-range correlation와 단거리 상호관계short-range correlation를 모두 포함한다는 것이다. 루빅스큐브에서는 이 상호관계가 확연하게 드러난다.[12] 큐브가 완벽한 질서를 갖췄을 때 하나의 사각형은 색상이 같은 사각형으로 에워싸여 있다. 그러나 상태들 사이의 명백한 상호관계는 루빅스큐브 같은 인공물뿐만 아니라 자연에서도 찾아볼 수 있다. 생명체의 유전정보가 담겨 있는 DNA 가닥을 예로 들어보자. 다들 알다시피 DNA는 뉴클레오타이드nucleotide, A, C, G, T의 기다란 배열로 이루어져있으며, 가느다란 가닥을 똑바로 펴면 길이가 1.8m나 된다. 그 안에 배열된 염기서열이 생명체에게 미치는 영향은 아직도 완전하게 밝혀지지 않았지만, 정보가 밀집되어 있는 부분을 골라낼 수는 있다. 가장 쉬운 방법은 DNA 가닥을 뉴클레오타이드의 무작위서열과 비교하는 것이다. 예를 들어 사면체의 각 면에 A, C, G, T라고 적어놓고 주사위처럼 던져서 나온 문자를 순차적으로 기록했다가 실제 DNA의 서열과 비교해보면, 이웃한 뉴클레오타이드나 멀리 떨어진 뉴클레오타이드 사이에서 특별한 상호관계를 찾을 수 있다. 이런 것은 무작위서열에서 거의 나타나지 않는 매우 특별한 배열이며, DNA 안에 정보가 저장되어 있음을 보여주는 증거이기도 하다.[13] 또한 우리는 DNA를 통해 정보라는 것이 정보를 해독하는 인간의 능력과 무관하게 존재한다는 사실을 깨달았다. DNA의 염기서열이 무엇을 의미하는지 모르는 상태에서도 그곳에 정보가 존재한다는 사실은 알 수 있기 때문이다. '정보'와 '의미'는 분명히 다른 객체이므로, 정보가 개인적인 관점에 따라 달라지는 것은 있을 수 없는 일이다. 인간형 커뮤니케이션(영어 등)이나 생물학적 커뮤니케이션(DNA 등)을 특정짓는 상호관계는 우리가 그 의미를 알건 모르건 상관없이 항상 그곳에 존재한다. 이것은 정보를 관찰하는 자의 특성이 아니라, 정보가 풍부한 상태의 특성이다. 우리가 의미 있는 메시지를 전송할 수 있는 것은 과거부터 무의미한 형태의 물리적 질서가 존재해왔기 때문이다. 이 '무의미한 형태의 질서'가 바로 정보인 것이다.•

마지막으로 엔트로피의 다중상태정의multiplicity-of-states definition와 우리의 정보처리능력(계산능력) 사이에 어떤 관계가 있는지 알아보자. 루

• 물론 붉은 사각형과 같이 한 가지 색상으로 칠해진 그림은 각 부분이 주변과 완벽하게 연결되어 있어서 픽셀 하나만으로 전체적인 형태를 유추할 수 있기 때문에 담겨 있는 정보가 별로 없다. 그러므로 정보는 완벽하게 질서정연하거나 완벽하게 무질서한 구조에 들어 있는 것이 아니라, 프랙털과 유사하고 불규칙적이면서 그 와중에 어떤 규칙이 내재되어 있는 구조에 들어 있다. 사람의 얼굴이나 나무, 자동차 엔진 등이 대표적 사례이며, 심지어는 부정형의 구름에서도 정보를 찾을 수 있다.

빅스큐브에서 보았듯이, '다량의 정보가 함축된 상태'를 찾기 어려운 이유는 원래 그런 상태가 드물게 존재하는데다가, 그런 상태로 가는 경로가 몇 개 안 되기 때문이다. 루빅스큐브를 빨리 맞추는 사람이 똑똑하다는 칭찬을 듣는 것도 이 드문 경로를 쉽게 찾을 정도로 머리가 빠르게 돌아가기 때문이다(경로를 찾는 규칙을 통째로 외우는 사람도 있는데, 이것도 똑똑해야 가능하다). 그러나 루빅스큐브보다 간단한 사례에서도 계의 다중상태와 계산능력 사이의 관계를 찾아볼 수 있다. 예를 들어 원통과 사각형 등 간단한 도형을 알맞은 구멍에 맞춰넣는 어린 아이용 게임을 생각해보자. 대부분의 아이들은 생후 14개월이 되면 구球와 원통을 알맞은 구멍에 끼워넣을 수 있지만, 사각형과 육면체, 삼각형 등 다른 도형은 쉽게 끼워넣지 못한다. 왜 그럴까?[14] 공은 어떤 각도에서 봐도 생긴 모양이 똑같고 원통은 가운데 축을 중심으로 돌려도 모양이 똑같은 반면, 육면체는 보는 각도에 따라 모양이 달라지기 때문이다. 삼각형은 대칭축의 개수가 육면체보다 적어서 인식이 더 어렵다. 어린아이들에게 비등변삼각형(세 변의 길이가 모두 다른 삼각형)의 난이도는 루빅스큐브와 비슷하여, 맞는 구멍을 찾는 경우가 극히 드물다. 이처럼 아이들의 형태인식능력은 주로 엔트로피가 적은 상태(드문 상태)를 인식하는 쪽으로 편향되어 있다. 모든 가능한 연속배열에서 '드물지만 유용한 상태'를 찾아내는 것은 정보를 처리하고 계산하는데 매우 효율적이다. 이 능력은 어린아이들이 도형 맞추기 게임을 하거나 청소년들이 루빅스큐브를 맞출 때 최대한으로 발휘된다.

* * *

이 장에서 우리는 모든 제품에 물리적 질서와 정보가 들어 있음을 확인했다. 방금 뽑은 부가티까지 박살내면서 열변을 토했으니, 당분간은 기억에 남을 것이다. 그러나 이 물리적 질서가 어디서 왔는지, 왜 스스로 자라나는지, 그리고 왜 경제적 가치를 갖는지는 아직 언급하지 않았다. 다음 장에서는 기본적인 관점에서 물리적 질서의 기원을 집중적으로 살펴볼 것이다. 인간이 경제에 어떻게 질서는 쌓아나가는지, 이런 질서가 왜 유용한지, 그리고 인간이 질서의 성장에 어떤 기여를 하는지는 그후에 다루기로 한다. 모든 제품을 정보로 표현하는 방법을 알면 우리의 질서창출능력(부가티와 같은 상품을 만드는 능력)에 제한을 가하는 사회-경제적 메커니즘을 이해할 수 있으며, 세계 경제가 지역마다 차이가 나는 이유도 근본적인 단계에서 이해할 수 있다. 앞으로 알게 되겠지만, 정보성장의 원리는 사회와 경제의 발전이라는 거시적 개념까지 확장될 수 있다.

3장

영원한 변칙

시간의 비가역성은 혼돈에서
질서를 가져오는 메커니즘이다.
일리야 프리고진

살다보면 가끔씩 시간을 되돌리고 싶을 때가 있다. 조그만 실수를 했을 때나 큰 실수를 했을 때, 과거로 돌아가서 죄다 고쳐놓고 싶다. 사실 실수의 크고 작은 정도는 별로 중요하지 않다. 문제는 시간이 오직 한쪽 방향으로만 흐른다는 것이다. 시간은 과거에서 미래로, 청년에서 노인으로, 삶에서 죽음으로 가차없이 흐른다.[1]

시간의 비가역성은 잡아당기는 중력만큼이나 명백한 사실이어서 그 이유를 중력 못지않게 명확한 물리법칙으로 설명할 수 있을 것 같지만, 현실은 그렇지 않다. 시간이 한쪽 방향으로 흐르는 이유를 설명하는 것은 최고의 석학들에게도 너무나 어려운 문제이다. 아이작 뉴턴Isaac Newton과 알베르트 아인슈타인Albert Einstein이 개발한 운동이론은 시간이 거꾸로 흐르는 것을 허용하고 있다(이것을 '시간대칭'이라 한다:

옮긴이).[2] 뉴턴의 운동방정식은 날아가는 대포알과 별 주변을 공전하는 행성, 그리고 행성 주변을 공전하는 위성의 운동을 명확하게 서술해준다. 그런데 간단한 계에서는 시간대칭이 별 문제 없이 성립하지만 사자의 입에서 톰슨가젤과 들소가 튀어나와 들판을 달리지 않는 이유나, 담을 들이받고 부서진 부가티가 스스로 재조립되어 멀쩡한 상태로 되돌아가지 않는 이유를 설명하지 못한다.

시간의 비가역성이 우리의 관심을 끄는 이유는 (물론 그 자체만으로 흥미롭기도 하지만) 정보의 기원과 밀접하게 관련되어 있기 때문이다. 시간의 비가역성과 정보의 물리적 기원을 좌우하는 것은 입자 하나의 운동을 서술하는 물리법칙이 아니라, 입자집단의 거동을 서술하는 물리법칙이다. 이것은 물리학에서도 꽤나 다루기 어려운 분야로서, '물체가 지나가는 궤적' 같은 것은 더이상 의미가 없다. 그런데 놀라운 것은 시간이 중요한 이슈로 등장할 때마다 궤적이 무의미해진다는 것이다.

시간의 비가역성과 정보의 편재遍在를 하나로 엮으면 더욱 큰 수수께끼가 탄생한다. 앞으로 보게 되겠지만, 시간의 비가역성은 질서에서 무질서로 진행하는 우주와 관련되어 있다. 그러나 우리의 지구는 그 반대의 길을 걸어왔다. 지구에 존재하는 정보의 양은 줄어들지 않고 꾸준히 증가해왔다.

지구 전역에서 정보가 증가하는 것은 19세기 물리학에 정면으로 위배된다. 19세기의 물리학자들은 하루가 다르게 복잡해져가는 세상에 살았지만, 시간이 흐를수록 정보가 파괴된다는 볼츠만의 이론도 알고 있었다. 기타 줄을 튕겼을 때 나는 소리는 공기를 통과하면서 점점 작아지다가 결국 사라지고, 연못에 돌을 던졌을 때 생기는 파문도 연못이 다시 잔잔해지면서 사라진다. 이런 식으로 정보가 사라지는 현상은 19세기 물리학으로 설명될 수 있다. 그러나 우주의 특별한 지역에서 정보가 계속해서 자라나는 현상은 어느 누구도 설명하지 못했다.

19세기에 찰스 라이엘Charles Lyell과 찰스 다윈Charles Darwin은 지구의 나이가 성경에서 말하는 6000년이 아니라 그 100만 배에 가까운 수십억 년이라고 주장했고, 이때부터 '정보의 성장'이라는 역설이 과학계의 뜨거운 이슈로 떠오르기 시작했다. 이들이 주장이 옳다면 정보의 변칙적인 성장이 수십억 년 동안 계속된 셈이다. 그러나 변칙anomaly은 영원히 지속될 수 없다. 대부분은 짧은 시간 안에 종료된다. 이것은 명백한 모순이므로, 지구의 나이가 정말로 수십억 년이라면 자연을 서술하는 이론에 무언가 중요한 요소가 누락되었음을 인정해야 한다. 질서는 분명히 증가하고 있는데 그 이유를 아는 사람이 없으니, 참으로 답답한 노릇이었다.

"여러 개의 입자로 이루어진 물리계는 가능한 한 정보가 적은 상태로 이동하려는 경향이 있다." 볼츠만은 1878년에 이 내용을 골자로 한 논문을 발표하여 처음으로 학계의 관심을 끌었다. 이것이 바로 그 유명한 열역학 제2법칙이다. 사실 볼츠만보다 수십 년 전에 루돌프 클라우지우스Rudolf Clausius가 이 사실을 예견했는데, 논리가 다소 장황하고 복잡해서 별로 관심을 끌지 못했다. 열역학 제2법칙에 의하면 외부와 차단된 물리계(닫힌 물리계)의 엔트로피는 항상 증가한다. 즉, 모든 계는 질서정연한 상태에서 무질서한 상태로 이동하려는 경향이 있다. 맑은 물이 담긴 유리잔에 잉크 한 방울을 떨어뜨리면 처음에는 잉크가

한 곳에 집중된 채 예쁜 소용돌이를 그린다. 이것은 정보가 많은 상태이다. 물에 떨어진 잉크방울이 한곳에 뭉치는 방법은 몇 개 안 되지만, 물 전체에 골고루 퍼져나가는 방법은 무수히 많다. 그래서 시간이 충분히 흐르면 잉크가 물 전체에 퍼지고 정보는 사라진다. '잉크가 골고루 퍼진 상태'는 여러 개가 있기 때문이다. 그리고 잉크가 퍼져나간다는 것은 곧 시간이 흐른다는 뜻이다. 잉크가 섞인 물은 시간이 흐름에 따라 정보가 많은 상태에서 정보가 적은 상태로 이동한다. 우리의 우주도 드문 배열에서 출발했다가 시간이 흐를수록 흔한 배열로 변해왔다. 볼츠만은 1878년 논문에서 이런 변화가 일어나는 이유를 완벽하게 설명했다.

그러나 우주에는 퍼져나가는 잉크와 정반대인 사례가 사방에 널려 있다. 엄마 뱃속에서 자라는 태아가 그렇고, 불에 타서 잿더미가 된 숲이 스스로 재생되는 것도 그렇다. 이 정보들은 대체 어디서 온 것일까? 루트비히 볼츠만과 제임스 클러크 맥스웰James Clerk Maxwell의 우주, 그리고 훗날 헤르만 폰 헬름홀츠Hermann von Helmholtz와 윌러드 기브스J. Willard Gibbs, 알베르트 아인슈타인이 열역학을 통해 개선한 우주는 균질한 수프로 진화해왔다. 이 수프에는 정보가 없고 에너지도 더이상 자유롭지 않다(즉, 일work로 전환될 수 있는 에너지가 없다).[3]

20세기 들어 시간화살time arrow과 정보의 물리적 기원은 실체의 물리적 성질과 어느 정도 조화를 이루었다. 새로 등장한 이론은 정보가 변칙이 아님을 입증했으며, 아인슈타인과 뉴턴의 역학이나 볼츠만의 통계역학과 충돌을 일으키지도 않았다. 정보와 시간화살의 기원이 새로 발견된 물리학 원리에 전적으로 좌우되었기 때문이다. 이 분야에서 가장 큰 업적을 남긴 사람은 벨기에의 통계물리학자 일리야 프리고진Ilya Prigogine이었다. 그는 비평형 열역학에서 소산적 구조이론theory of dissipative structures을 구축하여 1977년에 노벨 화학상을 받은 사람이다.[4] 프리고진이 창안한 개념 중 특히 우리 관심을 끄는 것은 "정보는 평형에서 벗어난 물리계의 정상상태steady state에서 자연스럽게 생성된다"는 주장이다. 정보의 물리적 기원을 함축적으로 표현한 말인데, 언뜻 듣기에는 무슨 외계언어 같지만 몇 가지 사례를 들어보면 무슨 뜻인지 이해가 갈 것이다.

정보의 물리적 기원을 이해하기 전에, 정상상태라는 용어부터 알아보자. 정상상태는 크게 '동적 정상상태dynamic steady state'와 '정적 정상상태static steady state'로 나눌 수 있다. 커다란 그릇에 구슬을 던지면 한동안 이리저리 굴러다니다가 가장 깊은 곳에 멈춰 서는데, 이런 경우 구슬은 "정적 정상상태에 놓여 있다"고 말한다.

좀더 흥미로운 사례로는 기체로 가득찬 상자를 들 수 있다. 빈 상자에 기체를 주입하고 조금 기다리면 상자의 왼쪽 반에 있는 기체의 양이 오른쪽 반에 있는 기체의 양과 같아지면서 정상상태에 도달한다. 그러나 기체로 가득찬 상자의 정상상태는 그릇 안에서 멈춰선 구슬의 정상상태와 근본적으로 다르다. 구슬은 전혀 움직이지 않지만, 상자 속의 기체분자들은 평형을 이룬 와중에도 끊임없이 움직이고 있다. 다만 이들 중 왼쪽으로 움직이는 분자의 수와 오른쪽으로 움직이는 분자의 수가 동일하기 때문에 정상상태가 유지되는 것이다. 이와 같은 경우를 동적 정상상태라 한다(물에 떨어진 잉크방울이 퍼지면서 골고루 섞이는 것도 동적 정상상태의 한 사례이다).

비평형계(평형상태에서 벗어난 계)도 정상상태에 도달할 수 있다. 욕조에 물을 가득 채우고 배수구를 열었을 때 나타나는 소용돌이가 그 대표적 사례이다. 배수구 마개를 제거하는 즉시 물이 빠져나가기 시작하고, 배수구 위에 있는 물은 소용돌이를 치며 돌아간다. 이 소용돌이는 물이 계속 흐르는 한 동일한 형태로 유지되기 때문에 정상상태에 속한다. 또한 소용돌이는 고요한 물에서 결코 자발적으로 일어나지 않는 '드문 배열'이므로 정보가 많은 상태이기도 하다.[5] 고요한 물과 달리 소용돌이의 물분자들은 무작위로 움직이지 않으며, 각 분자의 위치와 속도가 이웃한 분자와 밀접하게 연결되어 있기 때문에 고도로 조직화된 배열이라 할 수 있다. 그런데 흥미로운 점은 이렇게 정보가 밀집된 상태가 자연적으로 일어날 수 있다는 것이다. 즉, 소용돌이는 정상상태에 놓인 비평형 물리계에서 정보가 자발적으로 생성되는 대표적 사례이다.

소용돌이 외에 담배연기와 모닥불, 그리고 컴퓨터 모니터에서 방출되는 빛도 비평형계에서 질서(정보)가 자연적으로 발생하는 경우에 해당한다(전원을 켜는 즉시 모니터는 평형상태에서 벗어나므로 비평형계이다). 심지어 당신과 당신의 핸드폰도 비평형 물리계이다. 당신은 평형상태로 가지 않기 위해 수시로 음식을 섭취하고, 핸드폰은 매일 밤마다 '충전을 당하면서' 비평형상태를 유지하고 있다.

볼츠만의 이론은 옳은 이론임이 분명하지만 지구에는 적용되지 않는다. 지구는 평형상태를 향해 나아가고 있는 비평형계이기 때문이다. 실제로 지구는 평형상태에 도달한 적이 한 번도 없었다. 도달은커녕, 가까이 간 적도 없다. 태양에서 쏟아지는 에너지와 지구의 중심에서 일어나는 핵붕괴반응이 지구를 평형상태로부터 멀어지게 만들면서 정보를 창출하는 데 필요한 에너지를 공급했다. 그러니까 지구는 광활하고 척박한 우주에서 정보를 생산하는 작은 소용돌이인 셈이다.

프리고진은 우주에 정보가 국소적으로 집중되는 현상을 이해하려면 비평형계의 통계적 특성을 이해해야 한다고 생각했다. 이 통계적 특성은 볼츠만이 연구했던 물리계의 특성과 다르며, 정보가 자연적으로 생성되는 경우를 다룰 수 있어야 한다. 프리고진의 가장 큰 업적은 비평형계의 거동을 좌우하는 몇 개의 원리와 수학법칙을 유도한 것이다. 그의 이론에 의하면 우주는 특이한 구조로 되어 있어서, 혼돈의 이면裏面에 정보가 숨어 있다. 냄비 속에서 끓는 물을 예로 들어보자. 여기에 약간의 열을 가하면 냄비의 아래쪽에 있는 물분자들이 에너지를 얻어 속도가 빨라진다. 그러나 여기서 재빨리 불을 끄면 물은 스스로 정보가 많은 상태로 가지 않는다. 여기서 다시 불을 켜고 냄비를 한동안 방치해두면 물분자의 움직임이 격해지면서 정신없이 끓어오른다. 잔잔했던 물이 혼돈계로 변한 것이다. 이 상태는 소용돌이치며 피어오르는 담배연기처럼 이미 정보를 갖고 있다. 여기서 물이 동적 정상상태에 도달하여 대류가 일어날 때까지 열을 계속 가하면 조직화된 흐름이 나타나기 시작한다. 혼돈이 일어난 후 물리계가 고도로 조직화된 상태(다량의 정보가 내재된 상태)로 진입하는 것이다. 프리고진은 비평형계가 정상상태에 도달하면 조직화되는 경향이 있음을 증명했다.

비평형계는 '다량의 정보가 내재된 정상상태'로 특정지어진다. 이 사실을 이용하면 정보가 어디서 오는지 이해할 수 있다. 지구와 같은 비평형계에서 정보가 출현하는 것은 충분히 예측 가능한 일이므로 변칙이 아니다. 그러나 나쁜 소식은 엔트로피라는 녀석이 다량의 정보를 포함하고 있는 변칙적 상태의 경계에 항상 잠복하고 있다가, 기회가 포착되면 이 변칙을 게걸스럽게 먹어치운다는 것이다. 예를 들어 욕조에서 발생한 소용돌이는 물이 모두 빠지거나 배수구를 막는 즉시 사라진다. 그렇다면 우주는 다량의 정보를 간직한 비평형 정상상태를 닥치는 대로 빼앗아가고 있다는 말인가? 그렇다. 호시탐탐 기회를 엿보다가 빈틈이 조금이라도 보이면 여지없이 끼어들어 애써 만들어놓은 질서를 흩어놓는다. 그러나 다행히도 정보에게는 비장의 방어책이 있다. 지구에 저장된 정보는 매우 "끈끈하여" 재탄생하거나 재조립되기가 비교적 쉬운 편이다. 바로 이 끈끈한 성질(점착성이라고 하자)이 가장 근본적인 물리적 특성 안에 숨어 있었기에 지구에는 생명이 탄생하고 경제시스템이 구축될 수 있었다.

정보에 점착성을 부여한 일등공신은 열역학적 포텐셜thermodynamic potential이었다. 또 무슨 외계언어냐고? 아니다. 겁먹을 것 없다. 독자들은 다음의 사실만 기억하면 된다. "물리계의 정상상태는 열역학적 포텐셜이라는 수학적 함수의 최소값으로 서술된다." 포텐셜의 개념은 고등학교 시절에 배웠을 것이다(포텐셜은 '잠재적인'이라는 뜻으로, 겉으로 드러나지 않는 에너지를 포텐셜에너지라 한다. 단, 중력에 의한 포텐셜에너지는 위치(높이)에 따라 달라지기 때문에 '위치에너지'라 부르기도 한다. 열역학적 포텐셜은 위치에너지의 열역학 버전이다: 옮긴이). 움푹한 접시에 떨어진 구슬이 이리저리 굴러다니다가 가운데에 정지하는 이유는 그곳에서 포텐셜에너지(위치에너지)가 가장 작기 때문이다. 그런데 물리계가 정상상태에 놓였다고 해서 에너지가 반드시 최소라는 보장은 없다. 정상상태에서는 흔히 에너지가 아닌 다른 양이 최대 또는 최소가 된다(예를 들어 상자 안에 조용히 갇혀 있는 기체는 엔트로피가 최대이다). 다행히도 우리의 주 관심사는 비평형계의 포텐셜이므로 모든 최대-최소값을 일일이 따질 필요는 없다. 욕조의 소용돌이와 같은 비평형계에서는 무엇이 최소화되는가? 1947년에 프리고진은 "정상상태에 놓인 비평형계에서는 엔트로피 생산량이 최소화된다"는 사실을 증명했다.[6] 즉, 비평형계는 질서를 자발적으로 생성하여 정보훼손이 가장 적은 정상상태로 자기조직화된다는 뜻이다.

프리고진은 평형상태에 가까운 계를 분석하여 위의 원리를 유도해냈다. 이 물리계는 하나의 정상상태와 여러 개의 과도상태transient state로 정의되는데, 그다지 포괄적인 경우가 아니었으므로 평형상태에서 멀리 벗어난 계에는 적용할 수 없었다(이런 계는 여러 개의 가능한 상태들 중 하나를 "선택"할 수 있다). 실제로 일부 과학자들은 (논쟁의 여지는 있지만) 평형에서 멀리 벗어난 계가 엔트로피 생산을 최대화하는 정상상태를 선택한다고 가정하고 있다.[7] 그러나 정상상태에서 엔트로피 생산량이 최대라 해도 과도상태의 엔트로피 생산량보다는 적기 때문에, 최대 엔트로피 생산원리는 프리고진의 최소 엔트로피 생산원리와 상충되지 않는다. 어쨌거나 우리의 관심사는 비평형 통계물리학이 아니라 정보의 기원을 추적하는 것이므로, 골치 아픈 논쟁은 신경쓸 필요 없다. 그러므로 비평형계와 관련된 포텐셜은 뒤로 제쳐두고 일단은 다음과 같이 결론짓고자 한다. 최대 엔트로피 생산이건, 최소 엔트로피 생산이건, 통계적 과정의 비가역성 문제이건 간에, 이 포텐셜은 다양한 상호관계가 존재하는 자기조직적self-organizing 상태이며, 과도상태보다 낭비가 적고 생명 탄생에 필요한 물리적 질서를 생산한다. 프리고진과 그레구아르 니콜리스Grégoire Nicolis는 1971년에 발표한 논문에서 비평형계와 생명의 관계에 대하여 다음과 같이 주장했다. "일반적으로 구조가 파괴되는 것은 열역학적 평형에서 흔히 일어나는 사건이다. 그러나 안정한 상태의 영역을 초월하여 비선형 동역학법칙이 작동하면 구조가 생성될 수도 있다."[8]

통계물리학적 계는 정보를 생산하고, 평형에서 벗어난 후에도 정보를 간직한다. 그러나 이런 계는 유동성이 커서 정보가 어떤 식으로 유지되는지 알아내기가 쉽지 않다. 격렬하게 돌아가던 소용돌이는 갑자기 사라지고, 아름답게 피어오르던 담배연기는 얼마 가지 않아 부정형의 연기가 되어 흩어진다. 비평형계의 통계적 성질은 정보의 기원을 이해하는 데 도움을 주지만, 이것만으로는 정보가 오래 간직되는 이유를 알 수 없다. 정보가 재결합되고 생명과 경제가 출현할 수 있었던 것은 정보의 내구성 덕분이었다. 비평형계에서 정보가 유지되지 않았다면 재결합을 통해 더 많은 정보를 낳는 현상도 일어나지 않았을 것이다. 그러나 정보의 기원을 설명하는 법칙만으로는 정보의 내구성을 보장할 수 없다. 무언가 중요한 요소가 빠져 있는 것이다.

1933년에 노벨 물리학상을 수상한 에르빈 슈뢰딩거Erwin Schrödinger는 1944년에 출간한 저서 『생명이란 무엇인가?What Is Life』에 다음과 같이 적어놓았다. "우리가 예로 들었던 유체계통fluid system만으로는 물리적 정보의 내구성을 이해할 수 없다." 담배연기와 소용돌이, 떨어지는 잉크방울, 기체 등은 모두 유체에 속하며, 이들은 유동성이 높기 때문에 오래 지속되지 못한다. 정보가 점착성을 갖고 재결합될 수 있는 두번째 이유는 "고체" 속에 내재되어 있기 때문이다. 다시 한번 욕조로 되돌아가서 생각해보자. 단, 이번에는 당신이 마술지팡이를 갖고 있어서 소용돌이치는 물을 순식간에 얼리거나 고체로 만들 수 있다고 가정하자.[9] 당신은 지팡이를 휘둘러서 소용돌이를 얼린 후 조각용 송곳과 끌을 이용하여 조심스럽게 소용돌이를 잘라냈다. 소량의 정보가 문자 그대로 '손안에' 들어온 것이다. 소용돌이를 다시 녹이지 않는 한, 정상상태에 내재되어 있는 정보 중 일부는 당신의 손안에 그대로 남아 있을 것이다.[10] 소용돌이를 빠르게 얼리면 유체에서 생성된 정보를 가둬둘 수 있고, 이 고형화된 정보를 이용하여 복잡한 세상을 재구성할 수 있다.

물론 소용돌이를 얼리는 것은 불가능하다(적어도 내가 알기로는 그렇다). 그러나 이렇게 가정하면 고체의 영속성과 정보의 진화를 이해하는 데 약간의 도움을 받을 수 있다. 슈뢰딩거는 『생명이란 무엇인가?』에서 "고체는 정보로 가득찬 자연을 서술하는 데 핵심적인 역할을 한다"고 강조한 바 있다. 그는 (당시 전 세계의 생물학자들이 그랬던 것처럼) 생물학적 유기체의 형성에 필요한 정보가 세포 내부의 단백질이나 DNA에 숨어 있다고 믿었다.[11] 물리학적 관점에서 볼 때 단백질과 DNA는 모두 고체이다. 좀더 정확하게 말하면 '비주기적 결정체 aperiodic crystal(동일한 구조가 반복되진 않지만 구성요소들 사이에 장거리 상호관계가 존재하는 물체)'에 속한다. 똑같은 음표 4개가 끊임없이 반복되는 악보를 생각해보자. 이런 곡에 들어 있는 정보는 변주곡이나 교향곡보다 훨씬 적다. 결정체의 경우도 마찬가지다. 결정구조가 주기적으로 반복되면 많은 양의 정보를 담을 수 없다. 정보가 많으려면 비주기적 구조를 갖고 있어야 한다. 슈뢰딩거는 "유전자는 단순한 등방성 액체방울이 아니라 모든 원자와 유리기radical(짝을 짓지 않은 전자를 하나 이상 갖고 있는 원자, 또는 분자: 옮긴이), 헤테로 고리heterocyclic ring(두 종류 이상의 원자로 이루어진 고리: 옮긴이) 등이 각자 고유의 역할을 하고 있는 대형 단백질분자일 가능성이 높다"고 했다. 그의 주장에 의하면 생명이란 생물학적 분자의 비주기적이고 고형적crystalline인 성질에 기인한 현상이다. 분자에 정보가 저장되려면 비주기적이어야 하고, 그 정보가 오래 유지되려면 구조가 견고해야 한다.

프리고진과 슈뢰딩거의 아이디어를 결합하면 정보의 출처(비평형계의 정상상태)와 정보의 내구성(고체 안에 저장됨)을 이해할 수 있다. 그런데 이 두 가지를 결합하면 우주가 "얼어붙어 있으면서 역동적"이라는 뜻이니, 참으로 희한한 조합이다. 물리학적 관점에서 볼 때 고체는 주변환경이 열역학적 요동을 쳐도 안정한 상태를 유지하므로 "얼어붙은" 상태에 해당한다.[12] 사람들이 모여 사는 도시(건물, 자동차, 버스정류장, 지하철, 도보 등)는 고체로 이루어져 있고 집(부엌, 배수구, 냉장고, 접시, 형광등, 세탁기 등)도 고체이며, 수많은 단백질에 의해 운영되고 있는 세포도 고체이다. 단, 자동차와 단백질은 이동 가능한 고체이고 도시와 세포는 고체들이 정신없이 움직이고 있는 역학계이다. 이 모든 것들이 고체로 이루어져 있기 때문에 그다지 큰 대가를 치르지 않고서도 정보를 축적할 수 있다(물론 정보가 고체의 보호를 받는 기간은 우주적 관점에서 볼 때 아주 짧은 시간에 불과하다).

그러나 정보가 자라나려면 견고한 고체와 역학적 소용돌이 외에 또다른 요소가 필요하다. 우주는 정보를 양육하기 위해 교묘한 트릭을 구사하고 있다. 물질이 정보를 처리하는 능력, 또는 물질의 계산능력이 바로 그것이다.

나무를 예로 들어보자. 준-"동결"상태(형태가 고정되어 있지만 견고하지 않은 상태)에 있는 나무는 '태양에너지로 운영되는 컴퓨터'라 할 수 있다. 뉴잉글랜드에서 자라는 나무는 계절마다 다른 소프트웨어를 사용하여 잎이 떨어질 시기와 새잎이 돋아날 시기를 판단한다. 이처럼 나무는 주변환경에서 취득한 정보를 처리하고 있다. 또한 신호전달체계인 단백질을 이용하여 뿌리와 잎이 자라날 방향을 결정하고, 병원균이 침투했을 때 면역체계를 가동시킨다. 나무는 의식이 없고 언어능력도 없지만, 인간과 비슷한 정보처리능력을 보유하고 있다. 단, 이들의 능력은 인간의 소화, 면역, 호르몬 조절 등 본인이 의식하지 않아도 저절로 작동되는 기능에 한정되어 있다.

기술적인 측면에서 볼 때 나무는 컴퓨터와 비슷하지만, 그들이 사용하는 에너지원은 전기가 아닌 태양이다. 나무는 인간과 마찬가지로 매트랩MATLAB(수치 해석 및 프로그래밍 환경을 제공하는 공학용 소프트웨어: 옮긴이)을 실행할 수 없지만, 사람이나 컴퓨터가 할 수 없는 광합성을 자유자재로 실행한다. 나무가 정보를 처리할 수 있는 이유는 이들이 비평형 정상상태에 있기 때문이다. 그 덕분에 나무는 생존에 필요한 노하우를 확보할 수 있었다.

그러나 나무는 살아 있는 생명체이기 때문에, "계산이 생명에 우선한다"는 논리에는 써먹을 수 없다(그래도 이 세상에 인간보다 계산이 먼저 탄생했다는 증거는 된다). 생명과 정보처리능력, 둘 중 어느 쪽이 먼저 출현했을까? 이 질문에 답하기 위해, 프리고진의 마음을 사로잡았던 화학으로 관심을 돌려보자.

I라는 초기화합물에서 출발하여 중간화합물 M을 거쳐 최종화합물 O로 변하는 일련의 화학반응을 생각해보자(원재료에 해당하는 I는 외부에서 꾸준히 유입되고 있다). I의 유입량이 적으면 M의 생산량과 소모량이 크게 변하지 않아서 계는 정상상태(평형)를 유지한다. 그러나 I의 유입량이 증가하면 기존의 평형은 붕괴되고, 계는 두 개 이상의 안정한 정상상태 중 하나에 놓이게 된다.[13] 즉, 시스템이 둘 중 하나를 "선택"해야 하는 것이다. 선택을 하기 전에는 미래가 대칭적이었지만, 하나를 선택함으로써 시스템은 새로운 상태로 넘어가고 새로운 역사가 시작된다. 여기서 초기화합물 I의 유입량을 더 늘리면 새로운 정상상태가 불안정해지면서 또다른 정상상태가 등장하고, 이런 과정이 반복되면서 화학반응은 점차 조직화되어간다. 대표적 사례로는 화합물의 형태가 주기적으로 변하는 분자시계molecular clock를 들 수 있다. 이런 단순한 화학계도 정보를 처리할 수 있을까?

I의 농도가 변하면 화학계는 "계산"을 수행한다. 유입량에 변화가 생기면 최종 생산량도 거기에 맞춰 달라져야 하기 때문이다. 전자회로에 비유하면 트랜지스터와 비슷하고, 생명활동에 비유하면 원시적 형태의 신진대사와 비슷하다. 복잡계complex system를 연구했던 생물학자 스튜어트 카우프만Stuart Kauffman은 수십 년 전에 "세포는 정상상태에 놓인 역학계로 간주할 수 있다"고 했다.[14]

고도의 상호작용이 오가는 비평형계에서는 물질도 계산을 수행할 수 있다. 계절에 따라 반응이 달라지는 나무가 그렇고, 외부로부터 유입된 정보를 처리하는 화학시스템도 그렇다. 이는 곧 계산과 정보의 역사가 생명의 역사보다 오래되었음을 뜻한다. 계의 화학적 변화가 화합물에 담긴 정보를 수정하는 과정은 가장 기본적인 형태의 '계산'이며, 생명은 바로 이와 같은 '물질의 계산능력'으로부터 비롯되었다.

마지막으로 이 모든 것들이 시간의 비가역성과 어떤 관계에 있는지 알아보자. 이 장의 서두에서 말했듯이 시간은 오직 미래로만 흐른다. 시간이 과거로 흘러도 물리법칙에는 아무런 문제가 없건만, 현실세계에서는 이 대칭이 붕괴되어 있다. 왜 그럴까? 그 이유를 이해하기 위해 수조 개의 탁구공으로 가득차 있는 커다란 상자를 예로 들어보자.[15]

탁구공들이 상자 안에서 서로 충돌해도 에너지 손실이 일어나지 않는다고 가정하자(이런 충돌을 완전탄성충돌이라 한다). 그러면 충돌은 영원히 계속된다. 그리고 당신이 상자를 처음 보았을 때 탁구공들은 상자부피의 1/4에 해당하는 영역에 밀집된 채 충분한 에너지를 갖고 있었다고 가정하자(그래야 나중에 상자 전체로 골고루 퍼질 수 있다). 이것은 앞에서 언급했던 '물에 떨어진 잉크방울'의 사례와 비슷하다.

이 단순한 통계적 계에서 시간의 비가역성 여부는 임의의 시간에 탁구공의 운동을 시간이 거꾸로 흐르는 쪽으로 되돌릴 수 있는지의 여부와 일맥상통한다. 탁구공들의 최종상태가 상자의 1/4에 모여 있던 초기상태와 같아지도록 궤적을 조종할 수 있을까?

이 과정을 누군가가 동영상으로 촬영한 후 순방향(시간이 흐르는 방향)으로 재생한다면 모든 상황을 쉽게 이해할 수 있다. 탁구공들이 쉴새없이 충돌하다가 상자 전체에 골고루 퍼지면서 동역학적 정상상태에 도달한다. 자, 지금부터 여기에 시간 되돌리기 실험을 적용해보자. 무슨 수로 시간을 되돌리느냐고? 걱정할 것 없다. 가상의 기계장치 두

대만 있으면 된다. 하나는 원하는 개수만큼 탁구공을 골라서 그들의 속도를 바꾸는 속도변환기인데, 이를 위해서는 각 탁구공에 대하여 우리가 원하는 속도를 장치에 입력해줘야 한다. 속도변환기는 탁구공의 속도를 무한정 정확하게 조절할 수 있지만, 외부에서 입력된 값보다 정확할 수는 없다. 즉, 입력된 값이 두 자리 숫자라면(ex: 0.37cm/s), 속도변환기는 탁구공의 속도에 그 두 자리 숫자만 정확하게 부여하고 나머지 숫자(mm/s과 그 이하)는 무작위로 결정한다. 두번째 기계는 각 탁구공의 위치와 속도를 측정하는 장치인데, 정확도는 유한하지만 꽤 긴 자릿수까지 측정할 수 있다. 자, 여기서 질문. 방금 열거한 두 기계 장치를 사용하여, 마치 동영상이 거꾸로 돌아가는 것처럼 탁구공의 움직임을 조작할 수 있을까?

일단은 모든 탁구공의 속도를 "대충" 반대방향으로 바꿔보자. 예를 들어 임의의 한순간에 한 탁구공의 속도가 $V_x = 0.2342562356237128\cdots$m/s이었다면, 이 값을 -0.23m/s로 바꾸는 식이다. 이렇게 간단한 조작으로 동영상을 뒤로 되돌릴 수 있을까? 답: 아니다. 이런 식으로는 불가능하다. 수조 개의 탁구공으로 이루어져 있으면서 에너지를 잃지 않는 계는 전형적인 혼돈계chaotic system여서, 초기조건이 조금만 달라도 시간이 지나면 완전히 다른 상태가 된다. 다시 말해서, 두 자릿수의 정확도만으로는 초기상태로 되돌아갈 수 없다는 이야기다. 그런데 이것이 과연 정확성 때문일까? 혹시 근본적인 단계에서 어떤 제약이 가해진 것은 아닐까? 장치를 개선하여 속도의 정확성을 높이면 시간을 되돌릴 수 있을까?

장치의 정확도를 높여서 사고실험을 계속할 수도 있지만, '무한한 정확도'가 구현되지 않는 한 시간을 되돌릴 수는 없다. 유효숫자를 두 자리에서 10자리, 20자리, 또는 100자리까지 늘여도 소용없다. 혼돈계에서는 미세한 오차가 계의 미래를 송두리째 바꿔놓기 때문이다. 수학적으로 말하면 "자릿수의 중요도가 역전된 경우"에 해당한다. 일반적으로 자릿수가 많은 숫자에서는 왼쪽에 있는 숫자가 오른쪽에 있는 숫자보다 훨씬 중요한 의미를 갖는다. 예를 들어 은행잔고가 3,246,700원일 때, 앞에 있는 3이나 2가 뒤에 있는 6이나 7보다 훨씬 중요하다. 그러나 혼돈계에서 시간에 따라 변하는 것은 왼쪽 숫자가 아니라 오른쪽 숫자이기 때문에, 오른쪽 끝에 있는 몇 개의 숫자가 계의 미래를 좌우한다. 측정이 아무리 정확해도 유효숫자 뒤에는 아직 정해지지 않은 수많은 자릿수가 존재하기 때문에, 굳이 하이젠베르크의 불확정성원리uncertainty principle를 거론하지 않아도(이 원리에 의하면 측정값은 수십 자릿수로 제한된다), "동영상이 거꾸로 재현되는 것처럼 탁구공의 움직임을 거꾸로 유도하는 것은 불가능하다"고 결론지을 수 있다. 상상 속의 기계로 입자(탁구공)의 속도를 바꾸면 아주 짧은 시간 동안 시간이 거꾸로 가는 것 같은 효과를 낼 수 있지만, 결국은 다시 순방향(시간이 미래로 흐르는 방향)으로 진행하게 된다.

여러 개의 입자로 이루어진 혼돈계에서는 시간의 역행이 불가능하다. 이런 계의 시간을 거꾸로 되돌리려면 무한히 정확한 속도가 입력되어야 하고, 이를 위해서는 무한대의 정보가 필요하다. 또한 통계적 계가 과거로 되돌아갈 수 없는 또 한 가지 이유는 현재 상태에서 진행할 수 있는 경로가 무한히 많기 때문이다. 이런 계는 상태가 변할 때마다 방금 전의 상태를 까맣게 잊어버린다. 프리고진은 이 무한대를 엔트로피 장벽entropy barrier이라 불렀다. 그는 과거가 도달할 수 없는 시제일 뿐만 아니라, 아예 존재하지 않는 허구라고 주장했다. 과거는 한때 존재했지만, 지금은 존재하지 않는다는 것이다(There is no past, although there was a past). 우리의 우주에 과거나 미래는 존재하지 않으며, 유일하게 존재하는 것은 매 순간마다 계산의 결과로 나타나는 현재뿐이다. 그렇다, 이 세상은 다분히 즉흥적이다. 그리고 우리는 이 사실로부터 통계물리학과 계산을 연결지을 수 있다. 프리고진이 생각했던 즉흥적 우주에서는 미세 규모에서 과거를 일일이 계산할 수 없기 때문에 과거로 되돌아갈 수 없다. 프리고진의 엔트로피 장벽이 과거로 가는 길을 막고 있는 것이다(단, 실에 매달린 채 왕복하는 단진자나 별 주변을 공전하는 행성의 궤적은 저항력이 작용하지 않는 한 시간이 미래로 흐르건 과거로 흐르건, 똑같이 진행된다).

* * *

나는 이 장의 서두에서 시간의 비가역성과 정보의 기원이 밀접하게 관련되어 있다고 말했었다. 그런데 지금까지 살펴본 바에 의하면 이 두 가지를 하나로 엮었을 때 난해한 수수께끼가 탄생한다. 시간은 질서에서 무질서를 향해 흐르는데, 우리가 사는 세상은 점점 더 복잡해져가고 있기 때문이다. 우주 전역의 엔트로피가 꾸준히 증가한다는 물리법칙은 '성장하는 정보'와 모순되는 것처럼 보이지만 사실은 그렇지 않다. 우주는 정보가 태동할 수 있는 특별한 장소를 은밀하게 숨겨놓고 있다. 이곳에는 자유에너지가 사방에 널려 있고, 고체상태가 유지될 정도로 온도가 온화하여 그 안에 담긴 정보들이 오래 유지될 수 있다.

이 장에서 언급된 우주의 열역학을 적용하면 정보가 탄생하는 환경을 이해할 수 있다. 그러나 복잡성을 낳는 우주의 능력은 간단한 메커니즘으로 설명되지 않는다. 정보가 자라나려면 우주는 또하나의 트릭을 구사해야 하는데, '물질의 계산능력'이 바로 그것이다.

우주의 특별한 곳, 즉 지구에서는 단순한 화학계나 복잡한 생명체(나무와 인간 같은 생명체)에 내재되어 있는 물질의 계산능력 덕분에 정보가 폭발적으로 증가할 수 있었다. 이 계산능력과 인간 네트워크 사이의 관계가 이 책 3부의 주제이며, 그곳에서 우리는 지식과 노하우를 축적하는 계의 능력에 대해 알아볼 것이다. 정보와 사회의 성장원리를 설명하려면 물질의 계산능력과 인간에 의해 주어진 한계를 알아야 한다.

이 문제를 다루기 전에, 사람과 좀더 깊이 관련된 정보(사람의 지식과 노하우로 생성된 정보)의 물리적 특성을 알아둘 필요가 있다. 이것은 DNA나 얼어붙은 소용돌이가 아니라 마카로니 목걸이에서 점보제트기에 이르기까지, 인간의 생산활동과 교역을 통해 만들어진 온갖 인공물을 의미한다. 그래서 다음 장에서는 물건에 담긴 정보에 초점을 맞춰서 인간의 경제시스템을 구축하는 다양한 물건들을 살펴보기로 한다. 인간이 만든 제품은 정보가 물리적으로 구현된 결과물일 뿐만 아니라, 메시지보다 중요한 지식과 노하우를 전송하는 수단이기도 하다.

2부

상상의 결정체

이 세계는 우리의 상상력을 펼치는 화폭이다.

헨리 데이비드 소로

나는 수시로 쏟아지는 정보를 처리하느라 거의 녹초가 다 되었다. 사방팔방을 아무리 바쁘게 뛰어다녀도 나 혼자 처리하기에는 이 세상이 너무 크고 너무 빠르게 변한다. 나는 이메일에 답장을 쓰고, 논문 초고에 코멘트를 달고, 슬라이드를 준비하고, 세미나를 하고, 협약과 논쟁을 생각하고, 웹사이트를 설계하고, 논문을 심사하고, 계획서를 쓰고, 필요한 그림을 수집하고, 알고리즘을 생각하고, 사진을 찍고, 비행기를 타고, 여행가방을 싸고, 남에게 충고하고, 충고를 받고, 샌드위치를 만들고, 엘리베이터 버튼을 누르고, 무언가를 기억하려 애쓰고, 지금은 매끈한 문장을 만들기 위해 단어를 조합하느라 여념이 없다.

내가 누구냐고? 나는 거대한 사회-경제적 우주에서 동분서주하고 있는 이동뉴런mobile neuron이다. 나는 쉴새없이 돌아다니고 있지만, 목적지를 모르는 경우가 태반이다. 온갖 신호에 이리저리 끌려다니는 와중에도 무언가를 만들어내려는 욕망과 사회적 삶을 영위하려는 욕망 사이에서 균형을 유지하기 위해 안간힘을 쓰고 있다. 물론 쉬운 일은 아니다.

바로 이것이 우리 인간의 삶이다. 이리저리 돌아다니면서 정보를 처리하고, 사회와의 상호작용을 통해 정보의 성장을 돕는다. 우리는 의미 없는 물건과 의미 있는 메시지를 주고받으면서 대부분의 시간을 보내고 있다. 주변에 널려 있는 사물들은 우리의 정보처리능력을 향상시키고, 사방에서 날아오는 메시지는 다른 사람을 대하는 마음과 태도에 영향을 준다. 우리는 개인의 한정된 능력을 보충하기 위해 사회를 구축하고, 사회는 정보를 처리하는 방법을 배운다. 그래서 우리는 사물과 단어에 정보를 주입하고 있다. 우리는 가장 의미심장한 것에서 무의미하고 하찮은 것에 이르기까지 주변의 모든 사물을 창조했고, 우리도 모르는 사이에 정보의 성장을 위해 뼈 빠지게 일하는 노예가 되어가고 있다.

곧 이어질 4장에서는 경제라는 거대한 체계 속에서 정보의 성장에 기여하고 있는 사회-경제적 메커니즘을 살펴볼 것이다. 이 메커니즘은 앞에서 물리계를 다룰 때 언급했던 세 개의 원리를 확장한 것으로, 복잡한 사회-경제 시스템에 적용하려면 약간의 수정이 필요하다.•

사회에 정보가 축적되려면 견고한 물체에 저장된 정보와 에너지가

• 여기서 말하는 '경제'는 통상적으로 사용되는 의미와 약간의 차이가 있다. 자세한 내용은 이제 곧 알게 될 것이다.

민첩하게 흘러야 하고, 우리의 계산능력도 매끄럽게 전수되어야 한다. 지구의 정보를 양육하는 에너지는 당연히 태양으로부터 온 것이다. 식물은 태양에너지를 이용하여 포도당을 생산해왔으며, 죽은 후에는 오랜 세월 동안 땅속에 묻혀서 우리가 '석유'라고 부르는 연료가 되었다. 그렇다면 인간은 그 연료를 소비만 해왔을까? 아니다. 인간은 정보의 수명을 늘리는 놀라운 기술을 개발하여 이 세상을 더욱 풍요롭게 만들었다. 인간은 돌도끼에서 최신 컴퓨터에 이르는 다양한 물건을 발명했고, 그 속에 방대한 양의 정보를 축적해왔다. 이런 견고한 물건을 만들려면 에너지가 흘러야 하고, 그와 함께 인간의 계산능력도 전수되어야 한다. 또한 인간이 계산능력을 발휘하려면 사회 네트워크가 제대로 작동해야 하며, 이것은 사회제도와 기술의 영향을 받는다. 제도와 기술은 인간의 언어를 분화시키고 인종 간의 차별과 신뢰를 낳았으며, 커뮤니케이션기술과 이동기술을 탄생시켰다. 단, 부적절한 제도와 기술은 네트워크 구축능력을 제한하여 지식과 노하우의 생산을 방해하고 정보의 흐름을 막는 등 사회 전체에 막대한 손실을 끼친다.

지금부터 인간이 정보를 축적하기 위해 만들어온 견고한 물체에 대하여 좀더 깊이 생각해보자. 앞으로 이런 물체를 상상의 결정체crystals of imagination라 부르기로 한다. 3부에서는 사회를 초대형 컴퓨터로 간주하는 관점을 살펴본 후 사회 네트워크에 제한을 가하는 메커니즘에 대해 알아볼 예정이다. 그리고 4부에서는 지금까지 언급된 이론을 입증하는 데이터를 제시하고, 경제성장의 원리를 설명했던 전통적인 명저와 비교해볼 것이다.

신발에 담긴 정보를 처리하고 있는 신발 장인. 사우디아라비아, 리야드.

시장에서 대화와 정보를 교환하는 사람들. 러시아, 상트페테르부르크.

휴식모드에서 정보를 처리하고 있는 청년. 콜롬비아, 카르타헤나.

에너지를 섭취하면서 메시지를 교환하는 가족. 칠레, 산티아고.

장거리 및 단거리 상호작용이 집약되어 있는 성당. 러시아, 상트페테르부르크.

버려진 정보들. 매사추세츠주 서머빌.

4장

뇌 바깥의 세상

우리는 상상력에 대하여 참으로 많은 이야기를 해왔다.
시인의 상상력, 예술가의 상상력 등등…
그러나 사람들은 자신이 하는 이야기의 진정한 뜻을 잘 모르고 있는 듯하다.
상상력은 우리 주변을 에워싸고 있으면서 눈에 보이지 않는 과학의 세계로
우리를 인도한다. 우리에게는 상상력이 있기에 눈에 보이지 않고 우리의
감각과 무관하게 존재하는 실체를 느끼고 발견할 수 있다.

에이다 러브레이스

철로 구현된 개념의 집합체, 그것이 바로 모터사이클이다.
그 안에 들어 있는 모든 부품과 형태는 누군가의 마음속에
이미 존재해왔던 것들이다.

로버트 M. 피어시그

두 가지 사과를 생각해보자. 하나는 나무에서 자라다가 슈퍼마켓에 진열된 식용 사과이고, 다른 하나는 실리콘밸리에서 디자인한 사과(Apple, 미국 애플사의 상표)이다. 둘 다 시장에서 거래되는 제품이면서 정보가 담겨 있다. 두 사과의 차이점은 무엇일까? 일단 정보를 저장하는 곳이 다르다. 식용 사과는 생물학적 세포에 정보를 저장하고, Apple은 실리콘 칩에 저장한다. 또한 두 사과는 기능을 수행하는 부품의 수도 다르다. 식용 사과에서는 수십, 수백억 개에 달하는 유전자들

이 복잡한 생물학적 기능을 수행하고 있다. 그러나 둘 사이의 가장 큰 차이점은 태어난 과정에 있다. 식용 사과는 바깥 세상에 먼저 존재해오다가 우리 머릿속으로 들어온 반면, Apple은 사람의 머릿속에 먼저 존재했다가 세상 밖으로 나왔다. 둘 다 시장에서 거래되면서 정보를 담고 있지만 상상력의 결정체는 apple이 아니라 Apple이다(흔히 '상상력의 결정체'라고 하면 상상력이 집약된 결과물을 뜻하지만, 여기서는 문자 그대로 '유연했던 상상력이 견고하게 굳은 상태'를 의미한다. 다소 귀찮더라도 후주를 읽어보기 바란다: 옮긴이).[1]

모든 제품을 '구체화된(단단한 결정체로 구현된) 상상력'으로 간주한다면, 그 안에는 정보뿐만 아니라 상상력도 담겨 있는 셈이다. 이것은 정신적 계산을 거친 후 머릿속에 그린 형상을 그대로 본떠서 만든 물체에 고스란히 담겨 있다. 식용 사과는 우리가 거기에 이름과 가격을 붙이고 시장에 내놓기 전부터 자연에 존재해왔던 물건이다. 즉, 식용 사과는 외부에 있다가 우리 머릿속으로 들어와 하나의 개념으로 자리잡았다. 그러나 아이폰과 아이패드는 외부에서 들어온 것이 아니라, 내부(두뇌)에 있던 것이 외부로 표출된 결과이다. 제품으로 생산되기 전에 머릿속에서 먼저 만들어졌기 때문이다. 그러므로 apple과 Apple의 차이는 '물리적 질서가 구현된 순서'가 아니라, '물리적 질서의 진원지'이다. 두 제품 모두 정보의 집약체임은 분명하지만, 이들 중 상상력의 결정체는 하나뿐이다. 이 장에서는 제품에 담긴 정보의 기원을 집중적으로 살펴볼 것이다. 인간에 의해 축적되고 양육되는 정보는 바로 이런 형태의 정보이다.

'구체화된 상상력'이라는 개념을 좀더 쉽게 이해하기 위해, 휴

허Hugh Herr와 에드 보이든Ed Boyden이라는 두 인물을 여기 소개한다. 두 사람 모두 나와 함께 MIT 미디어연구소에서 일하고 있는 동료들이다. 휴는 열성적인 암벽등반가로, 산이 얼마나 위험한 곳인지 잘 알고 있다. 그는 젊은 시절에 험한 날씨에도 불구하고 마운트 워싱턴Mount Washington에 올랐다가 동상에 걸려 두 다리를 잃었다. 그러나 40대 후반에 MIT 캠퍼스에 당당하게 두 발로 걸으며 나타났다. 그는 말수가 매우 적은 사람인데, 아마도 새 다리를 갖게 된 후에는 말로 무언가를 표현할 필요가 별로 없었던 것 같다.

휴의 연구는 영감으로 가득차 있다. 그가 태어나던 무렵에는 로봇 다리라는 것이 세상에 존재하지 않았으나, 그후 인류는 인공 팔과 인공 다리에 신경에 연결하여 촉감을 느끼게 하는 기술을 개발했다.

휴가 연구중인 분야는 경쟁이 매우 치열하다. 그러나 그는 새로운 물건에 물리적 정보를 담는 분야에서 타의 추종을 불허한다. 휴를 비롯한 그의 동료들의 주 관심사는 인간의 능력을 확장하여 불가능했던 일을 가능하게 만드는 것이다.[2] 사람들이 휴를 높이 평가하는 이유는 그가 로봇 다리로 걸어서가 아니라, 견고한 상상의 세계에서 자유롭게 걷고 있기 때문이다.

에드 보이든은 연구분야가 휴와 다르지만 그 역시 영감으로 가득찬 사람이다. 지난 10여 년 동안 에드는 빛으로 신경을 자극하는 광유전학optogenetics을 연구해왔다. 지금은 인간과 기계를 연결하는 미래형 인터페이스를 개발하고 있는데, 연구가 순조롭게 진행된다면 머지않아 "두뇌에 연결하는 USB 포트"가 출시될 것이다.

두뇌용 USB 포트는 가능성으로 가득찬 미래기술의 대표적 사례이다. 이 기술은 (휴의 다리처럼) 손상된 생물학적 기능을 되살리는 것부터 미래형 게임과 인터넷에 이르기까지, 과거에는 상상조차 할 수 없었던 세상으로 우리를 인도해준다. 휴와 에드는 단순하면서도 뚜렷한 공통점을 갖고 있다. 둘 다 상상력을 구체화시키는 (즉, 상상력이 단단한 형태로 구현된) 물건을 제작하고, 이를 통해 불가능했던 일을 가능하게 만들어준다.

휴와 에드가 하는 일을 '상상력의 구체화'라고 부르는 것이 감성적으로 이해는 가지만 금방 와닿지는 않는 독자들을 위해, 대상을 좀더 일반화시켜서 생각해보자. 앞으로 알게 되겠지만 제품을 상상력의 결정체로 간주하면 제품을 향한 사람들의 욕망을 이해할 수 있을 뿐만 아니라, 제품이 거치는 경제적 과정을 새로운 관점에서 재해석할 수 있다. 특히 국제통상은 후자가 사실임을 보여주는 대표적 사례이다. 모든 수출품을 구체화된 상상력의 결과물로 생각해보자. 우리는 상상력을 수출만 하는 나라가 따로 있고 수입만 하는 나라도 따로 있는 세상에 살고 있다. 이런 관점에서 볼 때 한 국가의 수출구조는 자본과 노동력의 지표이자 자동차, 커피머신, 지하철, 모터사이클 등 '상상 속에 존재하던 물건을 실제로 만들어내는 국민들의 능력'을 나타내는 지표이다. 물론 복잡한 제품을 만드는 데 필요한 수많은 요소들을 가늠하는 지표이기도 하다. 실제로 한 국가의 수출구조를 보면 그 나라의 국민들이 보유하고 있는 지식과 노하우의 수준을 알 수 있다.[3]

수입과 수출은 국가 간에 상상력을 사고 파는 행위이다. 그렇다면 교역을 하고 있는 두 국가의 무역수지(수출품의 금전적 가치에서 수입품의 금전적 가치를 뺀 값)와 상상력수지(수출품을 만드는 데 들어간 상상력

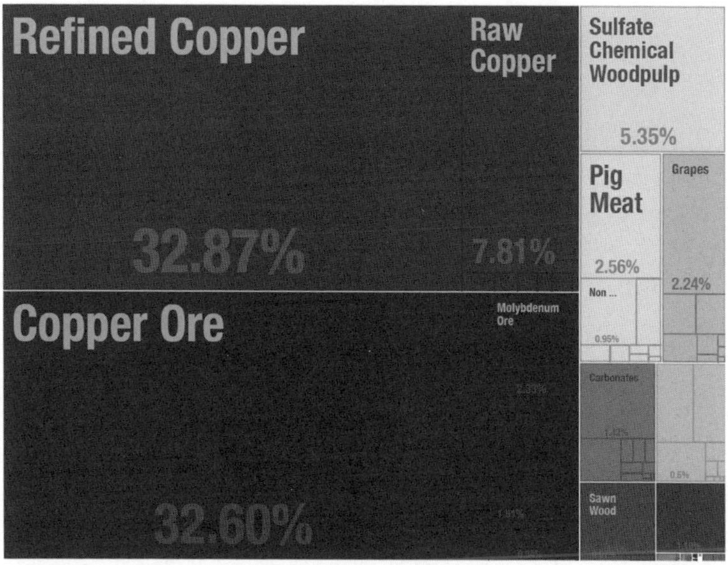

그림1. 2012년에 칠레가 한국에 수출한 품목. 총 46억1천만 달러.

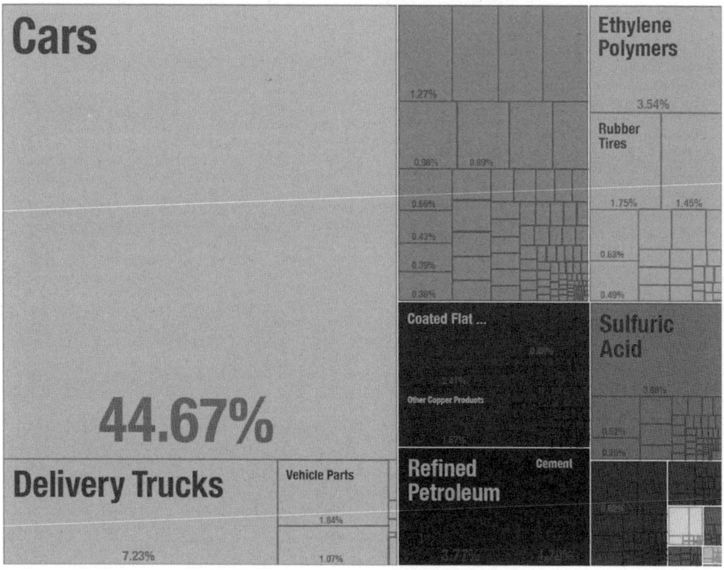

그림2. 2012년에 한국이 칠레에 수출한 품목. 총 25억4천만 달러.

에서 수입품을 만드는 데 들어간 상상력의 차이)가 정반대로 나타나는 경우도 있을까? 이와 관련된 데이터는 의외로 쉽게 찾을 수 있다. 예를 들어 MIT 미디어연구소의 알렉스 시모스Alex Simoes가 박사학위논문으로 제출한 시각화 프로그램 "Observatory of Economic Complexity"를 이용하면 된다.(http://atlas.media.mit.edu)

무역수지와 상상력수지가 반대로 나타난 사례는 칠레와 한국의 통상자료에서 찾아볼 수 있다.(그림1, 2 참조) 2012년에 칠레는 46억 달러에 해당하는 물품을 한국에 수출했는데, 대부분이 생동(生銅, 제련되지 않은 구리)과 정련동(제련된 구리)이었다.[4] 그리고 같은 해에 한국은 칠레에 25억 달러를 수출했는데, 대부분이 자동차와 자동차 부품이었다.[5] 숫자로 보면 2012년에 칠레는 한국을 대상으로 분명히 무역흑자를 기록했다. 그러나 두 나라 간의 상상력수지는 정반대다. 칠레는 상상력이 반영되지 않은 물품을 수출하면서 상상력이 풍부하게 배어 있는 물품을 수입했기 때문이다.

브라질과 중국의 관계도 이와 비슷하다. 2012년에 브라질은 중국에 410억 달러 이상의 물품을 수출했고 334억 달러를 수입했다.(그림3, 4 참조) 최근 몇 년 동안 브라질은 중국을 상대로 무역흑자를 기록하고 있는데, 주로 철 원석과 콩을 팔면서 전자제품과 화학제품을 사들였으니 상상력수지로 보면 적자에 해당한다.

모든 제품을 상상력의 결정체로 해석할 때, 두 국가의 상호 득실을 따지려면 무역수지 외에 상상력수지까지 고려해야 한다. 우리가 사고파는 물건의 원자조합을 좌우하는 것은 돈이 아니라 상상력이기 때문이다.

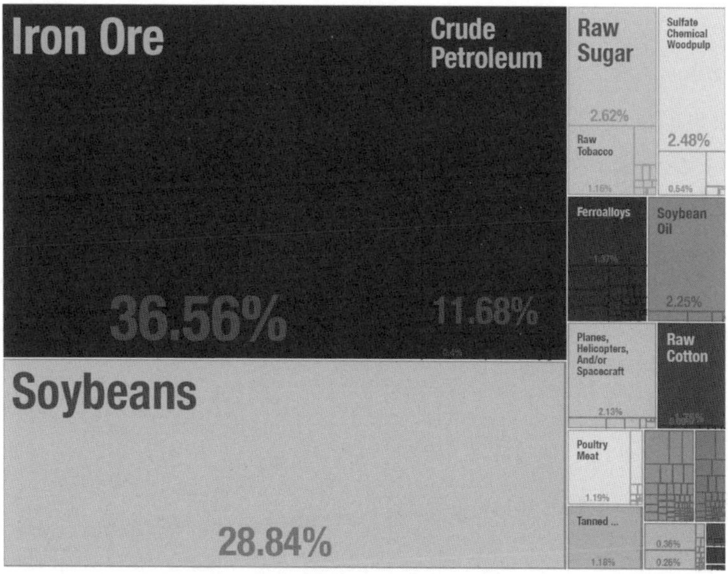

그림3. 2012년에 브라질이 중국에 수출한 품목. 총 413억 달러.

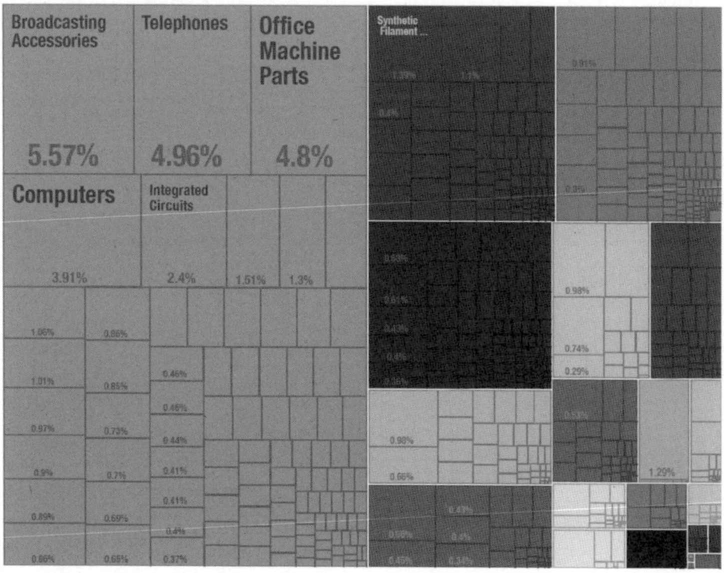

그림4. 2012년에 중국이 브라질에 수출한 품목. 총 334억 달러.

우리가 사는 세상을 '상상력 교환의 장'으로 생각하면 기존의 관념을 다른 각도에서 이해할 수 있다. 과거에 개발도상국들은 원자재를 수출하는 것이 상대국가에게 착취당하는 것이라고 생각했다. 여기서 '착취'란 산업적인 측면뿐만 아니라 원자재의 경제적 가치까지 고려한 일반적인 개념이다. 이제 곧 언급되겠지만 물건의 경제적 가치를 좌우하는 것은 추출행위 자체가 아니라, 추출과정에서 주입된 인간의 상상력이다.

나는 내 인생의 처음 24년을 길고 긴 해안과 산맥으로 이루어진 나라, 칠레에서 보냈기에 이런 관념에 꽤 익숙한 편이다. 칠레는 전통적인 광물생산국이어서 종종 "원자목장(온갖 종류의 원소들을 보유하고 있는 곳)"으로 불리곤 했는데, 항상 그랬던 것은 아니다. 19세기에 칠레를 먹여 살린 일등공신은 비료와 화약의 원료인 초석saltpeter이었다. 초석은 칠레 전역에 경제 붐을 일으켰고, 20세기 초에 칠레 국민의 1인당 소득은 스페인과 스웨덴, 그리고 핀란드를 앞질렀다.[6] 여기까지는 좋았는데, 그후로 단진자가 반대쪽으로 움직이기 시작했다.

1909년, 칠레의 경제를 심각하게 위협하는 일이 벌어졌다. 독일의 화학자 프리츠 하버Fritz Haber와 카를 보슈Carl Bosch가 저렴한 가격에 초석을 대량으로 합성하는 방법을 개발한 것이다. 게다가 1914년에 파나마운하가 개통되어 선박들이 칠레 해안을 따라 항해할 필요가 없어졌다. 이 두 가지 악재가 겹치면서 칠레의 경제는 1910~1921년 동안 매년 2%씩 마이너스성장을 기록하게 된다.

21세기 초에도 칠레의 경제는 여전히 수출에 의존하고 있지만, 주 수출품목이 초석에서 구리로 바뀌었다.[7] 사실 칠레는 그다지 특별한 경우가 아니다. 다른 국가에서도 칠레와 비슷한 사례를 쉽게 찾을 수 있다. 볼리비아의 천연가스와 케냐의 찻잎과 꽃, 나미비아의 방사성광물, 아르헨티나의 콩, 시에라리온과 보츠와나의 다이아몬드, 그리고 나이지리아, 사우디아라비아, 앙골라, 콩고, 카자흐스탄, 알제리, 적도 기니, 러시아, 베네수엘라 등의 석유도 비슷한 과정을 겪었다.

구리는 칠레의 안데스산맥에 무진장으로 묻혀 있고, 구리원자를 통상무기로 삼는 칠레의 능력은 상상력을 구체화하는 능력과 크게 다르지 않다. 2012년에 칠레의 구리수출량은 400억 달러를 상회한다. 즉, 칠레는 구리를 팔아서 1인당 2,300달러의 소득을 올렸다. 칠레의 1가구 평균 가족 수가 3명인 점을 고려하면 한 가구당 6,900달러에 달하는 액수다.[8]

그런데 구리가 왜 그토록 비싼 걸까? 왜 전 세계 국가들은 아직 돌멩이에 불과한 칠레산 구리광석에 매년 수십억 달러를 기꺼이 지불하고 있을까?

구리는 전기를 잘 통하는 도체이다. 전도성이 금만큼 뛰어나진 않지만 금보다 훨씬 싸고 구하기도 쉽다. 그래서 구리는 동력을 생산하고 전달하는 시스템과 전기자동차 등 전기에 대한 지식을 이용하여 '상상력을 구체화하는 데' 요긴하게 사용되고 있다.

그러나 모든 광물이 그렇듯이, 구리를 보유하고 있다고 해서 최적의 사용법까지 알고 있다는 보장은 없다. 인류는 오래전부터 구리를 이용하여 원시적인 형태의 무기와 각종 도구를 만들어왔지만(쉽게 변형되고 무거워서 이상적인 재료는 아니었다), 소비량이 별로 많지 않았다. 구리의 수요가 요즘처럼 증가한 것은 전기에너지를 사용하기 시작한

19세기 말부터였다.

구리 사용량이 폭발적으로 증가하게 된 결정적 계기는 마이클 패러데이Michael Faraday가 발견한 전자기유도법칙이었다. 독자들도 중고등학교 시절에 배웠겠지만, 코일 근처에서 자석을 움직이면 전원(배터리 등)이 없어도 코일에 전류가 흐른다. 그후 니콜라 테슬라Nicola Tesla는 교류전류를 개발하여 전기산업에 또 한차례 혁명을 일으켰다(테슬라를 영입한 조지 웨스팅하우스George Westinghouse와 끝까지 직류만을 고집했던 토머스 알바 에디슨Thomas Alva Edison은 전류의 표준을 놓고 한바탕 전쟁을 벌였으나, 결국 웨스팅하우스의 승리로 마무리되었다).

대규모 공장이나 사무실에서 주로 사용하던 전기를 일반 가정에 보급시킨 주인공은 전기조명의 원조인 전구였다. 사람들은 '전구'라고 하면 흔히 에디슨을 떠올리지만, 사실 전구의 역사는 그보다 훨씬 전으로 거슬러올라간다. 1802년에 영국의 화학자 험프리 데이비Humphry Davy(데이비는 초등교육밖에 받지 못한 패러데이를 학계로 이끈 장본인이다: 옮긴이)는 가느다란 백금에 전류를 흘려서 빛을 발하는 백열전구를 발명했는데, 수명이 너무 짧아서 실용성이 없었다. 에디슨은 1878년부터 동료들과 함께 전구 발명에 착수하여 무수한 시행착오를 겪은 끝에 "탄소 필라멘트를 진공에 가두었을 때 수명이 가장 길다"고 결론지었다. 그러나 지금과 같은 형태의 전구는 헝가리의 산도르 저스트Sándor Just와 크로아티아의 프랜조 하나만Franjo Hanaman의 손을 거쳐 1904년이 되어서야 처음으로 등장했다(두 사람은 텅스텐 필라멘트로 특허권을 취득했다).

전구를 시작으로 각종 전기기구가 발명되면서 전기는 20세기 초의 최첨단기술로 세계적인 붐을 일으켰다. 불과 수십 년 사이에 진공 청소기와 냉장고, TV, 라디오, 믹서기, 헤어드라이어, 세탁기, 식기세척기, 온수기 등이 시장에 출시되었고, 가로등과 산업용 대형기계들은 사람들의 삶과 사회구조를 완전히 바꿔놓았다. 현재 전 세계에서 1년 동안 생산되는 전기에너지는 200만 기가와트시gigawatt-hour에 달한다.[9] 이 정도면 영화 〈백 투 더 퓨처Back to the Future〉의 주인공 마틴 맥플라이를 미래로 수백만 번 보낼 수 있으며, 100와트짜리 전구를 228억 년 동안 밝힐 수 있다(우주의 나이의 1.7배에 해당하는 시간이다!).

이 모든 것이 칠레와 무슨 상관이냐고? 칠레인들은 아타카마사막Atacama Desert에 구리원자가 지천으로 널려 있음에도 불구하고, 패러데이나 테슬라와 달리 전기로 무언가를 해보겠다는 의욕이 전혀 없었다. 그런데 새로 등장한 발명품이 구리원자의 가치를 한껏 높여주었고, 조상으로부터 다량의 구리를 물려받은 칠레인들은 이것을 밑천 삼아 외화를 벌어들이고 있는 것이다.

앞에서 잠시 언급했던 '착취'라는 단어의 뜻을 다시 한번 생각해보자. 구리의 가치를 높인 사람은 칠레인이 아니라 패러데이와 테슬라를 비롯한 서양의 과학자들이었다. 그 덕분에 칠레인들은 아무도 거들떠보지 않던 구리를 수출하여 막대한 외화를 벌어들이고 있으니, 엄밀히 따지면 칠레인들이 패러데이와 테슬라의 상상력을 착취하고 있는 셈이다.

외국의 창조적인 상상력을 착취하는 나라는 칠레뿐만이 아니다. 베네수엘라와 러시아 같은 산유국들은 헨리 포드Henry Ford와 루돌프 디젤Rudolf Diesel, 고틀립 다임러Gottlieb Daimler, 니콜라 카르노Nicolas Carnot,

제임스 와트James Watt, 그리고 제임스 줄James Joule의 상상력을 착취하고 있다. 내연기관이 발명되지 않았다면 석유는 아무짝에도 쓸모없는 끈끈하고 검은 액체로 남았을 것이다.[10]

물건의 가치를 창출하는 것과 그 물건을 돈으로 사는 것은 분명히 다른 능력이다. 이 차이를 구별하면 부와 경제발전의 차이를 이해할 수 있다. 지금 세계에는 돈이 많으면서도 경제개발에 뒤처진 나라가 꽤 많이 있다(자세한 내용은 4부에서 다룰 것이다). 돈이 많다고 해서 경제적으로 선진국이라는 보장이 없는 것이다. 왜 그런가? 한 국가의 경제수준은 돈을 끌어모으는 능력이 아니라, 꿈을 실현시키는 능력에 달려 있기 때문이다. 다시 말해서, 경제발전은 물건을 사들이는 능력이 아니라 물건을 만드는 능력에 달려 있다.

독자들도 짐작하겠지만, 상상력을 구체화하는 것은 결코 쉬운 일이 아니다. 다시 휴와 에드의 이야기로 돌아가보자. 두 사람이 발명하는 물건들은 다분히 공상과학적이다. 〈스타워즈Star Wars〉나 〈터미네이터Terminator〉 〈매트릭스The Matrix〉 등 SF영화에는 이런 장치들이 수시로 등장하지만 실제 세상에서는 아주 희귀한 물건이다. 휴와 에드가 하는 일이 특별한 이유는 로봇 팔이나 두뇌-컴퓨터 인터페이스라는 아이디어가 특별해서가 아니라, 환상적인 물건을 현실세계에 구현하고 있기 때문이다. 로봇 팔이라는 테마가 주어졌을 때 상상의 나래를 펴기는 쉽지만, 실제로 만드는 것은 완전히 다른 이야기다.

상상력을 구체화하려면 방대한 지식과 노하우가 필요하다. 휴와 에드는 뛰어난 동료와 학생들이 있었기에 필요한 지식과 노하우를 축적할 수 있었다. 휴는 로봇 팔을 상상만 한 것이 아니라, 동료들과 함께 상상을 구현하는 데 필요한 지식과 노하우를 찾아냈다. 가장 가치 있는 것은 바로 이런 지식과 노하우이며, 그만큼 축적하기도 어렵다.

사람들은 제품의 금전적 가치와 그 제품을 만드는 데 필요한 지식 및 노하우를 같은 것으로 취급하는 경향이 있으며, 종종 지식과 노하우를 아이디어와 혼동하곤 한다. 지식-노하우와 아이디어의 차이는 무엇일까? 앞에서 로봇 다리에 대하여 잠깐 언급했는데, 아마도 대부분의 독자들은 제작법을 모르고 있을 것이다. 지식-노하우의 가치와 이로부터 생산된 제품가치의 차이점을 설명하기 위해, MIT 미디어연구소의 설립자인 니콜라스 네그로폰테Licholas Negroponte로부터 전해들은 일화를 여기 소개한다.

이야기의 주인공은 시에라리온 출신의 청년 켈빈 도Kelvin Doe이다. 그는 오직 폐품만으로 라디오와 배터리를 만들어서 주변사람들을 놀라게 했다. 이 소문은 대서양을 건너 미국까지 전해졌고, MIT 미디어연구소는 그를 정식으로 초청하여 방문자를 위한 견습 프로그램에 참여시켰다. 그런데 프로그램이 거의 끝나가던 무렵, 니콜라스가 그에게 앞으로 무슨 일을 할 계획이냐고 물었더니 잔뜩 흥분한 목소리로 "시에라리온으로 돌아가 배터리공장을 세우겠다"고 대답했다. 니콜라스는 이야기를 여기까지 들려주고 잠시 침묵에 잠겼다가 갑자기 큰 소리로 외쳤다. "이게 말이 된다고 생각하나? 그 친구는 자신이 가야 할 길의 정반대로 가버린 거라구!"

니콜라스가 흥분한 이유는 간단하다. 켈빈이 만든 배터리는 제법 괜찮은 성능을 발휘했지만 세계적인 배터리회사에서 만든 제품과 비교하면 형편없는 수준이었다. 켈빈은 분명 똑똑한 학생이었지만 자신을 유명하게 만들었던 '배터리 자체의 가치'와 '폐품으로 배터리를 만드는 능력의 가치'를 혼동한 것이다. 물론 계속 양육할 가치가 있는 것은 후자 쪽이다. 정말로 가치 있는 것은 배터리가 아니라, 그것을 만드는 능력이다. 켈빈의 배터리는 뛰어났지만 그것을 만든 켈빈은 더 뛰어난 존재였다. 성능 좋은 배터리는 전 세계 어디서나 쉽게 구할 수 있지만, 폐품으로 배터리를 만들 수 있는 학생은 결코 흔치 않다.

모든 제품을 상상력의 결정체로 간주하면 제품에 내재된 정보가 얼마나 중요한지 알 수 있다. 복잡한 제품은 단순히 기능을 수행하는 원자의 배열이 아니라 상상력으로 탄생한 원자의 배열이며, 가끔은 이것이 비유가 아니라 문자 그대로 사실인 경우도 있다. 니콜라 테슬라는 "발명품을 만들기 전에 완벽하게 작동하는 모습을 머릿속에 그릴 수 있다"고 했다. 상상 속에서 제품이 완성되면 굳이 시제품을 만드느라 고생할 필요가 없다는 이야기다.[11] 물론 대부분의 사람들은 테슬라만큼 똑똑하지 않지만 새로운 물건을 머릿속에 떠올린 후 직접 만들어볼 수는 있다. 글을 쓰고, 요리를 하고, 낙서를 끄적이는 것도 상상을 구체화하는 행위이며, 휴와 에드, 또는 켈빈과 비슷한 재능이 있다면 상상력의 결정체를 현실세계에 구현할 수도 있을 것이다.

제품의 경제적 가치를 완전하게 이해하려면 물리적 질서와 기원을 넘어 질서의 배경에 대한 정보까지 알아야 한다. 제품 속에서 원자와 전자는 특별한 기능을 수행하도록 배열되어 있다. 예를 들어 휴가 착용하고 있는 로봇 다리는 걷거나 뛰는 기능을 수행하고, 에드가 만든 두뇌-기계 인터페이스장치는 어떤 기능을 수행할지 아직 결정되지 않았다. 그러나 제품의 기능은 (우리가 질서나 정보와 동격으로 취급하고 있는) 배열 및 이 배열이 사용되는 방식과 밀접하게 연관되어 있다. 질서와 기능의 관계를 이해하기 위해 도서관을 예로 들어보자. 도서관의 책들은 제목이나 주제, 출판연도, 크기, 또는 언어에 따라 순서대로 배열되어 있다. 이 모든 순서(질서)에는 정보가 담겨 있으며, 각 분류항목에 담긴 정보들은 각기 다른 기능을 수행한다. 도서관의 경우, 이 기능이란 "원하는 책을 찾는 기능"이다. 예를 들어 책을 주제와 출판연도에 따라 분류해놓으면 양자역학을 주제로 가장 먼저 출판된 책을 쉽고 빠르게 찾을 수 있다. 또는 책의 저자에 따라 분류해놓으면 마크 트웨인Mark Twain이 쓴 모든 책을 빠르게 찾을 수 있다. 게다가 이 모든 분류는 알파벳 순서로 정리하건 알파벳의 반대순서로 정리하건, 똑같은 기능을 수행한다.

좀더 구체적인 예로는 병원에서 처방받은 알약을 들 수 있다. 알약은 단순한 분자의 집합이어서 정보가 별로 많지 않지만, 우리에게는 지극히 유용하면서 엄청난 가치를 갖고 있다. 왜 그럴까? 알약의 가치를 이해하려면 정보가 생산된 배경과 정보가 사용되는 방식을 알아야 한다. 겉으로 드러나진 않지만 알약에는 사용법에 대한 지식과 상상력, 그리고 제조사의 노하우가 담겨 있다. 알약을 만든 사람은 생물학적 효능을 잘 알고 있지만, 약을 먹는 사람이 그 모든 지식을 일일이 알 필요는 없다. 화학성분이 몸안에서 작용하는 방식은 알약에 함축적으로 저장되어 있고, 일단 몸안에 들어가면 누구에게나 비슷한 방식으로 작용하기 때문이다. 또한 알약 제조자는 약을 합성하는 데 필요한 지식과 노하우, 그리고 관련 정보를 모두 알고 있지만 사용자는 이것도 알 필요가 없다. 알약의 가치가 높은 이유는 관련 지식과 노하우가 담겨 있는 '생산배경' 때문이다. 약에 관한 정보는 약 자체가 아니라 그것이 생산되고 사용되는 환경에 담겨 있다.

제품이 생산되는 '배경context'을 알면 정보의 매개체로서 제품의 가치를 이해할 수 있다. 그러나 더욱 중요한 것은 제품(알약)이 '지식과 노하우의 실질적 사용법을 전달하는' 매개체라는 사실이다. 다음 장에서는 제품이 유용한 이유를 추적하면서 "인간은 왜 상상 속의 물건을 굳이 현실세계에 구현하려고 애쓰는가?"라는 질문의 답을 찾아볼 것이다. 이제 곧 알게 되겠지만 인간이 무언가를 꾸준히 만들어내고 있는 것은 단순히 만들 수 있기 때문이 아니며, 탐욕 때문도 아니다.[12] 악어와 얼룩말이 복잡한 사회를 구축할 수 없는 것은 사리사욕이 없어서가 아니다. 우리는 왜 물건을 만드는가? 우리는 왜 꿈을 현실로 바꾸기 위해 끊임없이 노력하고 있는가? 다음 장에서 이 질문의 답을 찾아보기로 하자.

5장

증폭기

우리는 자신이 먹는 음식을 직접 만들지 않고, 기르지도 않는다.
우리는 다른 사람이 만든 옷을 입고, 다른 사람이 개발한 언어를 구사하고,
다른 사람이 개발한 수학논리를 펼치면서 대부분의
시간을 건물 안에서 보내고 있다.
내 말은, 우리 모두가 끊임없이 무언가를 '취하고' 있다는 것이다.
그 무언가를 창조하여 인간의 경험과 지식으로
이루어진 세상에 내놓는 것은 정말로 황홀한 경험이다.

스티브 잡스

나는 강연석상에서 청중들에게 종종 이런 지시를 내리곤 한다. "오늘 아침에 치약을 사용하신 분, 손 들어보세요." 이때 손을 들지 않으면 아침에 이를 닦지 않았음을 고백하는 꼴이니, 제아무리 수줍음 많은 사람도 손을 들기 마련이다. 그러면 손을 들지 않은 몇 사람을 향해 약간의 농담을 던진 후, 손을 든 사람들에게 또하나의 지시사항을 전달한다. "플루오르화나트륨(치약의 주성분인 불소화합물)을 합성할 줄 아시는 분은 손을 든 채 가만히 계시고, 모르는 분은 손을 내려주세요." 독자들도 짐작하다시피, 계속 손을 들고 있는 사람은 단 한 명도 없다. 이것은 우리가 제품을 통해 그 안에 내재된 정보에 접근할 수 있을 뿐만 아니라, 그 제품을 만들기 위해 필요한 지식의 실질적 사용법에도

접근할 수 있음을 보여준다. 다시 말해서, 제품을 통해 다른 사람의 신경계에 들어 있는 지식과 노하우에 접근할 수 있다는 뜻이다.

이 장에서는 상상력을 구체화하는(물건으로 구현하는) 능력이 실제로 응용되는 방식에 대하여 논하고자 한다. 여기에는 실용적인 지식과 노하우의 사용법을 널리 퍼뜨리는 제품의 능력뿐만 아니라, 제품에 배어 있는 독창성과 인간증대human augmentation(인간의 인지력이나 신체의 기능을 높이는 기술: 옮긴이), 그리고 조합적인 창조성이 모두 포함된다.

다시 치약으로 돌아가서 생각해보자. 치약을 사는 사람은 단순히 튜브에 들어 있는 치아세정제를 사는 것이 아니다. 우리는 치약을 구입할 때마다 치약을 발명한 사람의 창조력과 치약에 대한 과학적 지식, 플루오르화나트륨을 합성하고 튜브 안에 주입하는 노하우, 전 세계에 보급하는 유통망, 불소가 치아를 건강하고 깨끗하게 보호해준다는 지식 등을 함께 구입하고 있다. 치약과 같이 단순한 물건에 당신이 만나본 적도 없는 누군가의 신경계에 들어 있는(또는 들어 있었던) 상상력과 지식, 그리고 노하우가 고스란히 담겨 있는 것이다.

이 모든 점을 고려할 때, 치약의 능력은 거의 마술과도 같다. 그러나 대부분의 제품이 그렇듯이 치약의 마술은 그것이 발휘하는 능력에만 있는 것이 아니다. 제품이 마술처럼 느껴지는 이유는 우리에게 개인의 한계를 초월하는 능력을 부여하기 때문이다. 모든 제품은 인간의 능력을 향상시키며, 바로 이것 때문에 우리는 제품을 계속해서 구입하고 있다.

기타를 예로 들어보자. 기타에는 나무를 다루는 전문가의 기술과 피타고라스 음계에 대한 지식이 결합되어 있어서, 이것을 가진 사람은 손으로 "노래"를 만들 수 있다. 전기기타의 경우에는 음파를 전기신호로 바꾸는 변환기와 소리를 크게 만드는 증폭기에 관한 지식까지 포함된다. 전기기타로 음악을 재생하려면 이 모든 능력이 필요하다. 그러나 기타를 연주하는 사람이 모든 것을 알 필요는 없다. 기타를 손에 넣기만 하면 이 모든 지식이 함께 따라오고, 손으로 음악을 만들어내는 능력까지 보유하게 된다(물론 고품질의 음악이 재생되려면 손놀림을 열심히 연습해야 한다).

다시 한번 강조하거니와, 제품이 마술처럼 느껴지는 이유는 우리의 능력을 향상시켜주기 때문이다. 비행기는 우리를 날게 해주고 오븐은 요리를 할 수 있게 해주며, 치약은 우리의 치아를 오랜 세월 동안 건강하게 유지시켜준다. 그러므로 인간이 각종 제품을 원하는 이유는 다른 사람(발명가)의 신경계에 저장되어 있던 지식과 노하우에 접근함으로써 자신의 능력이 향상되기를 바라기 때문이다. 그러나 인간이 복잡한 물건을 만드는 것은 실용성 때문만이 아니다. 이 점을 이해하려면 제품의 제조과정에 들어 있는 '표현적 요소expressive component'를 고려해야 한다(그런데 아이러니하게도 많은 사람들이 이 표현적 요소를 억누르고 있다). 우리가 상상력을 구체화하려는 이유는 자신의 아이디어를 "다른 사람과 공유할 수 있는 실체"로 바꾸고 싶기 때문이다. 모든 사람은 타인이 나를 좋아하고, 나를 원하고, 나와 같이 느끼기를 바라고 있다. 우리는 다른 사람이 나와 같은 관점에서 세상을 바라보면서 나와 같은 감정을 느끼기를 원한다. 자신의 생각을 제품에 구현하는 것은 이 모든 희망사항을 완벽하게 이루는 좋은 방법이다.

머릿속에 떠오른 추상적 아이디어를 만질 수 있는 물체로 구현하면 나의 생각을 다른 사람들과 공유할 수 있다. 그렇지 않다면 나의 생각은 마음이라는 감옥에 갇힌 신세가 된다. 음악가가 자신이 만든 곡을 악보로 기록하는 것은 작품을 완성한다는 의미 외에, 자신의 마음이 담긴 곡을 다른 사람들과 공유하여 오랜 세월 동안 세상에 남긴다는 의미도 있다. 제아무리 아름다운 곡도 악보로 남기지 않으면 세상에 알려지지 않은 채 작곡가와 함께 죽을 것이다. 우리가 상상력을 구체화하는 것은 생각의 복사본을 만들어서 다른 사람과 공유하기를 원하기 때문이다. 바로 이것이 "창조를 통한 표현"의 본질이다.

그렇다면 모든 제품은 단순히 커뮤니케이션의 수단이라는 말인가? 아니다. 좀더 신중하게 생각해보자. 상상력을 제품으로 구현하는 능력은 아이디어를 언어로 서술하는 것과 분명히 다른 능력이다. 제품은 사용자의 능력을 향상시켜주지만 설명만으로는 결코 그렇게 되지 않는다. 치약에 관한 설명을 들었다고 해서 치아가 튼튼해질 리 없고, 석유의 화학성분과 연소원리에 관한 강의를 들었다고 해서 자동차의 연료통에 연료가 가득찰 리도 없다. 사람들에게 실질적인 이득을 주는 것은 치약에 대한 설명이 아니라 치약에 담긴 지식과 노하우이다. 이런 것이 제품에 물리적으로 구현되어 있지 않으면 다른 사람들에게 전파될 수 없다. 그러므로 우리 마음속에 축적된 지식과 노하우로부터 얻을 수 있는 이득을 다른 사람들과 나누려면 상상력을 구체화시켜야 한다. 이런 능력이 없으면 지식으로부터 실질적인 이득을 얻을 수 없다. 실효성은 아이디어에 내재되어 있는 것이 아니라, 현실세계에 구현된 물체를 통해 발휘되기 때문이다. 다시 한번 강조하건대, 실존하는 제품은 (만질 수 있는 물건이건 디지털 형태이건 간에) 우리의 능력을 향상시켜준다. 그리고 우리는 바로 이 "향상"을 통해 말로 전달할 수 없는 노하우와 상상력, 그리고 관련 지식의 실질적 이득을 사람들과 교환하고 있다.

제품이 인간의 능력을 향상시켜준다는 사실을 깊이 숙지하면 경제라는 거대한 구조를 새로운 관점에서 이해할 수 있다. 경제는 자원을 관리하거나 국부國富를 유지하는 것이 아니며, 교역 네트워크를 의미하는 것도 아니다. 새로운 관점에 의하면 경제란 정보와 특성을 물리적으로 구현하여 지식과 노하우의 실질적 이득을 증폭하는 시스템이다. 다시 말해서 경제를 지식과 노하우의 증폭기, 또는 지식과 노하우를 증폭시키는 엔진으로 해석하는 관점이다. 복잡한 사회기술적 시스템은 인간의 능력 향상에 필요한 정보를 담고 있는 물리적 실체(제품)를 생산할 수 있다.[1] 궁극적으로 경제란 인간에 의해 정보가 자라나는 집합적 시스템이다.

"모든 제품은 인간의 능력을 향상시킨다"는 점을 인정한다면 부의 개념도 약간의 수정이 필요하다. 지식과 노하우로부터 탄생한 제품 덕분에 능력이 향상된 인간은 혼자 고립되어 있을 때보다 훨씬 안락한 삶을 영위할 수 있다. 이것은 '부가 가져다주는 안락함'과 '개인적 역량을 향상시키는 인간의 능력' 사이에 중요한 관계가 있음을 시사한다. 경제가 지식과 노하우를 증폭시키지 못한다면 우리의 삶은 야생동물이나 오지에 고립된 난민과 크게 다르지 않을 것이다. 상상력을 구체화하는 우리의 능력은 복잡한 경제시스템에 관하여 중요한 교훈을 일깨워준다. "시장은 우리를 부자로 만드는 것이 아니라, 현명하게 만들어준다." 왜냐하면 시장은 인간이 축적해온 지식과 정보에 우리가 간접적으로나마 접근할 수 있을 때, 비로소 부를 창출할 수 있기 때문이다.

증폭된 지식이 시장에 미치는 영향을 이해하기 위해, 19세기 영국의 물리학자 마이클 패러데이를 예로 들어보자. 패러데이의 가장 큰 업적은 발전소의 핵심원리인 전자기유도법칙을 발견한 것이다. 그러나 패러데이는 상상에서 멈추지 않고 자신의 손을 더럽혀가며 아이디어를 구체화시켜서 실용적인 제품을 만들었다. 이 시기에 패러데이가 발명한 전기모터는 전기로 동력을 생산하는 최초의 기계장치였다(훗날 테슬라의 손을 거치면서 성능이 크게 향상되었다). 그러므로 헤어드라이어로 머리를 말릴 때나 진공청소기를 돌릴 때, 또는 믹서기로 다이키리 칵테일을 만들 때, 당신은 부모님과 할아버지, 또는 증조할아버지조차 만나본 적 없는 생면부지의 인간(패러데이)으로부터 커다란 혜택을 입고 있는 셈이다.

패러데이의 머릿속에서 축적되고 개발된 지식과 노하우의 실용적 이득은 경제라는 거대한 시스템을 통해 크게 증폭되었다(이 사실을 처음으로 강조한 사람은 에이다 러브레이스. 영국의 시인 바이런의 딸이며 최초의 여성 프로그래머로 알려져 있음: 옮긴이).[2] 그러므로 우리가 사용하는 모든 전자제품에는 패러데이의 영혼이 깃들어 있는 셈이다. 물론 러브레이스와 테슬라, 에디슨, 맥스웰 등 전자기학에 기여한 모든 과학자들의 영혼도 함께 깃들어 있다. 사실 제품의 세계는 우리의 생각보다 훨씬 넓고 심오하며, 수많은 위인들의 영혼으로 가득찬 세계이다. 이들은 오래전에 세상을 떠났지만 이들의 영혼은 다양한 제품 속에 살아남아 현대인의 삶을 지배하고 있다.

상상력을 구체화하는 능력은 세 가지 이득을 가져다준다. 첫째, 모든 사람들이 자신이 보유하고 있는 지식보다 훨씬 막강한 능력을 발휘할 수 있다. 이것은 인간의 지식을 만질 수 있는 제품이나 디지털 제품에 투영하여 개인의 능력을 향상시켰기 때문이다. 둘째, 상상력을 구체화하면 개인의 지식을 다른 사람들과 공유할 수 있다. 이런 능력이 없으면 창조적인 생각을 표현할 배출구가 없으므로, 모든 지식은 개인의 마음속에 갇혀 있게 된다. 셋째, 제품을 통해 능력이 향상된 사람들은 새로운 표현방법을 찾는 와중에 새로운 능력을 얻게 된다. 이것은 상상력을 구체화하는 능력에서 비롯된 '조합적 창조력'이라 할 수 있다. 만일 지미 페이지Jimmy Page(1968~1980년 동안 영국의 록그룹 레드 제플린을 이끌었던 기타리스트: 옮긴이)가 광물을 직접 캐서 기타를 만들어야 했다면, 우리는 불후의 명곡 〈Stairway to Heaven〉을 들을 수 없었을 것이다. 또 어니스트 헤밍웨이가 펜과 종이, 그리고 타자기를 직접 만들어야 했다면 『노인과 바다The Old Man and the Sea』는 세상에 태어나지 않았을 것이다. 유명인들에게만 해당되는 이야기가 아니다. 내가 노트북 컴퓨터를 직접 만들어야 했다면 독자들은 이 책을 접할 수 없었을 것이다. 그러므로 경제가 지식을 증폭하는 능력은 새로운 제품을 만들고 (그리하여 우리의 능력이 향상되고) 새로운 예술적 표현을 생각해내기 위해 반드시 필요한 요소이다.

새로운 제품을 창조하는 능력은 복잡한 사회를 정의하는 데 도움을 준다. 이 말이 선뜻 이해되지 않는 독자들을 위해, 잠시 인간세계를 떠나 개미왕국으로 시선을 돌려보자. 1950년에 출간된 노버트 위너의 책 『인간을 인간적으로 활용하는 방법The Human Use of Human Beings』이 우

리의 길을 안내해줄 것이다.[3]

인공두뇌학cybernetics의 아버지로 알려진 노버트 위너는 정보를 바깥세상에 구현하는 능력이 인간만의 전매특허가 아님을 깨달았다. 실제로 정보를 주변환경에 새겨넣는 능력은 진사회성 곤충eusocial insect인 개미들도 갖고 있다. 홀로 고립된 개미는 그다지 똑똑하지 않지만, 페로몬으로 정보를 전달하는 능력 덕분에 혀를 내두를 정도로 똑똑한 집단을 형성할 수 있다. 개미들은 주변의 물리적 환경에 정보를 저장함으로써 운송, 건설, 통풍, 길 찾기 등과 같이 어려운 문제들을 해결해 나간다. 인간도 이와 비슷한 능력을 갖고 있지만, 페로몬 대신 렌치, 스크루드라이버, 식기세척기, 피라미드, 의자, 맥주병 등 상상 속의 물건을 구체화함으로써 문제를 해결해왔다. 상상 속의 정보를 주변환경에 기록하고 저장하는 인간의 능력은 개미왕국보다 훨씬 복잡한 사회와 경제를 구축하는 데 핵심적인 역할을 했다. 또한 인간은 개미와 달리 다양한 물건을 통해 지식과 노하우, 그리고 정보를 공유하면서 자신뿐만 아니라 타인의 능력까지 증대시켜왔다.

* * *

지식과 노하우, 그리고 상상력으로 구현된 물건에는 정보가 담겨 있다. 지금부터는 물건을 만드는 인간의 능력에 제한을 가하는 요소들에 대하여 알아볼 것이다. 이제 곧 알게 되겠지만 물품 제작에 필요한 지식과 노하우를 축적하는 능력은 경제와 관련된 정보의 불균형성장에 의해 제한을 받게 된다.

3부

세분된 노하우

지난 2013년, 바르셀로나 축구팀의 코치를 거쳐 현재 맨체스터시티 FC팀의 감독인 호셉 과르디올라Jodep Guardiola(가까운 친구들은 그를 '펩'이라는 애칭으로 부른다)가 MIT 미디어연구소를 방문했다. 그를 초대한 사람은 MIT의 회계담당 직원이자 과르디올라의 친구인 이스라엘 루이즈Israel Ruiz였다. 이스라엘과 조이 이토Joi Ito, 그리고 나는 몇 번의 이메일을 주고받은 후 과르디올라의 안내책임자로 나를 선정했고, 나 역시 그 제안을 흔쾌히 받아들였다.

준비과정은 별로 어려울 것이 없었다. 미디어연구소의 학생들은 당연히 축구명사를 만나고 싶어했는데, 다른 과 학생들이 무더기로 몰려와서 자기들도 끼워달라고 하도 조르는 바람에, 미팅이 끝난 후 짧은 질의응답시간을 갖기로 했다. 드디어 과르디올라가 MIT를 방문했던 날, 한 학생이 그에게 질문을 던졌다. "로봇으로 축구팀을 만든다면 감독을 맡을 의향이 있으신가요?" 과르디올라의 대답은 간단명료했다. "감독의 가장 중요한 임무는 작전을 짜는 것이 아니라, 그 작전을 선수들의 머릿속에 주입하는 것입니다. 가장 힘들면서 보람된 일이기도 하지요. 그런데 선수가 로봇으로 대치된다면 그 과정이 너무나 쉽게 이루어질 것이므로 딱히 보람을 느끼지 못할 것 같네요. 고맙긴 하지만 정중히 사양하겠습니다."

과르디올라의 답에는 사람들이 공동작업을 할 때 가장 중요하게 부각되는 핵심요소가 간결하게 요약되어 있다. 그는 오랜 세월 동안 선수와 감독직을 두루 거치면서, 작전을 짜는 것보다 그것을 선수들에게 숙지시키는 것이 훨씬 중요하다는 사실을 깨달았던 것이다. 그가 중요하게 생각한 것은 단순한 커뮤니케이션이 아니었다. 선수가 로봇처럼 작전을 줄줄 외우고 있어봐야 경기에는 별 도움이 안 된다. 실력 있는 선수라면 열심히 뛰는 와중에 수시로 하달되는 감독의 작전을 몸으로 실천할 수 있어야 한다. 축구감독이 추구하는 최상의 목표는 선수가 작전을 완전히 '자기 것'으로 만들어서 정확하게 실행하도록 훈련시키는 것이다.

축구팀의 감독으로서 과르디올라에게 주어진 과제는 "추상적인 작전을 물리적으로 구현하는 것"이다. 물론 이 경우에는 관련 지식과 노하우를 원자가 아닌 선수들에게 주입해야 한다. 제품이 물질과 정보로 이루어져 있는 것처럼, 스포츠팀(또는 음악밴드)은 지식과 노하우를 구현하는 사람들로 이루어져 있다. 축구와 관련된 지식과 노하우는 축구선수의 신경계뿐만 아니라 팀 전체에 각인되어 있다. 상대팀의 공격을 효과적으로 막으려면 선수 전원이 협동하여 정보를 처리해야 하기 때문이다. 그러나 골키퍼와 스트라이커(또는 밴드의 드러머와 기타리스트, 미식축구팀의 쿼터백과 라인맨 등)는 각기 다른 지식과 노하우를 갖고 있으므로, 팀 전체의 지식과 노하우는 선수 개개인의 역할에 따라 달라진다. 즉, 모든 팀원들이 서로 중복되지 않는 지식과 노하우를 팀에 추가한다는 뜻이다. 이 다양성 덕분에 축구팀이나 오케스트라는 한 개인이 결코 해낼 수 없는 일을 훌륭하게 수행할 수 있다. 노동력이 아닌 지식과 노하우를 이런 식으로 나누면 사람들로 이루어진 네트워크는 축구리그에서 우승하는 등 최상의 능력을 발휘한다. 그러나 곧 알게 되겠지만, 사람들의 네트워크 안에서 지식과 노하우를 축적하기란 결코 쉬운 일이 아니다. 많은 국가들이 정보의 성장과 경제발전에 어려움을 겪는 것은 바로 이런 이유 때문이다.

경제발전은 '물질과 정보의 이원성' 및 '시스템과 계산의 이원성'에 의해 제한을 받는다. 특히 후자는 사람들의 네트워크와 정보를 처리하는 능력(지식과 노하우) 사이의 이중성을 의미한다.

모든 자연계와 마찬가지로 경제시스템은 정보생산능력을 갖고 있으며, 이 능력은 시스템 자체의 계산능력에 의해 제한을 받는다. 경제시스템 안에서 정보가 증가하려면 계산능력도 함께 향상되어야 한다. 그러나 경제의 계산능력은 지식과 노하우를 네트워크에 구현하는 사람들의 능력에 의해 제한을 받기 때문에 향상되기가 쉽지 않다. 그러므로 경제시스템에서 정보가 자라나는 원리를 이해하려면 네트워크에 (개인의 능력을 초월한) 지식과 노하우를 축적하는 능력을 제한하는 메커니즘을 이해해야 한다. 6~8장에서는 '네트워크를 구축하는 능력'과 '네트워크에 지식과 노하우를 구현하는 능력'에 대하여 집중적으로 알아볼 것이다.

6장

개인의 한계

우리의 삶은 상상력을 구체화하는 능력을 통해 꾸준히 개선되어왔다. 이 능력 덕분에 우리는 밤에도 독서를 할 수 있고, 더운 여름에도 과일과 채소를 긴 시간 동안 싱싱하게 보관할 수 있으며, 수천 억에서 수조 개에 달하는 온라인 문서를 단 몇 초 만에 찾을 수 있고, 세계 어느 곳이건 하루 안에 날아갈 수 있게 되었다. 그러나 이 모든 일을 가능하게 만드는 복잡한 제품들은 지구 전역에 골고루 분포되어 있지 않고 특정 지역에 집중되어 있다. 요즘은 삶을 윤택하게 만들어주는 수많은 제품들이 지구 전역에 보급되어 있지만, 그 제품을 만들 수 있는 나라는 별로 많지 않다. 상상력을 구체화하는 능력이 지리적으로 편향되어 있는 것이다. 왜 그런가? 냉장고와 제트비행기, 그리고 컴퓨터 저장장치를 만드는 능력이 왜 일부 지역에 집중되어 있는가? 운동화를 수출하는 나라는 많은데, 왜 헬리콥터는 일부 국가만 수출하고 있는가?[1] 간단히 답하자면 상상력을 구체화하는 능력을 개발하기가 어렵기 때문이며, 한 국가가 시장에 진출하려면 상품제작법을 알아야 하기 때문이다.[2]

이 습득단계가 중요한 이유는 지나치게 낙관적인 경제모형에서 종종 "수요와 동기만 있으면 제품생산을 충분히 자극할 수 있다"고 가정하고 있기 때문이다. 동기는 중개인과 상인들을 자극하지만, 생산자가 제품을 만들려면 동기 이상의 무언가가 필요하다. 생산자에게 제일 중요한 것, 바로 제작법을 알아야하는 것이다.

제품을 만드는 것은 확실히 어려운 일이다. 생산과 관련된 모든 지식과 노하우를 알고 있어야 하기 때문이다. 그러므로 상상력을 구체화하는 능력이 지구 전역에 골고루 분포되어 있지 않은 이유를 이해하려면, 복잡한 물건을 만드는 데 필요한 지식과 노하우를 축적하기가 어려운 이유부터 알아야 한다.

앞에서도 말했지만 복잡한 제품은 실질적인 지식과 노하우를 구현하고 증폭시킨다. 그러므로 제작자는 "원"재료로부터 제품을 만드는 데 필요한 지식과 노하우에 접근할 수 있어야 한다. 제품에 내재되어 있는 실용적 지식이나 노하우가 아니라, 인간의 육체에 내장되어 있는 지식과 노하우를 말하는 것이다. 학자들은 이런 지식을 '암묵지tacit knowledge(몸안에 내장되어 있어서 겉으로 드러나지 않고 구체적으로 설명하기도 어려운 지식)'라 한다. 박학다식한 학자로 유명한 헝가리의 마이클 폴라니Michael Polanyi는 "우리는 자신이 말할 수 있는 것보다 많은 것을 알고 있다"고 했다.[3]

제품에 담긴 지식-노하우와 사람의 몸 안에 내장되어 있는 지식-노하우는 분명히 다르다. 그래서 사람들로부터 특별한 지식과 노하우를 얻어내기 어려운 지역에서는 제품을 만들기가 그만큼 어렵다. 반면에 지식과 노하우를 축적하기 쉬운 곳에서는 제품제작법을 모른다 해도 상상력을 구체화하는 데 필요한 정보를 쉽게 얻을 수 있다. 이런 지역에서는 사람들이 제품제작에 착수하기가 상대적으로 쉽기 때문에 인접한 국가들 사이에서 제품생산능력의 차이가 거의 없다. 그러나 지식과 노하우가 사회네트워크에 갇혀 있어서 복제하기 어려운 지역에서는 상상력을 구체화하는 능력이 나라마다 큰 차이를 보인다. 특정 국가가 보유하고 있는 지식과 노하우가 인접한 국가에 쉽게 전파될 수 없기 때문이다.

지식과 노하우를 축적하는 것은 과연 얼마나 어려운 일일까? 지금까지 수집된 모든 사례들로 미루어볼 때, "지식과 노하우는 실용적 제품을 구성하는 원자들보다 무겁다". 물건이나 책, 또는 웹페이지에 담긴 정보는 쉽게 이동할 수 있지만, 지식과 노하우는 사람의 육체와 사람들로 이루어진 네트워크 안에 갇혀 있다. 이처럼 이동이 어렵기 때문에 "무겁다"는 표현을 쓴 것이다. 칠레의 아타카마사막에서 리튬을 채굴하여 한국으로 운송하는 것보다 한국의 과학자들 머릿속에 내장되어 있는 리튬배터리 관련 지식을 아타카마 인근의 안토파가스타Antofagasta나 칼라마Calama에 거주하는 광부들에게 이식하는 것이 훨씬 어렵다. 상상력을 구체화하는 능력이 나라마다 크게 다른 이유는 국민들 안에 내재되어 있는 지식과 노하우가 다르기 때문이며, 사람들에게 새로운 지식과 노하우를 주입하기가 엄청나게 어렵기 때문이다. 꿈을 실현하는 데 필요한 지식과 노하우는 왜 그토록 축적하기가 어려운 것일까?

집단이 아닌 개인의 경우, 지식을 축적하기가 어려운 이유는 대부분의 지식이 '실험'을 통해 얻어지기 때문이다. 즉, 우리는 대부분의 지식을 학교가 아닌 직장에서 현장실습을 통해 얻고 있다. 교육학자이자 사회학자인 월터 포웰Walter Powell은 이 점에 대하여 다음과 같이 언급했다. "지식이 중요한 직업이건 기술이 중요한 직업이건 간에, 둘 다 여러 해 동안 훈련과 연습을 거쳐야 맡은 일을 능숙하게 처리할 수 있다. 문화창조나 과학연구, 디자인, 수학적 분석, 컴퓨터 프로그래밍, 소프트웨어 개발, 전문서비스업 등 지식을 요하는 활동은 부수적인 비용이 별로 들지 않는다. 이런 직업은 개인의 노하우와 지식이 전수되면서 명맥을 이어간다. 노하우란 말이나 글로 전달하기 어려운 일종의 암묵적 지식(암묵지)이다."[4]

암묵적 지식이나 노하우가 경제에 미치는 영향을 이해하기 위해 한 가지 상황을 가정해보자. 지금 당신은 이벤트를 기획하고 있는데, 행사장의 분위기를 띄우기 위해 가수를 섭외하기로 했다. 재화(제품)나 용역(서비스)을 구체화하는 방법이 책에 나와 있다면, 당신은 굳이 유명가수를 찾아갈 필요 없이 길거리에서 아무나 데려다가 기타와 악보를 쥐여주고 연습을 시키면 된다. 자, 과연 잘될 수 있을까? 이런 공연이 흥미로울 수도 있지만, 음악적인 면에서는 좋은 평을 듣기 어려울 것이다. 사람을 무작위로 뽑아서 무대 위에 올리는 것은 별로 좋은 생각이 아니다. 책에서 얻은 정보가 지식과 노하우를 습득하는 시간을 줄여줄 수는 있지만, 지식과 노하우 자체는 책에 들어 있지 않기 때문이다. 특히 노하우는 사람의 신경계 속에 들어 있어서, 독서와 같은 간접체험으로는 절대로 습득할 수 없다. 누군가가 격투의 기본자세와 공격 및 수비법을 오직 책으로 익힌 후 링에 올라갔다고 생각해보라. 상대가 누구이건 링을 걸어서 내려오기 어려울 것이다. 기타를 치는 뮤지션과 그림을 그리는 화가, 트레일러를 모는 운전기사는 자신의 기술을 직관적으로 발휘하고 있다. 이런 것은 책에 나오지 않는다.

다른 사람의 신경계 안에 내재되어 있는 지식을 습득하려면 실험적 학습과 사회적 학습이 병행되어야 한다. 물론 쉬운 일은 아니다.[5] 사회적 학습이란 "다른 매개체가 아닌 사람으로부터 배운다"는 뜻이다. 아이들은 부모에게 배우고, 신입사원은 선배직원에게 배운다. 바로 이 사회적 학습이 중요하기 때문에 지식과 노하우의 수준이 지역마다 큰 차이를 보이는 것이다. 단, 지식을 가르치는 사람은 그 분야에서 풍부한 경험과 지식을 갖고 있어야 한다. 다른 비행관제사에게 일을 배우지 않고서는 곧바로 관제사가 될 수 없고, 인턴과 레지던트과정을 거치지 않고서는 외과의사가 될 수 없다. 이와 마찬가지로 자동차 타이어나 전기회로를 만드는 사람과 교류를 하지 않으면 타이어나 전기제품을 만드는 데 필요한 노하우를 축적할 수 없다.[6] 이처럼 학습은 실험적이면서 사회적인 속성을 갖고 있기 때문에 개인이 취할 수 있는 지식과 노하우에는 한계가 있으며, 그 내용도 자신이 거주하는 지역에 주로 보급되어 있는 지식과 노하우에 편중되기 쉽다. 지식과 노하우가 지역에 따라 다르게 분포되는 것은 바로 이런 이유 때문이다.

사람들로 이루어진 집단에 지식과 노하우가 축적되려면 각 개인이 갖고 있는 지식과 노하우를 잘게 세분해야 한다. 그런데 한 사람이 보유할 수 있는 지식과 노하우의 양에 한계가 있으므로, 집단에 지식과 노하우를 축적하는 것은 개인의 경우보다 훨씬 어렵다.

여러 사람의 노하우를 세분한 후 다시 결합하면 개인이 노하우를 축적할 때 겪었던 어려움이 섞이면서 축적하기가 더욱 어려워지고, 여러 사람의 지식과 노하우를 재구성하여 매끄럽게 연결하는 것도 결코 만만한 작업이 아니다. 이런 과정을 거쳐 구축된 집단이 바로 사람들 사이의 '네트워크'이다. 그러므로 하나의 집단이 지식을 축적하는 능력은 개인의 역량에 따라 제한을 받게 되며(각 개인의 지식을 잘게 쪼개야 함), 네트워크 안에서 사람들을 연결하는 문제(그래야 다양한 지식을 매끄럽게 조합할 수 있음)도 걸림돌로 작용한다.

한 개인이 자신의 신경계 안에 축적할 수 있는 지식과 노하우의 최대치를 하나의 기본단위로 정의하면 논리가 좀더 깔끔해진다. 지금부터 이 최대치를 '퍼슨바이트personbyte'라 하자.

지식과 노하우의 양이 퍼슨바이트보다 작은 경우에는 개인적인 한계(경험 및 사회적 학습)에 따라 축적되는 양이 달라지고, 퍼슨바이트보다 크면 집합적 한계(지식과 노하우의 세분화 및 보급)에 따라 축적되는 양이 달라진다.[7] 한 사람이 축적할 수 있는 지식과 노하우의 양을 1퍼슨바이트라고 했을 때, 이보다 많은 지식과 노하우를 축적하려면 여러 사람이 모여 팀을 이뤄야 한다. 또한 이 팀이 복잡한 제품을 만들 수 있으려면 조화로운 네트워크 안에서 지식과 노하우가 축적되어야 한다.

축적되는 지식의 양이 적은 경우(1퍼슨바이트 이하)와 많은 경우(여러 퍼슨바이트)의 차이를 실감하기 위해, 여러 명의 팀원으로 이루어진 뮤직밴드를 예로 들어보자. 길거리에서 아무나 데려다가 음악을 시키는 것은 별로 좋은 생각이 아니지만, 생면부지의 뮤지션들 중에서 아무나 데려다가 밴드에 영입시키는 것은 더 나쁜 결과를 초래할 수 있다. 솔로 뮤지션과 달리 밴드가 구사하는 음악의 품질은 멤버들 사이의 복잡한 계층구조와 소통 여부에 따라 달라지기 때문이다. 밴드가 성공하려면 각 멤버들이 자신의 악기를 잘 다뤄야 할 뿐만 아니라, 함께 연주하는 요령도 터득해야 한다. 호셉 과르디올라가 이끄는 축구팀과 마찬가지로 음악밴드도 멤버들 사이에 깊은 연결관계가 필요하다. 합동연주는 단순한 소리의 집합이 아니라, 각 멤버들이 내는 소리가 아름다운 조화를 이뤄야 하기 때문이다. 그래서 음악밴드는 솔로뮤지션보다 성공하기 어렵다. 예를 들어 밴드는 자신이 맡은 부분을 마스터한 후에도 함께 연주하는 시간을 따로 가져야 한다. 사람들 사이에 네트워크가 형성되기 어려운 또다른 이유로는 언어와 신뢰 등 사회-경제적 요인을 들 수 있는데, 이 부분은 다음 장에서 다룰 예정이다. 아무튼 대인관계를 형성하는 데 필요한 비용이 올라가면 지식-노하우의 네트워크를 구축하기가 어려워진다. 그러나 사람들이 모여서 이 문제를 극복하면 환상적인 결과를 얻을 수 있다. 혼자 고립되어 있는 개인들의 집합과 네트워크의 차이는 존, 폴, 조지, 링고의 솔로경력과 비틀스의 차이와 비슷하고, 과학-공학을 전공한 졸업자들의 집합과 아폴로 프로그램Apollo program의 차이와 비슷하다.[8] 사람들이 모인다고 해서 문화적 공명이 항상 일어나는 것은 아니지만, 한번 일어나면 모든 사람들이 자랑스러워할 만한 결과를 얻을 수 있다(가끔은 부끄러운 결과가 초래되기도 한다).

* * *

우리의 이야기는 "복잡한 물건을 만드는 능력은 왜 지리적으로 편중되어 있는가?"라는 질문에서 시작되어 "복잡한 물건은 만들기 어렵다"는 중간결론에 도달했다. 그후 복잡한 물건의 제작단계에서 파생되는 문제들을 추적하다가, 복잡한 물건을 만들기 어려운 이유는 그와 관련된 지식과 노하우를 축적하기가 어렵기 때문이라는 사실도 알게 되었다. 개인의 단계에서는 학습의 실험적-사회적 특성 때문에 지식과 노하우가 느리게 축적된다.[9] 그러나 여기서 더욱 중요한 사실은 한 개인이 축적할 수 있는 지식과 노하우의 양이 1퍼슨바이트 이하로 제한된다는 점이다. 즉, 퍼슨바이트는 "실제 지식과 노하우가 세분되는 기본단위"인 셈이다. 축적될 수 있는 지식과 노하우의 양은 사회적-실험적 학습의 개인적 한계와 지식-노하우의 세분화 및 배포에 따르는 한계의 영향을 받는다.

학습이 사회적, 실험적 특성을 갖고 있다고 해서 노하우를 축적하는 능력이 유전적 요인과 무관하다는 뜻은 아니다(교육시스템이 아무리 잘 갖춰졌다고 해도 금붕어에게 피아노를 가르칠 수는 없다). 이것은 일란성 쌍둥이와 이란성 쌍둥이의 행동분석을 통해 잘 알려진 사실이다.[10] 연구결과에 따르면 일반적인 통념과 달리 개인의 정치적 성향도 유전자의 영향을 받는다고 한다.[11] 음악적 재능도 노하우의 축적과 함께 유전자의 영향을 받는 것으로 알려져 있다. 과학자들은 최근 일란성 쌍둥이와 이란성 쌍둥이를 집중적으로 연구한 끝에 다음과 같이 결론지었다. "유전자는 악기연습을 향한 집념과 흔히 말하는 '음악적 재능'

에 영향을 준다. 그러므로 한 개인의 음악적 능력은 유전자에 의해 좌우된다고 할 수 있다."[12]

그러나 노하우를 축적하는 개인의 능력이 유전자의 영향을 받는다 해도, 지금까지 펼친 논리의 핵심은 변하지 않는다. 개인의 차이는 유전학으로 설명할 수 있지만 집단의 윤리적, 국가적, 종교적 성향은 유전적 요인으로 설명할 수 없기 때문이다. 모차르트의 천재적 음악성은 유전일 수도 있으나, 그렇다고 해서 모든 오스트리아 사람들이 음악의 천재는 아니다(개중에는 음치도 많다). 그러므로 개인의 유전적 차이를 국가 간의 차이로 확대 해석하는 것은 금물이다. 여러 명으로 이루어진 집단에서는 개인의 유전적 특성이 희석되어 거의 드러나지 않는다.[13]

퍼슨바이트는 "한 개인이 축적할 수 있는 지식과 노하우의 양은 유한하다"는 점에 착안한 개념으로, 지식과 노하우를 제한하는 요인과는 무관하다. 개인의 용량이 유한하다는 것을 인정한다면, 다량의 지식과 노하우를 잘게 세분해야 축적할 수 있다는 것도 사실로 받아들여야 한다.[14] 그리고 지식과 노하우를 세분할수록 축적하기가 더욱 어려워지는 것도 분명한 사실이다.

이것으로 끝인가? 개인의 용량은 퍼슨바이트를 초과할 수 없기에, 우리는 지식과 노하우를 세분할 수밖에 없다. 이것이 전부인가? 아니면 지식과 노하우의 양이 1퍼슨바이트를 훨씬 초과하는 경우에 다른 걸림돌이 또 존재하는가?

현대사회는 1퍼슨바이트를 훨씬 초과하는 지식과 정보의 산물이다. 다음 장에서는 지식과 노하우의 총량이 퍼슨바이트를 훨씬 초과하여 한 기업의 보유량보다 많은 경우, 지식과 노하우를 보존하는 사회적 구조에 대하여 알아볼 것이다. 나중에 알게 되겠지만, 지식과 노하우를 세분하면 사람뿐만 아니라 사람들로 이루어진 네트워크도 이득을 볼 수 있다(저자는 지식과 노하우의 세분화를 '양자화quantization'로 표현하고 있는데 이것은 인위적으로 쪼갠 결과일 뿐, 지식과 노하우 자체는 원래 양자화되어 있지 않으므로 적절한 표현이 아니라고 본다. 그래서 모든 '양자화'를 '세분화'로 번역해놓았으니, 이 점을 감안해서 읽어주기 바란다: 옮긴이). 지식과 노하우를 세분할수록 축적하기 어려워진다는 점을 이해하면 복잡한 물건을 만드는 능력이 일부지역에 편중되는 이유와 경제개발단계가 각기 다른 국가들 사이의 차이점도 이해할 수 있다.

7장

링크는 공짜가 아니다

포드사의 루즈강 공장지대River Rouge complex는 사람들 사이에서 산업화의 극단을 보여주는 사례로 통한다. 1927년에 완공되었을 때, 이곳은 1.5km^2의 부지 안에 93채의 건물이 빽빽하게 들어서 있었다. 뉴욕 센트럴파크의 절반에 해당하는 면적이다! 루즈공장의 한쪽 끝에서 철원석이 입고되면 10만 명에 달하는 직원들의 손을 거친 후 반대쪽 끝에서 자동차가 출고되었다. 그야말로 '퍼슨바이트의 대성당'이었던 셈이다.

루즈공장은 왜 그렇게 커야만 했을까? 고전적으로 생각하면 규모경제scale economy와 분업이 주원인이었다. 규모경제란 생산량이 많을수록 제품 하나당 생산비용이 줄어드는 현상을 말한다. 혼자 살면서 1인분 밥상을 차리는 사람과 5인 가족의 식사를 준비하는 가정주부를 비교해보자. 5인분이라고 해서 5배의 시간이 걸릴까? 아니다. 훨씬 짧다. 그러면 식재료가 5배로 들어갈까? 이것도 아니다. 식구들이 며칠을 굶은 상태여서 하나도 남기지 않고 깨끗이 먹어치운다면 모를까, 식사 후에는 잔반이 남기 마련이므로 5인분 식재료는 1인분 식재료의 5배보다 적어도 된다. 영국의 경제학자 애덤 스미스의 이론에 의하면 분업은 규모경제를 설명하는 메커니즘 중 하나이다. 단순한 머리핀이건 복잡한 자동차이건 간에, 여러 사람이 동시에 들러붙어서 모든 공정을 수행하는 것보다 공정을 세분하여 각자 맡은 일을 집중적으로 수행하는 것이 훨씬 효율적이다. 그러나 분업을 통해 이득을 보려면 작업규모가 충분히 커야 한다. 머리핀을 하나만 만든다면 굳이 공정을 나눌 필요가 없지만, 똑같은 머리핀 수십만 개, 또는 자동차 수십만 대를 만들 때는 분업이 반드시 필요하다. 포드사의 루즈공장이 그토록 컸던 것은 분업과 규모경제를 구현하기 위한 자구책이었다. 그러나 이런 고전적인 이론으로는 대형 자동차공장만 있고 대형 머리핀 공장은 없는 이유를 설명할 수 없다. 자동차공장과 머리핀공장의 규모 차이를 설명하려면 한 가지 가정이 추가되어야 한다. 이것은 지식과 노하우의 세분화(양자화)에 관한 가정으로, "자동차 제조사가 관련 지식과 노하우를 확보하려면 머리핀 제조사보다 훨씬 큰 네트워크가 필요하다"는 내용을 골자로 하고 있다.

자동차 생산공장을 운영하기 위해 총 직원수×1퍼슨바이트의 지식과 노하우가 모두 필요한 것은 아니다. 일반적으로 공장의 직원 수는 공장을 운영하는 데 필요한 퍼슨바이트의 수보다 많다. 헨리 포드는 T모델(Model T, 1908년에 출시된 최초의 대량생산 자동차: 옮긴이)의 생산공정을 점차 단순화하여 7,882단계까지 줄였는데,[1] 이 정도면 머리핀을 만드는 공정보다 확실히 많지만 T모델을 만들기 위해 7,882퍼슨바이트의 노하우가 필요하다는 뜻은 아니다. 기본자재(철, 콩, 고무, 그리고 상상력)에서 출발하여 완벽한 자동차가 완성될 때까지 7,882퍼슨바이트는 지나치게 많다.[2]

루즈공장에서 자동차 생산에 필요한 공정의 수는 자동차를 만들기 위해 요구되는 퍼슨바이트 수보다 많을 이유가 없다. 공정의 상당부분은 매우 단순하여 한 사람이 여러 공정을 수행할 수 있기 때문이다. 게다가 일부 공정들이 서로 연계되어 있으면 한 공정에 필요한 지식과 노하우를 다른 공정에도 써먹을 수 있다. 음악밴드의 경우, 기타를 칠 줄 아는 멤버는 언제든지 우쿨렐레 연주자로 변신이 가능하다. 그러므로 여러 사람이 모여 형성된 네트워크에서 낭비를 줄이려면 중복된 지식을 걸러내야 한다. 자동차에 전조등을 다는 것과 후미등을 다는 것은 분명히 다른 두 개의 공정이지만, 이를 위해 두 배의 지식과 노하우를 투입할 필요는 없다.

생산 네트워크의 규모를 결정할 때 고려해야 할 요소는 이것뿐만이 아니다. 퍼슨바이트이론에 의하면 네트워크의 규모가 클수록 많은 지식과 노하우가 필요하지만, 이것만으로는 루즈공장보다 10배, 20배 큰 공장이 도처에 건설되지 않은 이유를 설명할 수 없다. 포드사의 T모델 이후로 자동차가 별로 복잡해지지 않은 것일까? 아니다. 자동차는 지난 100년 사이에 상상을 초월할 정도로 복잡해졌다. 그런데도 루즈공장보다 큰 공장이 우후죽순처럼 건설되지 않은 이유는 기업의 네트워크가 일정 규모 이상 커지는 것을 제한하는 어떤 메커니즘이 존재하기 때문이다. 또한 이 현상은 퍼슨바이트에 이어 두번째 세분화 단

위의 존재를 시사하고 있다. 지금부터 이 단위를 펌바이트firmbyte 또는 기업바이트라 부르기로 하자. 펌바이트는 퍼슨바이트와 비슷한 개념이지만, 지식과 노하우의 전파대상이 사람이 아닌 기업이라는 점에서 차이가 있다.[3]

기업의 크기를 제한하는 요인(이것 때문에 펌바이트라는 개념이 탄생했다)은 거래비용이론transaction cost theory 또는 신제도경제학new institutional economics이라는 분야를 통해 광범위하게 연구되어왔으며, 사람들로 이루어진 네트워크(반드시 기업일 필요는 없음)의 크기를 제한하는 요인은 사회자본과 사회네트워크를 연구하는 사회학자와 정치학자, 과학자, 그리고 경제학자 들의 주요 연구과제였다. 이 장에서는 신제도경제학의 기본개념을 소개하고, 사회자본이론은 다음 장에서 다루기로 한다.

거래비용이론(또는 신제도경제학)은 경제학의 한 분야로서, 모든 거래에 수반되는 비용과 이것을 제어하기 위해 사람들이 세운 기업을 주 연구대상으로 한다. 간단히 말해서, 경제적 링크(연계)의 비용과 상업활동을 위해 세워진 단체를 연구하는 분야이다.

거래비용이론은 1937년에 로널드 코스Ronald Coase가 「기업의 본질The Nature of the Firm」이라는 논문을 발표하면서 탄생했다.[4] 당시 27살의 젊은 청년이었던 코스는 경제학이론에 "거래비용"이라는 중요한 요소가 누락되어 있음을 깨달았다. 런던 경제대학교의 학생이었던 그는 무역학과 교수로 갓 부임한 아널드 플랜트Arnold Plant의 세미나를 듣던 중,[5] 경제학이론이 자신의 직관과 일치하지 않는다는 사실을 깨닫고 부족한 부분을 보충하는 데 남은 여생을 바쳤다. 코스의 이론은 영국의 정치가 아서 솔터Arthur Salter가 남긴 한마디에 잘 요약되어 있다. "정상적인 경제시스템은 스스로 알아서 작동한다."

알베르트 아인슈타인은 "모든 것은 더이상 단순해질 수 없을 만큼 단순한 형태로 만들어져야 한다"고 했다.[6] 이 말을 코스의 버전으로 바꾸면 다음과 같을 것이다. "경제는 단순함을 넘어 더욱 단순한 형태로 존재한다." 코스는 1937년에 발표한 기념비적 논문에 다음과 같이 적어놓았다. "경제활동에서 수립된 다양한 계획들은 가격체계와 조화를 이루지 않으며, 주로 '기업'이라는 범주 안에서 수립된다." 이 논문에서 코스는 당시 통용되던 경제이론에 중요한 부분이 누락되어 있음을 지적했다. 예를 들어 한 기업 안에서 직원이 부서를 옮기는 것은 가격체계에 대한 반응이 아니라 경영자의 명령을 따른 결과이며, 계약의 체결과 실행을 통해 수많은 일자리가 창출된다. 코스는 "경제교류는 결코 쉬운 일이 아니며, 경제는 학자들이 생각하는 것만큼 유동적이지 않다"고 했다.

코스의 관점에서 볼 때 경제란 유동적으로 매끄럽게 흐르는 시장거래가 아니라, 가격체계와 경쟁자로부터 보호를 받는 고립된 섬island의 집합이다. 기업은 엄연한 계급조직이며, 직원들 사이의 교류는 종종 정치적 성향을 띠게 된다. 코스는 직원을 고용한다는 것이 아직 명확하게 결정되지 않은 업무를 수행하는 계약이라고 했다. 처음 고용되던 무렵에는 전혀 알지 못했던 내용을 몇 달 후에는 자연스럽게 물어올 것이기 때문이다. 코스는 바로 이 섬들의 위력과 그 경계를 분석하는 데 평생을 바쳤고, 결국은 답을 찾아냈다. 위에 언급한 '거래비용이론'이 바로 그것이다.

코스는 "경제적 거래에는 비용이 소모되며, 사람들이 종교처럼 믿고 있는 가격체계의 치어리더처럼 유동적으로 흐르지 않는다"는 아이디어에 기초하여 기업의 경계를 매우 간단명료하게 설명했다. 대부분의 시장거래는 협상과 계약, 검열, 논쟁 등 다양한 과정이 수반되는데, 여기 들어가는 비용(거래비용)을 고려하면 기업의 경계를 좀더 쉽게 이해할 수 있다. 코스는 "기업의 내부에서 발생하는 거래비용이 시장거래비용과 같아지는 지점을 찾으면 계획을 수립하는 섬(기업)을 가장 쉽게 이해할 수 있다"고 했다. 외부거래비용이 내부거래비용보다 작아지면 기업은 성장을 멈추게 된다. 내부에서 제품을 생산하는 것보다 시장에서 사들이는 편이 저렴하기 때문이다.

여기 소개된 코스의 이론(가장 간단한 버전)을 우리의 논리에 적용하면 우리가 '기업'이라 부르는 네트워크의 한계와 이 네트워크에 축적될 수 있는 지식과 노하우의 한계를 이해할 수 있으며,[7] 네트워크를 연결하는 비용(링크비용)과 네트워크의 크기 사이의 관계도 알 수 있다. 간단히 말해서, 링크비용이 저렴할수록 네트워크의 규모는 커진다.

더욱 중요한 사실은 기업의 규모에 한계가 있기 때문에, 지식의 양이 네트워크가 감당할 수 없을 정도로 많아지면 기업들 사이의 네트워크를 통해 공유할 필요가 있다는 것이다. 그러므로 코스의 이론을 적용하면 포드사의 루즈공장이 세계를 장악할 정도로 규모가 커지지 않은 이유를 설명할 수 있다.

개인용 컴퓨터는 여러 기업으로 이루어진 네트워크의 대표적 산물이다. 시중에서 판매되는 개인용 컴퓨터는 특정 회사의 상표를 달고 있지만, 각종 부품은 각기 다른 회사에서 제작된 것이다. 캘리포니아에서 자부심을 담아 디자인된 애플사의 제품에는 경쟁사인 삼성이 설계하고 제작한 액정 디스플레이가 탑재되어 있다.[8] 스티브 잡스는 애플로 복귀한 후 생산장비를 외부에서 조달하는 등 타기업의 자원을 활용하는 쪽으로 정책을 바꿨다.[9] 아이팟의 핵심부품인 소형 하드드라이브는 도시바의 발명품이고, 아이폰에 장착된 강화유리 고릴라 글래스는 뉴욕주 북부에 있는 코닝사의 제품이다. 애플사뿐만 아니라 첨단장비를 생산하는 대부분의 기업들이 이런 추세를 따르고 있다. 당신의 컴퓨터가 어떤 회사의 제품이건, 칩은 인텔 아니면 AMD사의 제품이고 하드드라이브는 퀀텀, 삼성, 시게이트, 후지쯔 중 하나일 것이다. 또 메모리는 킹스턴이나 코르세어, 또는 PNY일 것이고 네트워크카드는 D-Link나 TP-Link, 또는 Netgear 중 하나일 것이다. 이 모든 기업과 상표들은 컴퓨터에 붙어 있는 판매자의 로고와 무관하지만 이들의 도움 없이는 이 세상 어떤 기업도 개인용 컴퓨터를 만들 수 없다. 즉, 컴퓨터는 하나의 기업에서 단독으로 만든 제품이 아니라, 여러 기업으로 이루어진 '기업네트워크'의 산물이다.

컴퓨터와 관련된 기업네트워크의 규모는 이 책에서 지금까지 언급된 어떤 네트워크보다 크다. 일부 컴퓨터의 운영체계에는 자사와 동일한 상표가 붙어 있지만(ex: Mac OS), 컴퓨터를 유용하고 재미있는 물건으로 만들어주는 응용소프트웨어는 대형 기업인 어도비를 비롯하여 게임을 개발하는 소규모 회사의 제품이다(Blek, Machinarium, World of Goo 등).[10] 마지막으로 컴퓨터에서 인터넷이 빠질 수 없다. 컴퓨터에 탑재된 하드웨어와 소프트웨어를 통틀어서 가장 중요한 것은 페이스북이나 트위터 같은 소셜네트워크 사이트를 방문하여 뉴욕

타임스의 기사를 읽고, 워크래프트World of Warcraft 같은 온라인게임을 실행하는 기능일 것이다. 그러나 이런 사실만으로는 지식과 노하우가 펌바이트를 초과했을 때 축적하기 어려운 이유를 설명할 수 없다.

로널드 코스는 기업네트워크의 지식-노하우 축적능력이 링크비용의 영향을 받는다고 생각했다. 즉, 링크를 형성하고 유지하는 데 들어가는 비용이 저렴하면 기업들 사이에 대형 네트워크를 구축하기가 쉬워지고, 다량의 지식과 노하우를 축적하기도 쉬워진다. 반면에 링크비용이 비싸면 기업들 사이를 연결하기가 어려워져서 기업네트워크를 구축하거나 다량의 지식과 노하우를 축적하기가 어려워진다. 간단히 말해서, 링크비용이 비쌀수록 이 세상이 작은 조각으로 분열된다는 뜻이다. 그러므로 기업 간의 네트워크가 대량의 지식과 노하우를 축적하는 데 도움이 되는지, 아니면 방해가 되는지를 판단하려면 기업들 사이의 연결관계를 형성하는 데 들어가는 비용, 즉 '기업 간 링크비용'에 대하여 좀더 자세히 알아볼 필요가 있다.

두 기업 간 상호작용은 다양한 방식을 통해 이루어지기 때문에, 일반적인 논리를 펼치면 문제가 지나치게 단순해진다. 카탈로그를 보고 잉크 카트리지를 주문하는 것은 지극히 단순한 상호작용이지만, 두 기업이 파트너십을 맺고 협동공장을 건설하는 것은 끔찍하게 복잡하다. 게다가 많은 경우에 기업 간 상호작용은 사회네트워크 안에서 이루어진다(이 내용은 다음 장에서 다루게 될 것이다). 그러므로 링크비용을 논하려면 링크의 형태를 구체적으로 정의해야 한다.

상업적 링크가 다양한 규모로 형성된다는 사실에 처음으로 주목한 사람은 로널드 코스의 제자인 올리버 윌리엄슨Oliver Williamson이었다.

그는 기업 간 상호작용에 들어가는 비용과 그 링크를 유지-관리하는 목적으로 세워진 단체의 연결관계에 대하여 수많은 논문을 발표했다.[11] 윌리엄슨은 링크를 두 가지 기준에 입각하여 분류했는데, 이 분류법에 따르면 거래는 빈도수에 따라 반복거래recurrent transaction와 임시거래occasional transaction로 분류되고, 거래의 특성에 따라 특이거래idiosyncratic/specific transaction와 비특이거래nonspecific transaction로 분류된다.[12]

윌리엄슨의 관점을 이해하기 위해, 상업적 링크를 형성하는 데 필요한 서류작업의 양과 인원수를 생각해보자. 예를 들어 내가 동네 카페에서 라테 한 잔을 구입할 때, 서류작업은 영수증 한 장으로 충분하고 필요한 인원도 카운터 직원과 바리스타만 있으면 된다. 윌리엄슨의 분류에 의하면 이 경우는 비특이반복거래nonspecific recurrent transaction에 해당한다. 이런 거래는 매우 단순하여 중개인이 필요 없다. 그러나 집을 구입할 때에는 서류작업이 훨씬 많아진다. 또한 집을 매매하는 것은 특이한 거래이기 때문에, 돈을 빌려주는 은행과 주택평가사, 공인중개사, 부동산 전문 변호사 등 판매자와 구매자 사이에 많은 외부인력이 개입되어야 한다. 그러므로 윌리엄슨의 분류에 의하면 집을 사고 파는 행위는 임시특이거래occasional specific transaction에 해당한다. 쉽게 말해서 "외부기관의 도움을 받아 진행되는 상호작용"이라는 뜻이다. 마지막으로 매우 특이하면서 장기간에 걸쳐 진행되는 거래를 생각해보자. 예를 들어 의류제조업자가 단추를 전문적으로 생산하는 업체와 장기계약을 맺는다고 하자(아마도 이 단추는 파인애플 모양에 금과 은이 박힌 특이한 단추일 것이다). 이 계약은 특이반복거래specific recurrent transaction에 해당하며, 외부기관의 개입보다 공급자와의 상호작용이 훨씬 중요

하다.[13]

윌리엄슨은 경제교류와 그것을 유지하는 데 가장 적합한 지배구조를 연결하기 위해 자신의 분류법을 사용했다. 그러나 지금 우리가 거래의 형태를 분류하는 이유는 외부기관의 역할을 설명하기 위해서가 아니라, 링크의 비용을 산출하기 위해서이다. 거래의 형태는 지식과 노하우를 축적하는 데 필요한 네트워크에 영향을 주기 때문이다.

코스의 이론에 의하면 링크비용이 저렴할수록 큰 네트워크를 구축할 수 있다. 그리고 퍼슨바이트이론에 의하면 지식과 노하우의 양이 많을수록 더 큰 네트워크가 필요하다. 이제 여기에 윌리엄슨의 이론을 적용해보자.

제일 먼저 가장 단순한 링크인 시장거래부터 살펴보자. 이것은 커피 한 잔, 뒤집개, 전구, 유리 한 장 등을 구입하는 경우로, 윌리엄슨의 분류에서 비특이거래에 속한다. 시장거래비용은 운송시스템과 통신기술이 발달하면서 지난 수십 년 동안 꾸준히 내려갔으므로(그림5~8 참조), 시장링크로 이루어진 네트워크는 과거보다 유동적이면서 촘촘해졌다고 볼 수 있다. 예를 들어 인플레를 감안한 상품운반비는 20세기에 90%까지 감소했고, 지난 3세기 동안 원거리통신기술이 크게 발달하여 옆집에 사는 사람이건 지구 반대편에 있는 사람이건, 언제든지 즉각적으로 대화를 나눌 수 있는 세상이 되었다.[14] 링크비용이 감소하면 원거리 시장링크가 많아지고, 시장에 지식과 노하우를 축적하는 능력도 향상된다.

관세와 선적 및 통신비용이 내려가면 시장의 거래비용도 내려가고, 여기에 '표준규격'과 같은 강제력이 작용하면 더욱 저렴해진다.[15]

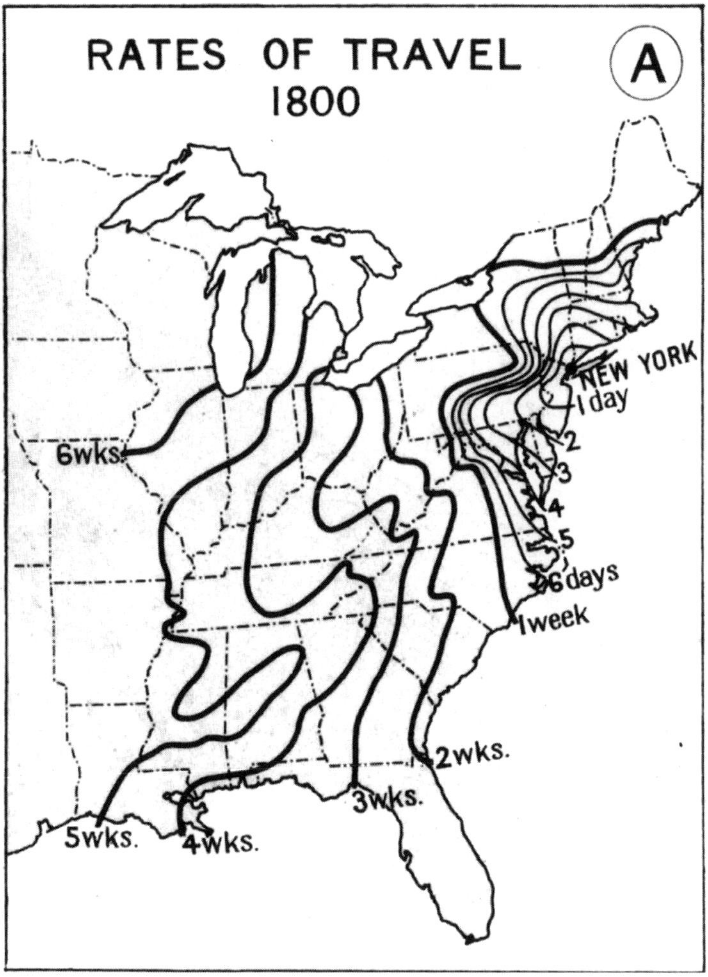

그림5. 1800년에 뉴욕에서 제품 운송에 소요된 시간.

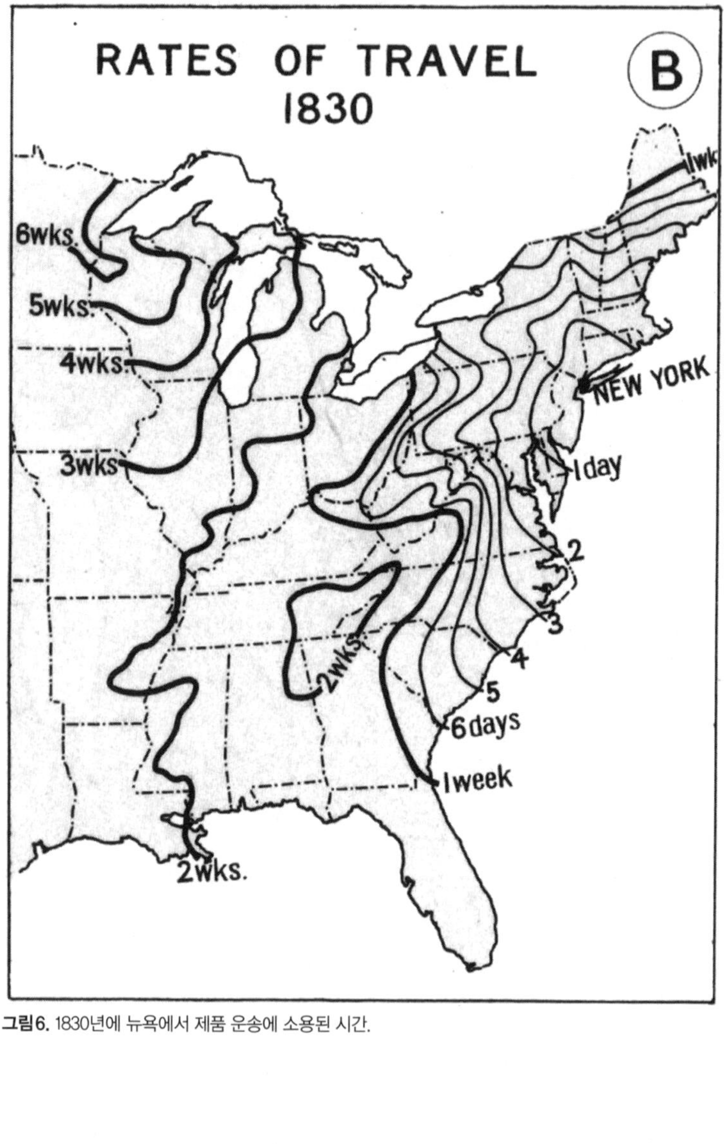

그림 6. 1830년에 뉴욕에서 제품 운송에 소요된 시간.

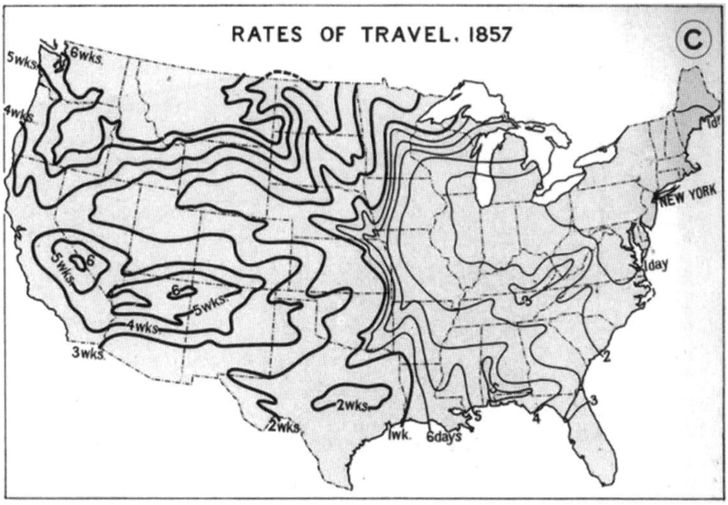

그림7. 1857년에 뉴욕에서 제품 운송에 소요된 시간.

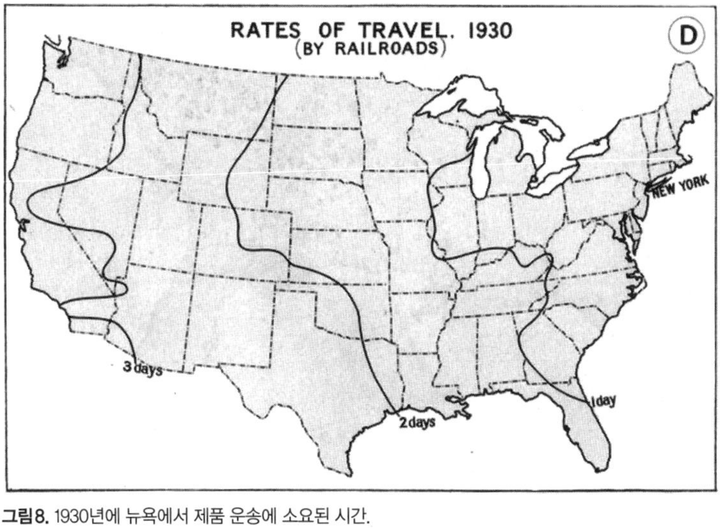

그림8. 1930년에 뉴욕에서 제품 운송에 소요된 시간.

컴퓨터업계의 VGA 포트와 Wi-Fi, 그리고 USB 포트가 대표적 사례이다. 이런 표준규격이 정해지면 생산자들 사이에 사전협의가 필요 없으므로 모든 제작이 일사천리로 진행될 수 있다. 실제로 USB 포트는 Intel과 Compaq, DEC, IBM, Microsoft, NEC, 그리고 Nortel사가 공동으로 개발한 후, 다른 생산자들이 비교적 싼 가격에 복제할 수 있도록 시장에 풀어놓았다. 몇 안 되는 제조업자에게 높은 특허료를 받는 것보다 여러 제조업자들로부터 저렴한 특허료를 거둬들이는 것이 훨씬 유리하다고 판단했기 때문이다.[16]

'표준standard'은 현대사회에 널리 퍼져 있는 개념으로, 기업들 (또는 사람들) 사이에 발생하는 비용을 줄여주면서 시장과 함께 진화해왔다.[17] 몇백 년 전까지만 해도 무게단위인 파운드pound와 부피단위인 파인트pint는 표준단위가 아니었다. 과거에는 파운드가 규격화되지 않아서 도시마다 조금씩 달랐는데, 심한 경우는 4배까지 차이가 났다.[18] 그 후 도시들 사이에 교역이 이루어지면서 표준의 필요성이 대두되었는데, 오래된 습관을 갑자기 고치기가 어려웠기에 정부가 직접 나서서 관련 법규를 제정하고 넓은 지역에 걸쳐 표준단위가 통용되도록 유도했다. 제품의 표준규격이 시장과 함께 진화해온 이유는 자명하다. 낯선 마을에서 옥수수 1부셸(bushel, 곡물의 부피단위. 약 36리터: 옮긴이)을 사는 사람은 고향에서 샀던 1부셸과 같은 양이기를 바랄 것이므로, 표준화는 판매자와 구매자에게 모두 유리한 제도이다. 또한 표준은 정부의 영향력을 넓히는 데에도 일익을 담당했다.

인류의 위대한 발명품인 '언어'도 표준을 통해 상호작용의 비용을 절감한 또하나의 사례이다. 인류는 언어를 사용함으로써 네트워크 안에 자연스럽게 융합되어 복잡한 생각을 교환하고, 행동을 일치시키고, 상업적 연결고리를 형성할 수 있었다. 사실 언어는 표준 중에서도 가장 근본적이면서 가장 중요한 표준이다. 그래서 과거에 사람들이 신의 권위에 도전하겠다며 바벨탑 프로젝트에 착수했을 때, 이에 분노한 신이 언어를 갈라놓아 의사소통이 불가능하게 만들었다. 언어가 달라지면 사람들 사이의 네트워크가 붕괴되기 때문이다. 지금도 세계는 여러 개의 언어권으로 분할되어 있지만, 지난 세월 동안 많은 언어가 통폐합되었고 언어장벽도 서서히 낮아지고 있다. 지금으로부터 12000년 전에 인류가 사용했던 언어는 거의 12,000종에 달했다고 한다.[19] 지금은 전 세계적으로 약 6,000종의 언어가 사용되고 있으나, 대부분의 사람들은 단 몇 가지 언어로 의사소통을 하고 있다. 그리고 트위터와 위키피디아, 도서 번역 등 온라인과 오프라인에서 통용되는 언어를 분석해보면 영어가 대부분의 언어를 연결하는 허브 역할을 하고 있다.[20] 나는 칠레 사람으로 태어나 러시아 여자와 결혼했고, 미국, 이스라엘, 불가리아, 마케도니아, 칠레, 아르헨티나, 독일, 인도 등 세계 각지에서 온 학생들과 교류해왔으니, 영어가 글로벌 허브언어임을 몸소 체험한 산 증인이다.

이제 다시 지식과 노하우를 대량으로 축적하는 네트워크와 그 네트워크를 구축하는 기업의 능력으로 되돌아가보자. 우리의 관심사를 시장의 링크로 한정하면 국내 및 국제 기업의 네트워크를 촘촘하게 구축하는 능력은 통신과 운송기술이 개선되고 언어와 기술이 표준화되면서 크게 향상되었다고 볼 수 있다. 그러므로 다음과 같이 결론짓는 것이 안전하다. "좁은 의미의 상업적 링크(카탈로그를 보고 물건을 주문하는 것처럼 단순한 링크)는 지난 세기 동안 쇠퇴한 반면, 이 단순한 상호작용에 기초하여 기업과 사람의 네트워크에 지식과 노하우를 축적하는 능력은 향상되었다." 단, 이 네트워크는 주로 제조와 관련된 네트워크를 의미한다. 지식과 노하우가 담긴 중간단계의 상품을 교환하는 것은 제조활동에 포함되기 때문이다.

제럴드 데이비스Gerald Davis는 그의 저서 『시장을 통한 관리Managed by the Markets』에서 바비인형의 제조과정을 자세히 분석했다. 별것 아닌 물건 같지만, 무려 20개국에서 제작된 부품이 하나로 조립되어야 비로소 바비인형 하나가 완성된다.[21] 바비인형을 만드는 데 필요한 지식이 자동차 제조에 필요한 지식보다 적다고 가정하면(아마도 그럴 것이다), 바비인형 부품공장이 전 세계에 퍼져 있는 이유는 하나의 기업이 감당할 수 없을 만큼 많은 지식이 필요해서가 아니라, 국가 간 상업링크를 구축하는 비용이 상대적으로 저렴하여 지식-노하우를 이전하기가 쉬워졌기 때문이다.

그러나 코스와 윌리엄슨이 지적한 대로, 모든 상호작용이 쉽게 이루어지는 것은 아니다. 지금부터는 '구축하기 어려운' 링크에 대하여 생각해보자. 서류작업량이 많고 시간도 많이 걸리는 장기협동 프로젝트나 대형 프로젝트가 여기에 속한다.

예를 들어 두 개의 큰 기관이 공동연구를 수행한다고 가정해보자. 아마도 이 프로젝트는 두 기관의 선임연구원이 학회에서 만나 대화를 나누다가 서로 상대방의 연구주제에 흥미를 느끼고 의기투합하면서 탄생했을 것이다. 그러나 두 기관의 "첫 데이트"가 이루어진 날은 두 연구원이 만났던 날이 아니라, 기밀유지협약서에 서명한 날이다. 그

후 두 기관의 책임자와 법무담당자들이 계약서를 작성하고 서명해야 하는데, 이 과정은 보통 몇 달이 걸린다. 그런데 실제로 이런 일을 진행하다보면 두 기관의 법무담당자들 사이에 의견충돌이 자주 일어난다. 연구결과로 얻은 지적 자산을 자기 기관이 독점하겠다고 서로 우기기 때문이다. 이런 상황이 발생하면 계약서에 서명하는 날짜는 더욱 늦어지고, 결국은 공동연구에서 얻어질 풍성한 결과보다 이혼 가능성을 염두에 둔 '혼전합의서'가 초유의 관심사로 떠오르게 된다. 윌리엄슨의 이론에 의하면 위의 사례처럼 관료적이면서 많은 인원과 서류작업이 필요한 상호작용은 비용이 많이 들뿐만 아니라 다량의 지식과 노하우를 축적하기 어렵다.

개인기업이건 공기업이건, 또는 NGO나 학술단체이건, 대형 조직에서 일해본 사람은 내가 하는 말을 십분 이해할 것이다. 사실 현대사회에는 관료주의가 과도하게 투영된 상호작용이 도처에 넘쳐나고 있다. 대형 조직 사이에서 오가는 상호작용은 아무리 단순하다 해도 과수원에서 사과를 고르거나 카탈로그에서 프린터를 고르는 것만큼 유동적이지 않다. 특히 국제연합UN을 비롯한 공공기관에서 이런 현상이 두드러지게 나타난다. 공공기관이 외부와 상호작용을 교환하려면 수많은 인준단계와 서류작업을 거쳐야 하기 때문에 최종승인이 떨어지려면 몇 달, 심지어는 몇 년을 기다려야 한다. 심지어는 서비스 조달과 같이 단순한 시장거래조차도 대형 조직을 거치면 엄청나게 복잡해진다. 그 결과 링크 구축에 수반된 '관료적'이라는 짐이 계약서에 명시된 일을 수행하는 것 못지않게 부담으로 작용하여, 대형 기관은 자신이 참여하려 했던 시장에서 스스로를 제외시키는 촌극을 빚게 된다. 충분한 능력을 보유한 국가에서 국민들에게 수준 이하의 서비스를 공급하는 것도 이런 이유 때문이다. 미국 정부에서 제작한 웹페이지의 가격 대비 품질을 실리콘밸리의 웹페이지와 비교해보면 한눈에 이해가 갈 것이다.

극단적인 비효율은 외부와의 상호작용이 매출에 큰 영향을 주지 않는 기관에서 종종 발생한다(외부거래에 크게 의존하면서 비효율을 척결하지 못한다면 당장 망할 것이다). 대부분의 재원을 세금으로 충당하는 정부와, 대가성이 별로 없는 기금으로 운영되는 국제연합이 그 대표적 사례이다. 더욱 중요한 것은 이 비용이 링크의 수에 영향을 줄 뿐만 아니라, 링크에 연결된 다른 단체나 사람들에게도 영향을 미친다는 점이다. 번거롭고 시간도 많이 잡아먹는 관료적 절차는 서류작업과 인증과정에 익숙한 사람들—비공식적으로 "벨트웨이 밴디트(beltway bandits, 순환도로의 도적들'이라는 뜻으로, 연방정부공사를 거의 독식하고 있는 민간연구소를 빗대어 부르는 이름: 옮긴이)"라 부른다—에게 이득을 안겨주고 있다. 그러나 서류작업을 잘한다고 해서 좋은 품질의 서비스를 제공한다는 보장은 없다.

극단적인 관료주의는 많은 사람들이 연결된 대형 네트워크를 낳지만, 거기 축적된 지식과 노하우는 몇 퍼슨바이트밖에 안 된다. 동원 가능한 퍼슨바이트의 대부분이 정치적이고 소모적인 내부인증과정에 소모되기 때문이다. 그 결과 네트워크는 스스로 만들어놓은 링크에 짓눌려서 지식과 노하우를 축적할 수 없게 된다.

관료주의가 과도하게 적용된 네트워크는 '돈 먹는 하마'를 방불케 한다. 대표적 사례가 바로 미국의 의료시설이다. 최근에 미국의 한 사설병원에서 조사한 바에 따르면 병원에서 의사를 돕는 보조요원들은 공식인가가 날 때까지 보험공급자와 상담하는 시간이 일주일에 19시간이고, 사무직원들은 고객의 요구사항을 분류하는 데 주당 36시간을 쓴다고 한다. 사설병원과 보험회사의 상호작용에 들어가는 비용은 의사 한 사람 당 1년에 68,000달러이며, 여기에 미국에서 활동하는 의사의 머릿수를 곱하면 매년 총 310억 달러에 달한다. 도미니카공화국의 2005년도 국내총생산과 같은 액수다.[22] 1999년에 미국의 모든 사설 및 국공립병원의 상호작용비용은 최소 310억 달러에서 최대 2,940억 달러로 추산되는데, 이는 현재 싱가포르나 칠레의 국내총생산과 맞먹는다.[23] 게다가 1969년에서 1999년 사이에 미국의 의료기관에서 지출한 관리비용은 의료노동비의 18.2%에서 27.3%로 증가했다.[24] 즉, 의료기관과 보험회사의 상호작용비용은 액수가 턱없이 클 뿐만 아니라, 지금도 계속 증가하고 있다.

나는 지금 미국 의료계의 관료적 행태를 비난하려는 것이 아니다. 단지 서로 다른 기업이나 조직 사이의 상호작용비용이 엄청나게 비싸질 수도 있음을 강조한 것뿐이다. 링크비용의 차이가 기업과 조직 네트워크의 연결성의 차이로 해석되는 세상에서 가장 비싼 링크비용으로 구축된 네트워크는 가장 많은 지식과 노하우를 축적하도록 노력해야 한다.

* * *

나는 이 장의 첫머리에서 '수많은 퍼슨바이트가 모인 대성당'으로 포드사의 루즈공장을 예로 들었었다. 루즈공장은 지식과 노하우를 대량으로 축적하여 수많은 자동차를 생산했으나, 20세기 최대의 생산모델로 성장하지는 못했다. 세월이 흐르면서 기업의 네트워크가 점차 새로운 표준을 따라 변해갔기 때문이다. 제조업의 경우, 관세와 운송 및 통신비용이 내려가면서 기업의 상호작용능력이 크게 향상되었으며, 산업표준의 등장과 허브언어인 영어가 널리 보급된 것도 상호작용에 유리하게 작용했다. 또한 상업적 링크비용이 내려감에 따라 각 기업들은 기업네트워크를 통해 제조공정을 분산시켰는데, 대표적인 사례가 바비인형이었다.[25] 컴퓨터의 경우에는 위에 언급한 이유 외에 컴퓨터 생산에 필요한 지식과 노하우가 한 기업의 용량(펌바이트)을 초과하기 때문에 공정분할이 필수적이다. 컴퓨터 제조업체는 하드웨어와 소프트웨어, 그리고 온라인서비스까지 공급해야 하므로 기업네트워크에 의존하는 수밖에 없다.

현대의 제조기업들이 과거보다 훨씬 복잡하고 정교해졌다는 것은 기업네트워크에 지식과 노하우를 축적하는 능력이 크게 향상되었다는 증거이다. 몇 세기 전만 해도 "샴페인은 프랑스, 시계는 스위스, 파르메산 치즈는 파르마(Parma, 이탈리아의 에밀리아로마냐주에 있는 도시: 옮긴이)"라는 식으로 대부분의 제품들이 한정된 지역에 공급되었지만, 지금은 상황이 크게 달라졌다. 아이폰은 캘리포니아 사람과 중국인, 한국인의 전유물이 아니다. 생산공정이 잘게 분할되었기 때문에 '제조국'이라는 타이틀도 의미를 상실했다.

다량의 지식과 노하우를 축적한 현대의 제조기업들은 초대형 국제 네트워트의 산물이다. 이들은 네트워크에 연결된 링크를 통해 스마트

폰의 액정이나 바비인형의 플라스틱 구슬과 같은 '과도제품'을 교환하고 있다. 그러나 제조업이 성장하는 동안 다른 네트워크는 자체 무게에 짓눌려 쇠퇴하기 시작했다. 교육계나 의료계처럼 관료주의가 널리 퍼진 분야에서는 상호작용 비용이 천문학적 숫자에 도달한 후에도 계속 증가하고 있다. 문제는 이런 네트워크가 그동안 투자한 돈에 걸맞은 지식과 노하우를 축적한다는 보장이 별로 없다는 점이다.[26] 특히 의료계의 경우, 관료적 행태와 서비스의 품질이 반비례한다는 보고서까지 나온 것을 보면, 과도한 검열과 관료주의적 절차가 지식과 노하우를 축적하는 데 별 도움이 되지 않는 것이 거의 확실하다.[27]

그렇다면 모든 링크를 시장링크의 형태로 바꿔야 할까? 코스와 윌리엄스의 이론이 옳다면 경제링크가 지금처럼 다양한 형태로 구축된 것은 우리의 선택이 아니라 경제 자체의 기본적인 속성이다. 우리가 치약을 구입할 때 사용하는 시장의 링크는 장기계약으로 맺어진 링크와 근본적으로 다르다. 코스의 분석에 따르면 장기링크는 무슨 물건을 구입할지 명확하게 정의되지 않은 상태에서 최초의 접촉이 이루어진다. 그러므로 모든 링크를 와인잔이나 두루마리 휴지와 같이 명확하게 정의된 상상력의 결정체를 구입할 때 사용하는 링크처럼 만들겠다는 것은 순진한 생각이다. 앞으로 보게 되겠지만, 경제적 상호작용에 '사회'라는 요소를 추가하면 "다량의 지식과 노하우가 축적된 네트워크를 구축하려면 다양한 링크가 필요하다"는 사실을 분명하게 알 수 있다.

지금까지 기업의 네트워크와 링크에 대하여 많은 이야기를 했는데, 다행히도 중요한 교훈은 단 몇 개로 요약된다. 원래 우리의 관심사는 거래비용이 아니라, 상상력을 구체화하는 데 필요한 지식과 노하우를 포용하는 구조(네트워크)와 그 구조를 낳는 경제의 능력이었다. 이 점을 마음속에 새기고 우리가 얻은 교훈을 정리해보자. 첫째, 생산네트워크의 규모가 클수록 더 많은 지식과 노하우를 축적할 수 있다. 둘째, 대형 네트워크를 구축하는 우리의 능력은 링크비용의 영향을 받는다. 즉, 대형 네트워크에 다량의 지식과 노하우를 축적하려면 링크비용이 저렴해야 한다. 셋째, 집합적 수준에서 지식과 노하우를 축적할 때 사용되는 네트워크에는 근본적인 전환점이 존재한다. 네트워크에 다량의 지식과 노하우를 축적하려면 일단 잘게 쪼개야 하는데, 이들은 두 개의 기본단위로 이루어져 있다. 개인의 한계를 나타내는 퍼슨바이트와 한 기업의 한계를 나타내는 펌바이트가 바로 그것이다. 이 두 가지는 정량적인 개념이 아니라, 지식과 노하우를 축적하는 데 필요한 네트워크가 중요한 변화를 일으키는 개념적 경계를 의미한다. 퍼슨바이트와 펌바이트는 다량의 지식과 노하우를 축적하는 우리의 능력이 어떤 계층구조의 일부임을 보여주고 있다. 이 구조 안에서 우리가 네트워크라고 부르는 연결망은 더 큰 스케일에서 볼 때 하나의 '마디'에 불과하다. 신경네트워크를 사람으로 추상화하면 마디가 되고, 사람으로 이루어진 네트워크도 기업의 네트워크로 추상화하면 하나의 마디가 된다.

다량의 지식과 노하우를 축적하기란 결코 쉽지 않다. 이를 위해서는 지식과 노하우를 간직한 네트워크가 스스로 진화해야 한다. 지식과 노하우를 연속적인 객체로 간주할 수도 있지만, 네트워크 자체가 불연속적이므로 지식과 노하우는 (이론이 아니라 실질적인 이득을 위해) 세분화되어야 한다.

세분화된 지식과 노하우(부분적으로는 링크비용의 산물이라 할 수 있음)는 지식과 노하우를 다량으로 축적하기가 점점 더 어려워지는 이유를 설명해준다. 간단히 답하자면 지식과 노하우가 담긴 네트워크를 구축하기가 어렵기 때문이다. 그러나 여기에는 주의할 점이 하나 있다. 지금까지 우리는 코스와 윌리엄슨이 개발한 경제논리에 입각하여 링크비용을 이해해왔으나, 사실은 사회적-문화적 과정도 소셜네트워크(사회네트워크)에 중요한 영향을 미치고 있다. 다음 장에서는 소셜네트워크와 경제적 성과를 연결하는 이론을 집중적으로 살펴볼 것이다.

8장

우리는 링크를 믿는다

자신이 원하는 것을 이루기 위해 사회적 접촉을
시도하는 합리적인 개인들이 모인 사회는 오래 지속될 수 없다.
프랜시스 후쿠야마

사람들은 개인적 이득을 포기하는 한이 있어도 "옳은" 일을 할 것이라는
우리의 믿음은 소셜네트워크 안에서 탄생한 것이다.
마크 그라노베터

보스턴에서는 좋은 아파트를 찾기가 쉽지 않다. 특히 대학원생이 받는 쥐꼬리 같은 월급으로는 어림도 없다. 내가 이 사실을 온몸으로 체험한 것은 지난 2005년의 일이었다.

나는 2004년에 라슬로 바라바시László Barabási가 있는 미국 노터데임 대학교University of Notre Dame의 연구소로 삶의 터전을 옮겼다. 라슬로는 네트워크와 복잡계complex system를 연구하는 젊고 유망한 물리학자이다. 나는 웹을 통해 라슬로의 논문을 읽으면서 강한 흥미를 느꼈는데, 그가 보스턴으로 이사를 간 후 한동안 망설이다가 그를 따라 나선 것이다.

2005년에 안식년을 맞이한 라슬로는 자신의 연구소를 보스턴으로 옮기고 암을 연구하는 마크 비달 센터Marc Vidal's Center에서 연구를 계속

했다. 그러나 나의 첫번째 보스턴 여행에서는 연구고 뭐고 거처부터 구하는 것이 급선무였다. 게다가 이 난해한 프로젝트를 완수하는 데 주어진 시간은 단 이틀뿐이었다.

나는 이틀 동안 연구소 일대를 샅샅이 뒤졌다. 작은 집, 지저분한 집, 비싼 집 등 안 가본 곳이 거의 없을 정도였다. 시간이 촉박했기에, 나는 마크 연구소 근처 사우스헌팅턴 애비뉴South Huntington Avenue에 있는 한 아파트에 묵기로 결정했다.

당시에는 몰랐지만, 그후로 나는 내 인생의 상당기간을 보스턴에서 보냈다(더 정확하게는 보스턴의 '비밀병기'인 케임브리지였다). 나는 거의 10년 동안 보스턴에 살면서 라슬로 연구소를 졸업했고, MIT에 나의 연구소를 개원했고, 결혼하여 딸을 낳았고, 많은 친구들을 알게 되었다. 이 기간 동안 여러 아파트를 전전하면서, 그리고 친구들이 사는 아파트를 구경하면서, 보스턴에서 좋은 아파트를 구하기가 어려운 이유를 확실하게 깨달았다. 최고의 아파트는 시장에 공개되지 않고 지인들을 통해 비공식적으로 알려지기 때문이다.

보스턴과 케임브리지 같은 도시에는 사람들이 오래 눌러살지 않는다. 여기 사는 사람들은 대부분이 대학원생이거나 포스트닥postdoc(박사과정을 마친 후 교수로 채용되기 전에 거치는 연구과정. 의무사항은 아님: 옮긴이)이기 때문에, 이곳에서 직장을 얻지 않는 한 조만간 떠나야 한다. 보스턴과 케임브리지는 인력의 용광로 같은 곳이자, 고별파티에서 새 친구를 사귀는 곳이기도 하다. 거주민이 자주 바뀌고 새 친구가 수시로 생기기 때문에, 케임브리지의 좋은 아파트는 부동산시장에 나오지 않는다. 누군가가 좋은 아파트에 살다가 이사를 가게 되면 가까운 친구가 기다렸다는 듯이 그 집으로 들어가고, 특별한 이유가 없는 한 소유주도 반대하지 않는다. 그 역시 새로운 세입자를 구하느라 신경쓸 필요가 없기 때문이다. 여기서 얻은 교훈은 간단하다. 다른 곳은 몰라도, 보스턴과 케임브리지에서 아파트 부동산시장은 소셜네트워크(사회네트워크)만큼 위력적이지 않다. 소셜네트워크와 경제의 상호관계를 집중적으로 연구했던 사회학자 마크 그라노베터Mark Granovetter의 용어를 빌리자면 "케임브리지에서 학생들이 살 만한 아파트는 사회적 상호작용의 네트워크 안에 박혀 있다embedded".

앞장에서 나는 지식과 노하우를 축적하는 네트워크의 능력에 중점을 두고 이야기를 풀어나갔지만, 네트워크의 규모와 구조, 그리고 적응성에 사회와 문화가 미치는 영향도 간간이 언급했다. 아파트 구하기 사례에서 알 수 있듯이, 경제적인 논리만으로는 사람들로 이루어진 네트워크의 속성을 완전하게 파악할 수 없다. 사실 우리가 주고받는 상호작용은 제아무리 전문가라 해도 서서히 형성되는 인간관계의 역학과 인맥에 의해 제한되기 마련이다. 이 장의 목적은 소셜네트워크와 직업네트워크의 기초를 살펴보고 신뢰와 가족 등 사회문화적 힘이 네트워크의 규모와 수용성, 그리고 구성성분에 미치는 영향을 분석하는 것이다.

소셜네트워크와 경제의 접합점을 분석한 논문은 그리 많지 않다. 아마도 학자마다 의견이 분분하여 이론을 정립하기가 어렵기 때문일 것이다. 이 분야에서는 경제학자와 사회학자의 의견이 정반대로 갈리곤 하는데, 20세기 경제학자들(특히 신고전주의를 표방한 학자들)은 사회를 '시장에서 파생된 부수적 구조'로 취급했다. 시장은 사람들이 서로 연결되도록 자극하고, 사람들은 이 자극에 따라 연결고리를 만들거나 파괴한다는 것이다. 이런 관점은 수학적 모형을 통해 어느 정도 체계화되었으나, 사회학자와 정치학자의 심기를 불편하게 만들었고 현장에서 얻은 데이터와 일치하지도 않았다. 그후 20세기 후반에 사회학자와 정치학자들은 경제사회학과 사회자본이론이라는 무기를 들고 대대적인 반격을 가해왔다.[1]

경제사회학자들은 "소셜네트워크의 역할을 고려하지 않고서는 경제를 이해할 수 없다"고 주장했다. 소셜네트워크의 역사는 경제보다 오래되었고, 경제시스템을 낳을 정도로 강한 영향력을 행사하기 때문이다.[2] 경제학자와 사회학자들이 가장 치열한 논쟁을 벌인 분야는 (별로 놀라울 것도 없지만) 노동시장이었다. 노동시장은 사람들이 '기업'이라는 네트워크를 양육하는 곳이자, 자신이 기여할 수 있는 네트워크를 찾는 곳이므로 소셜네트워크와 경제활동이 만나는 가장 기본적인 접점이라 할 수 있다. 그러나 20세기 경제학자들은 옛날부터 존재해왔던 소셜네트워크가 노동시장에 별다른 영향을 주지 않는다고 생각했다. 노동자가 받는 임금에는 기업에 필요한 기술의 초과공급과 수요에 대한 정보가 담겨 있으므로, 노동의 할당을 좌우하는 주체는 노동시장을 평형상태로 유도하는 수요-공급력이라는 것이다.

그러나 이들의 주장은 마크 그라노베터를 비롯한 사회학자들이 제시한 데이터에 부합되지 않는다. 그라노베터는 1974년에 출간된 책 『직장 구하기Getting a Job』에서 "완벽한 노동시장은 교과서에만 존재한다"고 했다.[3]

1970년에 그라노베터는 매사추세츠주 보스턴의 교외지역인 뉴턴에서 전문직과 기술직, 그리고 관리직을 구하는 사람들의 구직행태를 분석하여 박사학위논문으로 제출했다. 이 논문에 의하면 사람들은 직업을 구할 때 시장의 힘보다 소셜네트워크에 의존하는 경향이 있는데, 그라노베터가 조사한 구직자의 56%는 현재 다니는 (또는 가장 최근에 다녔던) 직장을 '개인적 접촉'을 통해 구한 것으로 나타났다. 직업을 찾는 사람이라 해도, 대부분의 접촉은 구직이 아니라 친분(가족, 친구)을 중심으로 이루어진다는 뜻이다.

그라노베터의 분석에 의하면 소셜네트워크는 인력을 할당할 뿐만 아니라, 구직자가 얻게 될 직업의 특성을 예측하는 기능도 갖고 있다. 예를 들어 개인적 친분을 통해 직업을 구한 사람은 직업소개소를 거친 사람보다 업무수행능력이 뛰어날 뿐만 아니라, 일에 대한 만족도도 높다.[4] 간단히 말해서 소셜네트워크는 직장을 구하는 주요 정보원이자, 급여나 성취감 등 직업의 특성과 밀접하게 연관되어 있다. 가장 좋은 아파트가 그랬던 것처럼, 가장 좋은 직업은 소셜네트워크를 등에 업고 있다.

그라노베터에 의하면 화이트컬러(사무직) 직장인들은 주로 개인적 접촉을 통해 일자리를 구한다. 그러나 그라노베터는 자신의 데이터를 다른 자료와 비교하다가 블루컬러(노동직) 직장인들에게도 동일한 현상이 나타난다는 것을 알게 되었다. 그후로 이어진 연구들도 (약간의 예외는 있지만) 미국 안팎에서 직장을 구하는 사람들에게 '개인적 접촉'이 가장 중요한 것으로 나타났다. 1978년에 미국에서 가장과 배우자의 나이가 45세 이하인 5,000가구를 대상으로 진행된 수입변동에 관한 패널연구The Panel Study of Income Dynamics에 의하면, 백인남성의 52%와 백인여성의 47.1%, 그리고 흑인남성의 58.5%와 흑인여성의 43%가 가까운 친구와 친척의 소개로 현 직장을 구했다고 한다. 또한 1989년에 실행된 "빈곤층 청소년에 관한 연구"에서는 보스턴 빈민가에 거주하는 백인의 51%와 흑인의 42%가 개인적 접촉을 통해 취업에 성공한 것으로 나타났다. 1982년에 일본에서 실행된 고용분석에 따르면 15세 이상 직장인의 34.7%가 개인접촉을 통해 직장을 구했으며, 특정 도시에서는 이 수치가 70%까지 올라갔다. 게다가 소셜네트워크의 영향력은 시간이 흘러도 약해지지 않는다. 최근 뉴욕타임스에 실린 기사에 따르면 에른스트앤영Ernst & Young 회계법인의 경력사원 중 45%가 기존직원의 추천으로 입사했고, 딜로이트Deloitte 회계법인은 경력사원의 49%가 개인적인 추천을 받아 입사했다고 한다.[5] 두 법인 모두 2008년도 금융위기 이후로 직원수가 꾸준히 증가해온 것을 보면, 노동시장이 위축될수록 소셜네트워크가 구직의 중요한 요소로 떠오른다는 것을 알 수 있다. 즉, 소셜네트워크는 직업네트워크가 형성되는 데 중요한 역할을 하고 있다. 그렇다면 소셜네트워크는 경제에 어떤 영향을 미치는가?[6]

소셜네트워크의 경제적 중요성을 따지다보면 최종적으로 도달하는 질문이 있다. "소셜네트워크는 어떤 과정을 거쳐 형성되는가?" 소셜네트워크는 "사회적 집중social foci의 공유"와 "삼중폐쇄triadic closure", 그리고 "동종애원리homophily principle"라는 세 가지 기본개념에 기초하고 있다. 사회적 집중의 공유는 관심사가 같은 사람들일수록(같은 반 친구, 직장동료, 같은 교회의 신도 등) 링크가 형성될 가능성이 높다는 것이고, 삼중 폐쇄는 같은 친구를 공유하는 사람들 사이에 링크가 형성될 가능성이 높다는 원리이며, 동종애원리는 성격이나 관심사가 비슷한 사람들 사이에 링크가 쉽게 형성된다는 원리이다(새 직원이 입사했는데, 고등학교 후배이고 내 절친의 골프파트너이자 나처럼 비틀스의 광팬이라면 앞뒤 따질 것 없이 가장 가까운 사이가 될 것이다: 옮긴이). 이 연결 형성 메커니즘 때문에 소셜네트워크는 보유지식과 정보가 매우 비슷한 사람들의 집단으로 형성된다. 이렇듯 한 그룹에서 구성원들이 보유하고 있는 정보가 서로 겹치기 때문에, 회사에 새로 취직한 신입사원은 기존의 사원들과 여러 면에서 비슷하다. 비슷한 사람들끼리 사회적 그룹을 형성하면 사회적, 기술적으로 적절한 사람을 기업에 영입할 수 있다는 장점이 있지만, 기업의 지식이 중복되고 은연중에 다른 그룹에 속한 사람들을 차별하는 부작용이 나타날 수도 있다(사실 소셜네트워크는 인종이나 이념에 따라 분열되는 경향이 있다).

소셜네트워크의 저변에는 직업정보를 제한하는 '격자판'이 깔려 있다. 그라노베터가 경제를 "소셜네트워크에 박혀 있는 시스템"이라고 한 것도 바로 이런 이유 때문이다.[7] 그러나 소셜네트워크가 영향을 주는 곳은 노동시장뿐만이 아니다. 가족과 같은 사회제도나 사회적 신뢰 역시 직업네트워크의 형성에 기여하고 있으며, 기업의 구성원과 규모에도 영향을 미치고 있다.

문화교류와 정부, 그리고 시장의 특성을 광범위하게 연구했던 정치학자 프랜시스 후쿠야마Francis Fukuyama는 1995년에 출간한 책 『신뢰Trust』에서 "사회의 전반적인 신뢰도는 사회의 대형네트워크 구축능력을 좌우한다"고 주장했다. 또한 그는 남유럽과 라틴아메리카 같은 "가족중심사회"와 독일, 미국, 일본과 같은 "신뢰중심사회"를 엄격하게 구별한 학자로 유명하다. 가족중심사회란 낯선 사람을 믿지 않으면서 가족 간의 신뢰가 유난히 깊은 사회를 의미한다(대표적 사례로 이탈리아의 마피아조직을 들 수 있다). 가족중심사회에서 가족네트워크는 사회조직과 경제활동의 근간이며, 많은 기업이 가족과 친척들의 투자로 이루어진 벤처기업의 형태를 띠고 있다. 이와 대조적으로 신뢰중심사회에서는 가족 간의 신뢰에 기초한 기업보다 전문가들에 의해 운영되는 기업이 주류를 이룬다.

가족중심사회와 신뢰중심사회는 네트워크의 구성원이 다를 뿐만 아니라, 네트워크의 규모에서도 큰 차이가 난다. 신뢰중심사회에서는 대규모 네트워크가 여러 개 존재할 수 있지만, 가족중심사회에서는 중소기업이 주류를 이루고 대기업은 극히 일부에 불과하다.

앞서 말한 대로 경제활동은 네트워크 크기의 제한을 받는다. 복잡한 물건을 만들어서 사회가 융성해지려면 일단 네트워크가 커야 한다. 후쿠야마에 의하면 산업의 규모가 지역마다 다른 것은 신뢰의 차이 때문이다. 그의 저서 『신뢰』에는 다음과 같이 적혀 있다. "한 국가의 산업구조 속에는 고유한 문화가 투영되어 있다. 가족관계가 돈독하면서 타인과의 신뢰가 약한 나라는 대기업보다 가족중심의 소규모기업이 훨씬 많다. 반면에 학교와 병원, 교회, 자선단체 등 비영리기관이 많은 나라는 가족단위를 넘어선 개인기업이 주류를 이루 있다."[8]

한 국가의 산업구조를 지식이나 신뢰의 척도로 간주하는 것은 그다지 틀린 생각이 아니다. 대규모 네트워크에는 다량의 생산지식이 축적될 수 있고, 일본이나 미국, 독일 등 신뢰로 이루어진 사회는 의약품이나 비행기와 같이 대규모 네트워크가 필요한 산업 쪽으로 이동하는 경향이 있다. 그러나 와인잔에 어떤 와인이 채워질지 알 수 없는 것처럼, 신뢰중심사회의 대형 네트워크에 자동차 관련 지식이 축적될지, 항공 관련 지식이 축적될지 미리 알 수는 없다. 다시 말해서, 네트워크가 구축되는 메커니즘과 그 안에 축적되는 콘텐츠는 별개라는 이야기다. 사회자본의 근간인 신뢰는 네트워크를 구축하고 유지하는 "접착제" 역할을 하지만, 네트워크에 축적되는 지식이나 노하우와는 무관하다.[9]

사회적 신뢰는 어떻게 대형 네트워크를 낳는 것일까? 신뢰는 네트워크의 원인이 아니라 결과일 수도 있지 않을까? 사실 일과 사회활동을 반복하다보면 신뢰가 돈독해지기 마련이다. 사람들은 함께 일하는 동료들과 쉽게 친구가 된다. 그러나 소셜네트워크가 현대적 경제활동보다 먼저 탄생했다는 증거는 도처에 널려 있다. 최근 연구결과에 의하면 지금도 수렵생활을 하고 있는 탄자니아 하드자Hadza족의 네트워크와 산업화된 도시의 소셜네트워크는 구조적으로 비슷한 점이 많다.[10] 또한 매사에 협조적인 사람은 다른 협조적인 사람과 연결된 확률이 높으므로, 하드자족처럼 원시적인 사람들도 사회군집 안에 사회제도가 구현되어 있다.[11] 연구원들은 "사회를 구성하는 어떤 요소들은 인류역사의 초기부터 존재해왔을 것"이라고 했다.

인간의 사회성이 오래전부터 존재해왔다 해도 링크비용에 관한 로널드 코스의 이론은 여전히 타당하다. 그러나 오래전부터 존재해온 소셜네트워크의 경제적 효과는 링크비용을 통해 해석될 수 있으므로, 거래비용이론과 경제사회학은 상호보완적이다. 이 점에 관하여 후쿠야마는 "신뢰가 부족하면 거래를 맺기 위해 다양한 안전장치가 필요하지만, 신뢰가 높으면 이런 과정이 생략되어 효율이 높아진다. 따라서 신뢰가 높은 사회는 거래비용을 크게 절약할 수 있다"고 했다.[12] 사회자본에 관한 연구로 유명한 사회학자 제임스 콜먼James Coleman도 신뢰가 거래비용을 절감시킨다는 점을 강조한 바 있다. 그는 사회자본에 관한 한 논문에서 "뉴욕에 거주하는 유태인들은 자기들끼리 다이아몬드를 사고 팔 때 거래계약서를 쓰기 전에 판매자가 없는 곳에서 은밀하게 다이아몬드를 감정하도록 허락하는 전통이 있다"고 적어놓았다. 이런 식의 거래가 가능한 이유는 가족과 지인들 사이의 소셜네트워크가 촘촘하고 신뢰가 깊기 때문이다. 신뢰가 없으면 간단한 거래를 할 때에도 계약서와 보증서, 보험 등 안전장치가 필요하기 때문에 시간과 돈이 추가로 들어가기 마련이다.[13]

신뢰와 소셜네트워크가 형식적 제도의 대안이 될 수 있음을 지적한 사람은 올리버 윌리엄슨이었다. 신뢰는 비공식적 규약이어서 계약에 포함될 될 수 없지만, 불법행위를 단절하고 위험한 상업거래를 가능하게 만들어주는 효율적 메커니즘이다. 신뢰가 있으면 번거로운 서류작업을 안 해도 되고 위험대책을 따로 세울 필요가 없으므로 경제네트워크에서 형식적 제도보다 훨씬 효율적으로 의사소통을 할 수 있다. 또한 링크비용이 절감되어 더욱 큰 네트워크 안에서 더 많은 퍼슨바이트를 저장할 수 있다.

각 지역의 사회제도를 알면 사람들이 구축한 네트워크의 크기가 지역마다 다른 이유를 알 수 있다. 물론 규모가 다르면 경제활동의 내용도 달라진다. 이것은 세계 경제뿐만 아니라 다양한 문화가 공존하는 한 국가 안에서도 적용할 수 있다.

한 국가 안에서 사회구조와 경제네트워크의 효율이 지역마다 다른 대표적 사례로는 보스턴을 지나는 128번 도로(Route 128, 미국 매사추세츠주에서 컴퓨터 및 전자산업 관련 기업이 밀집되어 있는 구역: 옮긴이)와 실리콘밸리를 들 수 있다. 원래 128번 도로는 실리콘밸리와 함께 탄생한 기술집약적 기업단지였으나, 1980년대부터 쇠퇴하기 시작했다. UC 버클리대학교 교수이자 지역경제 전문가인 애너리 색스니언 AnnaLee Saxenian은 실리콘밸리와 128번 도로를 집중적으로 분석한 끝에 "두 지역의 차이는 사회제도의 차이로 해석할 수 있다"고 결론지었다.

> [실리콘밸리의] 촘촘한 소셜네트워크와 개방된 노동시장은 사람들에게 기업가정신과 실험정신을 고취시킨다. 이곳의 기업들은 치열한 경쟁을 벌이는 와중에도 비공식적인 소통과 협동연구를 통해 시장과 기술의 변화를 모색하고 있다. 팀원들 사이의 링크가 느슨하면 지위에 얽매이지 않는 수평적 커뮤니케이션이 촉진되어 팀원과 외부공급자, 그리고 고객들과의 소통이 원활해진다. 네트워크에 기반을 둔 시스템에서는 동업조합이나 대학교 같은 지역기관처럼 기업 내부, 또는 기업들 간의 업무경계가 뚜렷하지 않다.
>
> 그러나 128번 도로지역의 기업들은 대부분이 자급자족형이어서, 생산활동이 외부와 연계되지 않고 주로 기업 안에서 이루어진다. 이런 환경에서는 기업의 비밀관행과 특허권이 고객, 공급자, 경쟁업체 들과의 관계를 좌우하여, 안정성과 독립성을 추구하는 지역문화로 고착되기 쉽다. 회사의 체계가 수직적이면 의사결정권이 소수의 임원들에게 집중되고 정보도 수

평이 아닌 수직방향으로 흐른다. 네트워크 대신 기업 중심으로 돌아가는 시스템에서는 소셜네트워크와 기술네트워크가 기업 내부에 한정되어 있어서, 다른 기업이나 지역기관과의 업무경계가 뚜렷하게 구분되는 성향을 보인다.[14]

색스니언의 분석은 지역 간 사회제도의 차이가 기업네트워크(지역집단)의 규모와 적응성에 어떤 식으로 영향을 주는지 분명하게 보여주고 있다. 128번 도로의 기업들은 안팎으로 신뢰가 부족하여 수직적이고 독립적인 구조로 변해왔으며, 결국 적응력이 떨어지는 지역집단으로 남게 되었다. 이 지역의 기업들이 실리콘밸리처럼 규모가 커지지 못한 것을 보면, 적응력 부족은 규모의 차이로 해석될 수도 있다. 사회제도는 네트워크의 크기뿐만 아니라 적응력에도 영향을 준다. 그 결과 실리콘밸리는 대규모 기업단지로 성장했고 128번 도로는 쇠락의 길을 걷게 되었다.[15]

실리콘밸리의 경직되지 않은 업무경계와 뛰어난 적응력은 1979년 말에 스티브 잡스가 제록스사의 팰로앨토 연구소Palo Alto Research Center, PARC를 방문했을 때 제대로 위력을 발휘했다. 이곳에서 잡스는 그래픽 사용자 인터페이스GUI와 객체지향 프로그램object-oriented programming을 배웠는데, 훗날 이 기술을 상업화한 회사는 제록스가 아닌 애플이었다. 지적재산권을 옹호하는 사람들에게는 탐탁지 않은 결과겠지만, 실용적인 관점에서 보면 오히려 잘된 일이었다. 애플이 GUI와 객체지향 프로그램을 상품화한 덕분에 실리콘밸리의 생명력이 더욱 강해졌기 때문이다. 만일 잡스가 제록스사를 방문하지 않았다면 GUI와 객체지향 프로그램은 제록스사 임원의 책상서랍 속에 방치되거나 경쟁사의 손에 넘어갔을 것이다. 실리콘밸리의 기업들은 기업 간, 또는 직원 간 업무구별이 뚜렷하지 않았기 때문에 빠른 변화에 대처하는 적응력을 키울 수 있었으며, 뜻하지 않게 기업을 다른 사람(또는 기업)에게 넘겨줄 때에도 업무공백이 거의 발생하지 않았다.[16] 128번 도로가 쇠락의 길을 걷게 된 것은 바로 이런 적응력이 부족했기 때문이다.

스티브 잡스는 제록스사의 PARC 연구소를 내 집처럼 드나들면서 필요한 지식을 습득할 수 있었다. 이런 일이 어떻게 가능했을까? 잡스를 초청한 제록스사가 그를 전적으로 신뢰했기 때문이다. 이 사례 역시 대형 네트워크를 구축하고 유지하는 데 신뢰가 반드시 필요하다는 것을 여실히 보여주고 있다(물론 신뢰가 항상 정해진 방식을 따라 작동한다는 보장은 없다). 신뢰는 링크비용을 줄임으로써 네트워크의 규모를 키우고, 업무 간 경계를 허물어서 시장과 기술의 변화에 적응할 수 있도록 만들어준다. 또한 신뢰가 높으면 링크에 대한 위험부담이 적기 때문에 새로운 링크를 쉽게 만들 수 있다. 그러나 신뢰가 없으면 타인과의 링크가 부담스러울 수밖에 없으므로 네트워크를 구축하는 다른 방법을 찾아야 한다.

신뢰는 네트워크를 낳고, 네트워크는 신뢰를 낳는다. 물론 제아무리 신뢰로 뭉친 사회라 해도 낯선 사람을 무턱대고 믿을 수는 없다. 그러나 소셜네트워크를 이용하면 '나와 친구나 지인을 공유하는 사람'과 '완전히 낯선 사람'을 구별할 수 있다. 해본 사람은 알겠지만, 집에서 하는 와인파티와 술집에서 벌인 파티는 분위기가 사뭇 다르다. 집에 모인 사람들은 그날 처음 봤다 해도 친구를 공유하는 사람들이고, 술

집에 모인 사람은 대부분이 완전한 타인이기 때문이다. 이제 다시 노동시장의 사례로 돌아가서 생각해보자. 고용주들은 신입사원을 뽑을 때 지인이나 기존사원이 추천한 사람을 선호한다. 완전히 낯선 사람을 믿는 것보다 친구나 지인을 공유하는 사람을 믿는 편이 훨씬 안전하다고 생각하기 때문이다. 또한 지인의 추천으로 입사한 사람은 이직율도 낮다.[17] 일반적으로 사회집단의 분포가 촘촘할수록 상호신뢰가 높고, 신뢰가 높은 사회일수록 네트워크가 촘촘하게 형성되는 경향이 있다. 정치학자 로버트 퍼트넘Robert Putnam이 그의 책 『혼자 치는 볼링Bowling Alone』에서 지적한 대로 로터리클럽이나 프리메이슨, 보이스카우트, 또는 적십자처럼 가족이나 친척이 아닌 사람들로 형성된 단체는 신뢰와 정보의 네트워크를 구축하는 강력한 수단이었다. 현재 미국에 존재하는 단체들은 대부분이 19세기 말~20세기 초에 설립되었으며, 전성기였던 1900~1910년에는 미국인 200명 중 한 명이 단체에 속해 있었다.[18]

신뢰가 낮은 사회에서는 낯선 사람과 관계를 맺기가 어렵기 때문에, 주로 가족 간의 링크에 의존하는 경향을 보인다. 실제로 가족링크는 저신뢰사회에서 몇 가지 바람직한 역할을 하고 있다. 가족은 경제교류보다 역사가 훨씬 오래되었고 관계가 매우 안정적이며, 구성원들 사이에 다툼이 생겨도 쉽게 회복된다. 게다가 가족은 고도로 이타적이고 무조건적인 집단이어서, 경제적 목적이 없어도 가족애만으로 충분히 유지될 수 있다. 그래서 후쿠야마는 "만일 가족이 이성적이고 이기적인 개인들의 계약관계였다면, 의미 있는 가족적 삶이란 존재하지 않았을 것"이라고 했다. 가족 간의 신뢰는 가족이 유지되기를 바라는 무조건적 바람에 기초하고 있으며 경제활동이 시작되기 훨씬 전부터 존재해왔기 때문에, 시장이나 형식적 제도에서 탄생한 네트워크와는 본질적으로 다르다.[19]

그러나 가족을 중심으로 돌아가는 저신뢰사회는 큰 목표를 이루기 어렵다. 가족수가 아무리 많아도, 큰 목표를 이루려면 가족들만으로 운영할 수 없는 대규모 네트워크가 반드시 필요하기 때문이다. 이 지점에서 가족중심-저신뢰사회의 양면성이 드러난다. 로버트 퍼트넘은 이탈리아 남부의 가족중심사회를 논하면서 이렇게 말했다. "대부분의 사람들은 '법이란 위배되기 위해 만들어진 것'이라고 생각하면서도 다른 사람의 위법행위에는 매우 엄격한 잣대를 들이댄다. 특히 자신의 상관이나 정치인들은 '절대로 법을 어가면 안 되는 사람'으로 여기는 경향이 있다."[20]

마피아를 소재로 한 영화에는 이탈리아 사람들의 가족애가 유별나게 강조되어 있는데, 사실 가족중심사회는 이탈리아 외에도 많이 있다. 남부유럽과 동유럽, 그리고 라틴아메리카는 전통적인 가족중심사회이다. 심지어 수학적이고 이성적인 캐릭터의 상징이자 전 세계 산업화에 중요한 역할을 했던 프랑스조차도 가족중심사회로 분류된다. 프랑스는 에어버스(Airbus, 세계최대의 여객기 A-380으로 유명한 비행기 제조회사: 옮긴이)와 콩코드(Concorde, 영국과 프랑스가 공동으로 개발한 초음속 여객기. 2003년에 모두 퇴역했음: 옮긴이) 같은 대형 항공산업을 일으킨 나라지만, 컴퓨터산업에서는 참담한 실패를 겪었다. 여기서 잠시 후쿠야마의 이야기를 들어보자. "1960년대 말에 프랑스 정부는 모든 계산이 몇 대의 거대한 시분할time sharing 컴퓨터로 집중될 것이라고 예상했고, 소형컴퓨터 혁명이 불어닥치기 직전까지 이 분야를 집중적으로 육성했다. 그 결과 1980년대에 프랑스의 컴퓨터산업은 대부분이 국영화되었으며, 정부지원금으로 유지되던 기업들은 방만한 운영을 일삼다가 프랑스화의 가치를 떨어뜨릴 정도로 부채가 눈덩이처럼 불어났다."[21] 일반적으로 가족 및 친족관계에 기반을 둔 문화권에서는 경쟁력 있는 대형 경제조직이 탄생하기 어렵다.[22]

* * *

이 장은 "소셜네트워크와 사회제도는 지식과 노하우를 축적하는데 필요한 네트워크의 규모와 적응력, 그리고 구성에 어떤 영향을 미치는가?"라는 질문으로 시작되었다. 그후 경제사회학과 사회자본이론의 연구사례로부터 소셜네트워크와 사회제도가 지식-노하우를 축적하는 네트워크의 규모와 적응력, 그리고 구성에 영향을 준다는 사실을 알게 되었다. 지금까지 얻은 결과를 정리하면 다음과 같다. 첫째, 대형 네트워크를 양육하는 사회의 능력은 그 사회의 저변에 깔려 있는 신뢰도와 밀접하게 관련되어 있다. 신뢰는 링크비용을 줄여서 네트워크를 크게 만드는 효과가 있으므로 거래비용이론과도 일치한다. 신뢰중심사회의 구성원들은 자발적인 사회활동을 통해 더 큰 소셜네트워크를 만들려는 경향이 있다. 과거에는 이런 성향이 시민사회단체로 나타났으나, 인터넷이 보급된 후로는 웹으로 이동하는 추세이다.[23] 반면에 신뢰가 부족한 사회는 주로 가족네트워크에 의존하기 때문에, 대규모 사회활동을 벌이려면 정부가 직접 나서야 한다.

둘째, 과거부터 존재해온 소셜네트워크와 새로 제정된 사회제도는 두 가지 면에서 직업네트워크에 중요한 영향을 미친다. 하나는 사회의 신뢰도가 직업네트워크의 가족의존도를 좌우한다는 것이고, 또하나는 사람들이 주로 개인적 접촉을 통해 직업을 구하고 기업은 기존직원의 네트워크 안에서 신입사원을 채용한다는 것이다.

마지막으로 소셜네트워크와 사회제도는 기업(또는 기업의 네트워크)의 적응력에 영향을 미친다. 실리콘밸리와 128번 도로의 사례에서 보았듯이, 상호신뢰도가 낮은 지역에서는 업무의 경계가 확실하여 장기적인 변화에 적응하기 어렵다. 또한 사람들이 개인적 친분을 통해 직장을 구하면 신뢰와 결속력은 높아지지만 한 기업 안에서 지식이 중복되는 폐단이 있다.

그러나 선진국이라고 해서 모든 사람이 믿을 만하다는 뜻은 아니며, 개발도상국 사람들이 모두 신뢰가 떨어진다는 뜻도 아니다. 모차르트가 음악의 천재라고 해서 오스트리아 사람들 모두가 음악적 재능을 타고나지 않는 것처럼, 선진국 국민들 중에도 신뢰가 떨어지는 사람이 있다. 다만, 선진국은 "평균적으로" 신뢰도가 높을 뿐이다. 대부분의 경우, 한 집단 안에서 개인들 사이의 격차는 그룹들 사이의 격차보다 크다. 그러므로 상대방의 국적만 보고 신뢰 여부를 결정하는 것은 지나치게 섣부른 판단이다. 당연한 이야기지만 한 개인을 판단할 때에는 국적이나 출신성분보다 그 사람의 개인적 특성에 집중할 필요가 있다.

* * *

이제 3부를 마무리할 때가 되었다. 다음 장에서는 네트워크가 잘게 분할되어 지식과 노하우를 축적하는 데 한계가 있는 경우를 집중적으로 살펴볼 예정이다. 이 내용은 국제적, 또는 국내적으로 산업이 발전해가는 패턴을 예측하고 산업구조와 경제성장의 관계를 파악하는 데 많은 도움이 될 것이다.

우리는 새로운 제품을 생산하는 능력을 꾸준히 개선해왔다. 그런데 모든 제품은 정보의 집합체이므로, 결국 정보는 인간의 생산능력과 함께 성장해온 셈이다. 그러나 새로운 제품을 만들려면 개인들로 이루어진 네트워크에 지식과 노하우가 축적되어야 한다. 우리는 이 책의 6~8장에서 지식과 노하우를 분할해야 하는 이유를 알았고(퍼슨바이트이론), 네트워크를 형성하는 우리의 능력이 경제 및 사회적 여건에 의해 제한을 받는다는 사실도 알게 되었다. 4부에서 보게 되겠지만 우리의 능력을 제한하는 경제적, 사회적, 개인적 조건은 제품생산능력에 한계를 부여하고, 나아가서 경제개발의 수준이 나라마다 다른 이유를 설명해준다. 독자들이 이 부분을 읽고 나면 국가가 번성할수록 정보가 빠르게 성장한다는 사실을 알게 될 것이다.

4부

경제복잡성

지식과 노하우가 없으면 정보도 자라지 않는다. 지식과 노하우는 우리가 하는 일이 무엇인지, 그리고 그 일을 어떻게 할 수 있는지를 알려준다. 이들은 도시와 물건을 창조하는 '사회'라는 거대한 컴퓨터에 탑재된 소프트웨어이다. 그러나 일반적인 소프트웨어와 달리 지식과 노하우는 그것을 실행하는 하드웨어 안에 갇혀 있다. 앞서 확인한 바와 같이 이 하드웨어에는 기계를 통해 향상된 사람과, 사람으로 구성된 네트워크가 포함되어 있다. 우리의 몸과 사회조직은 지식과 노하우를 끊임없이 축적하고 있지만, 축적된 양은 지역에 따라 큰 차이를 보인다. 지식과 노하우는 특정 지역에 집중되어 있으며, 한 국가의 능력은 그 지역에 축적된 지식과 노하우의 양으로 가늠할 수 있다. 또한 한 국가의 제품생산능력은 제품을 구입하는 능력과 직결된다. 따라서 소득과 소비가 지역마다 다른 이유를 이해하려면 지식과 노하우가 퍼져나가는 메커니즘부터 이해해야 한다. 이것을 알면 제품을 생산하는 능력과 정보를 양육하는 능력이 나라마다 다른 이유를 이해할 수 있다.

9장

복잡한 경제의 진화

지식과 노하우는 왜 특정 지역에 편중되어 있는가? 앞서 말한 대로 지식과 노하우를 축적하기 어려운 이유는 무언가를 배우는 것이 사회적이고 실험적인 과정이기 때문이다. 또한 개인(또는 기업)이 축적할 수 있는 지식과 노하우의 양에는 한계가 있으므로 이것을 잘게 세분하여 기업과 사람들로 구성된 네트워크에 배분해야 한다. 그런데 네트워크 자체를 구축하기가 어렵기 때문에, 지식과 노하우를 축적하는 것도 결코 쉬운 일이 아니다. 게다가 큰 네크워크에 담긴 지식과 노하우는 작은 네트워크보다 이동성이 떨어지고 복제하기도 어렵다.

지식과 노하우는 눈에 보이지 않기 때문에 지리적으로 편중되어 있는 이유를 밝히기가 쉽지 않다. 그러므로 지식과 노하우의 배분 및 전파과정을 연구하려면 간접적으로나마 이들의 위치정보가 담긴 대체표현법을 개발할 필요가 있다. 한 가지 방법은 산업의 분포를 들여다보는 것이다. 왜냐하면 산업은 그 지역 사람들과 기업 네트워크에 축적된 지식과 노하우의 척도로 해석할 수 있기 때문이다. 산업분포로부터 지식과 노하우의 분포를 추정하는 것은 생물학자가 표현형phenotype(겉으로 드러나는 생물의 물리적, 기능적 특성)으로부터 유전자형genotype(생물의 세포, 기관 등의 특징을 결정하는 유전자의 구성)을 추정하는 것과 비슷하다. 유전자는 단백질암호가 담겨 있는 DNA 가닥이고 표현형은 머리카락의 색이나 혈압 등 신체의 물리적, 기능적 특성이다. 지금부터 펼칠 논리는 유전학의 논리와 비슷하다. 단, 우리의 관심사는 표현형과 유전형의 관계가 아니라 특정 지역에서 얻을 수 있는 지식-노하우와 그 지역을 대표하는 산업의 관계이다.

표현형과 유전형은 서로 밀접하게 연관되어 있으면서 둘 중 하나(표현형)는 눈에 잘 보이고 다른 하나(유전형)는 눈에 보이지 않으므로 우리의 논지에 딱 들어맞는 대체물이다. 다들 알다시피 산업은 눈에 잘 보이고 지식과 노하우는 보이지 않기 때문에, 둘 중 하나를 관측하면 다른 하나를 미루어 짐작할 수 있다. 한 가지 예를 들어보자. 생물학에서 사람의 키를 좌우하는 유전자의 정확한 위치를 찾아내는 것은 지금도 매우 어려운 과제에 속한다. 키와 관련된 유전자는 한두 개가 아니라 여러 개가 유전자배열 곳곳에 흩어져 있기 때문이다. 그래서 르브론 제임스(LeBron James, 클리블랜드 캐벌리어스팀의 프로농구선수: 옮긴이)와 대니 드비토(Danny DeVito, 펭귄맨으로 유명한 미국의 영화배우: 옮긴이)의 키를 비교하기 위해 이들의 유전자를 분석하는 것은 별로 좋은 생각이 아니다.[1] 르브론 제임스와 대니 드비토를 직접 보기만

하면, 유전자에 대한 구체적 정보 없이도 큰 키와 관련된 유전자를 누가 많이 갖고 있는지 한눈에 알 수 있다. 이와 마찬가지로 제트엔진을 만드는 데 필요한 지식과 노하우의 분포현황을 알고 싶다면 제트엔진 생산공장이 있는 위치를 찾으면 된다. 우리는 영화제작에 필요한 지식과 노하우가 키토Quito(에콰도르의 수도: 옮긴이)보다 로스앤젤레스에 훨씬 많다는 사실을 잘 알고 있다. 눈에 보이지도 않는데 어떻게 알았을까? 매년 로스앤젤레스에서 제작되는 영화가 키토에서 제작되는 영화보다 압도적으로 많기 때문이다. 영화산업체가 모여 있다고 해서 영화를 만들기 위해 구체적으로 어떤 지식과 노하우가 필요한지 알 수는 없지만, 관련 지식과 노하우가 축적되어 있는 네트워크의 분포현황은 알 수 있다.[2]

전 세계 산업체의 분포현황은 워낙 자료가 방대하고 수시로 변하기 때문에 정확하게 판단하기가 쉽지 않다. 그러나 마음먹고 자료를 뒤지면 불가능할 것도 없다. 산업체의 국제적 연결고리와 위치는 각 나라의 수입-수출품을 망라한 국제통상데이터에 대략적으로 나와 있고, 국내현황은 각 기업의 세금납부실적과 사회보장기금, 그리고 기업을 대상으로 실시한 통계조사자료를 통해 알 수 있다. 물론 이런 자료는 완벽하지 않고 얻을 수 있는 정보에도 한계가 있지만, 지금으로서는 기업의 분포 및 기업이 보유한 지식-노하우의 분포를 분석하는 최선의 방법이다.

산업의 구조와 위치를 설명하는 이론이 주어졌을 때, 위에 열거한 자료들은 이론을 검증하는 관측(실험) 데이터에 해당한다. 올바른 검증이 이루어지려면 겉으로 드러나지 않으면서 여러 데이터에 공통적으로 담겨 있는 특징을 추려내어 이론의 예측과 비교해야 한다.

기업의 국제거래와 세금납부 데이터에서 공통적으로 발견되는 특징 중 하나가 바로 생태학에서 말하는 내재성nestedness이다(자세한 설명은 상자글1에 따로 적어놓았으니 먼저 읽어보기 바란다).[3] (큰 육지와 여러 개의 섬들로 이루어진 시스템을 생각해보자. 육지에는 모든 종들이 서식하고 있고 첫번째 섬에는 그중 일부가 서식하고 있으며, 두번째 섬에는 첫번째 섬에 있는 종의 일부가 서식하고 (…) 이런 식으로 계속된다면, 이 시스템은 완벽한 내재성을 갖고 있다: 옮긴이) 내재성은 상자글1에 등장하는 행렬의 "삼각형 형태"를 칭하는 전문용어로서, 다음과 같은 경향을 갖고 있다. (1) 다양성이 최소인 지역(산업의 종류가 가장 적은 지역)은 다양성이 최대인 지역의 부분집합이고, (2) 가장 드문 산업은 다양성이 최대인 지역에 유일하게 존재할 가능성이 높다.

내재성의 개념을 좀더 쉽게 이해하기 위해 아르헨티나와 온두라스, 그리고 네덜란드의 수출품목을 비교해보자. 2008년에 온두라스가 수출한 50개 품목 중 아르헨티나의 수출품목과 겹치는 것은 25개이고(50%), 네덜란드와 겹치는 것은 48개(96%)이다.[4] 또한 같은 해에 아르헨티나가 수출한 227개 품목 중 네덜란드의 수출품목과 겹치는 것은 213개(94%)이다. 이 수치는 온두라스의 수출품목이 (통계적으로 말해서) 아르헨티나 수출품목의 부분집합이고, 아르헨티나와 온두라스의 수출품목은 네덜란드의 부분집합임을 보여주고 있다. 산업이 다각도로 발달한 국가의 수출품목이 상대적으로 낙후된 국가의 수출품목을 포함한다는 것은 얼마든지 짐작 가능한 사실이다. 그러나 위의 데이터에서 관측되는 내재성은 양국의 인구와 산업의 다양한 정도를 고려한

[상자글1] 산업-위치 행렬의 내재성

아래 그림은 두 개의 산업-위치 행렬(industry-location matrices)을 보여주고 있다. 행렬의 세로축은 위치를 나타내고, 가로축은 제품(또는 산업)을 나타낸다. 왼쪽 행렬은 각 나라에서 수출한 품목이고 오른쪽 행렬은 칠레 기업의 세법상 소재지(tax residency)이다. 또한 왼쪽 행렬의 검은 점은 한 국가의 수출품목이고 오른쪽 행렬의 검은 점은 칠레에 존재하는 산업을 나타낸다. 두 그림에서 위치(가로축)는 다양성이 감소하는 쪽으로 정렬되어 있고, 제품(또는 산업. 세로축)은 보편성(ubiquity)이 감소하는 쪽으로 정렬되어 있다. 행렬의 왼쪽-위 부분에는 검은 점들이 대충 삼각형 형태를 이루고 있는데, 이것이 바로 내재성의 척도이다. 그리고 검은 영역과 흰 영역을 구별하는 회색 실선은 각 지역의 다양성을 보여주고 있다. 위치의 다양성은 한 국가에서 수출한 제품의 품목수(또는 기업의 수)와 같다. 다양성을 나타내는 실선은 행렬에서 관측되는 내재성의 최대값에 해당하며, 완벽한 내재성이 존재하는 경우 검은 영역과 흰 영역은 이 실선에 의해 완벽하게 분리된다.

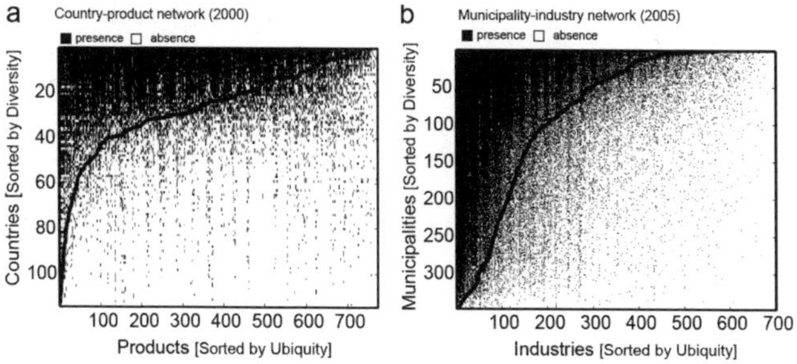

다 해도 우리의 예상치를 훨씬 선회한다. 따라서 이 행렬에 내재성이 존재하는 이유는 양국의 수출품목에 포함관계가 성립해서가 아니라, 데이터에서 예상되는 것보다 포함관계가 훨씬 심하게 나타났기 때문이다.[5]

산업위치행렬에 나타난 내재성은 일부 산업(일부 지식과 노하우)이 거의 모든 지역에 분포되어 있고, 또 어떤 산업은 단 몇 군데에 한정되어 있음을 보여준다. 그렇다면 어떤 산업이 모든 지역에 골고루 분포되어 있는가? 그리고 이런 산업을 유지하려면 얼마나 많은 지식과 노하우가 필요한가? 몇 가지 사례를 통해 이 질문의 답을 찾아보자.

내의와 셔츠, 바지 등 의류는 거의 모든 나라에서 수출되는 반면, 광학기계와 항공기, 의료용 영상기기를 수출하는 나라는 극히 일부에 불과하다. 즉, "단순한" 산업(지식과 노하우가 많이 필요하지 않은 산업)일수록 더 넓은 지역에 분포되어 있다는 뜻이다. 사실 이것은 당연한 결과이다. 지식과 노하우가 많이 필요하지 않은 제품일수록 만들기가 쉽기 때문이다. 그러나 산업의 보편성(넓게 퍼져 있는 정도)만으로는 지식과 노하우의 양을 판단할 수 없다. 단 몇 개 국가에서 수출되는 품목 중에는 우라늄원석과 같은 천연광물도 있다. 우라늄원석의 희귀성과 의료용 영상기기의 복잡성은 분명히 다른 문제이다. 이를 구별하기 위해서는 의료용 영상기기를 수출하는 국가의 산업다양성을 살펴볼 필요가 있다. 이런 국가의 산업은 우라늄원석을 수출하는 국가보다 훨씬 다양하다.

제품의 보편성과 그 제품을 수출하는 국가의 산업다양성을 결합하면 복잡한 제품과 그렇지 않은 제품을 쉽게 구별할 수 있다.[6] 복잡한 제품은 산업이 다양하게 발전한 일부 국가에서 생산되는 반면, 단순한 제품은 수출품목이 몇 개 안 되는 국가를 포함하여 거의 대부분의 국가에서 수출되고 있다. 이것은 전 세계에 널리 퍼져 있는 산업일수록 지식과 노하우가 많이 필요하지 않다는 이론적 예측과 거의 일치한다. 앞으로 보게 되겠지만, 지식과 노하우의 양이 적을수록 전 세계에 쉽게 퍼져나가는 경향이 있다.

산업구조와 지식-노하우의 가용성을 연결하는 첫번째 실마리는 제품의 보편성과 산업-위치 행렬을 설명하는 퍼슨바이트이론에서 찾을 수 있다. 이 이론에 의하면 복잡한 물건을 만드는 데 필요한 지식과 노하우는 더 크고 복잡한 네트워크에 축적되어야 하며, 따라서 산업체 위치의 다양성과 산업의 보편성 사이에는 역관계가 성립한다. 그러나 단 하나의 증거만으로 결론을 내릴 수는 없으니, 또다른 증거를 찾아야 한다. 다행히 두번째 증거도 퍼슨바이트이론에서 찾을 수 있다. 이 이론은 산업-위치 행렬의 내재성뿐만 아니라 행렬의 역학까지 설명하고 있다. 즉, 퍼슨바이트이론은 한 국가에서 산업이 다양해지는 과정과 산업의 지리적 분포가 변하는 과정을 설명해준다.

한 국가의 산업이 진화하는 과정은 조각퍼즐에 비유할 수 있다. 복잡한 산업을 한 장소에서 다른 장소로 옮기는 것은 탁자 위에서 완성한 퍼즐을 다른 탁자로 옮기는 것과 비슷하다. 시도해본 사람은 알겠지만 퍼즐조각이 많을수록 옮기기 어렵다. 모든 조각을 동시에 옮기려 하면 이곳저곳에서 조각이 떨어져나갈 수밖에 없다. 그러므로 조각퍼즐을 옮기는 가장 쉬운 방법은 퍼즐 전체를 잘게 분할해서 한 부분씩 이동하는 것이다. 네트워크가 이동할 때에도 이와 비슷한 문제가 발생한다. 다량의 지식과 노하우(다량의 퍼슨바이트)가 투입된 제품은 큰 퍼즐과 비슷하여 생산공장이 단 몇 개에 불과하다. 조각이 많을수록 조각을 잃어버릴 확률이 높아지기 때문이다. 또한 특정 장소에 해당 산업에 필요한 퍼즐조각(세부산업)이 이미 육성되고 있다면, 그곳에 진출했을 때 성공할 확률이 크게 높아진다. 이 성공률은 해당 지역에서 특정 산업이나 사람들의 네트워크가 탄생할 확률로 해석될 수 있다. 맨땅에 헤딩하는 것보다는 이미 있는 시설이나 네트워크를 활용하는 쪽이 훨씬 유리하기 때문이다. 바로 이것이 경영학에서 말하는 관련 다양성을 향한 다양화diversification toward related varieties로서, 간단히 말하면 "커튼을 생산하는 지역은 식탁보 생산에 이미 적응되어 있지만 에스프레소 머신 생산에는 적절하지 않다"는 뜻이다.[7]

제품생산에 필요한 지식과 노하우가 비슷하면 산업-위치 행렬의 내재성이 커진다. 많은 지식과 노하우(많은 퍼슨바이트)가 필요한 제품은 다양한 산업체가 이미 들어서 있는 지역의 퍼슨바이트를 활용하는 쪽이 유리하기 때문이다. 그러나 내재성만으로는 어떤 산업들이 서로 비슷한지 알 수 없다. 제품의 보편성에는 지식과 노하우의 유사성이 반영되어 있지 않기 때문이다. 독자들의 이해를 돕기 위해, 다시 생물학적 사례를 들어보자. 얼룩말과 악어는 전체적으로 복잡한 정도가 거의 비슷하지만, 얼룩말이 말로 진화할 확률은 악어가 말로 진화할 확률보다 훨씬 크다. 얼룩말의 유전자에는 (긴 다리와 갈기털, 초식에 적절한 소화기관 등) 말에게 필요한 유전자가 이미 많이 들어 있기 때문이다.[8] 그러므로 두 제품이 얼마나 비슷한지를 판단하려면 보편성을 넘어 유사성을 측정해야 한다. 여기서는 산업의 위치 관련 데이터와 직원채용 데이터를 이용하여 제품의 유사성을 판단해보기로 한다. 이 데이터를 이용하면 특정 지역에 새로운 산업이 태동할 때 그 지역에 이미 존재해온 유사산업 쪽으로 얼마나 치우치는지 가늠할 수 있다.

산업적 유사성의 예측능력을 테스트하는 한 가지 방법은 비슷한 제품을 연결하는 네트워크, 즉 '생산공간product space'의 개념을 도입하는 것이다. 세계시장에서 동시에 수출되는 제품목록을 분석하면 제품의 유사성을 측정할 수 있다. 단, 여기에는 "동시에 수출되는 두 제품

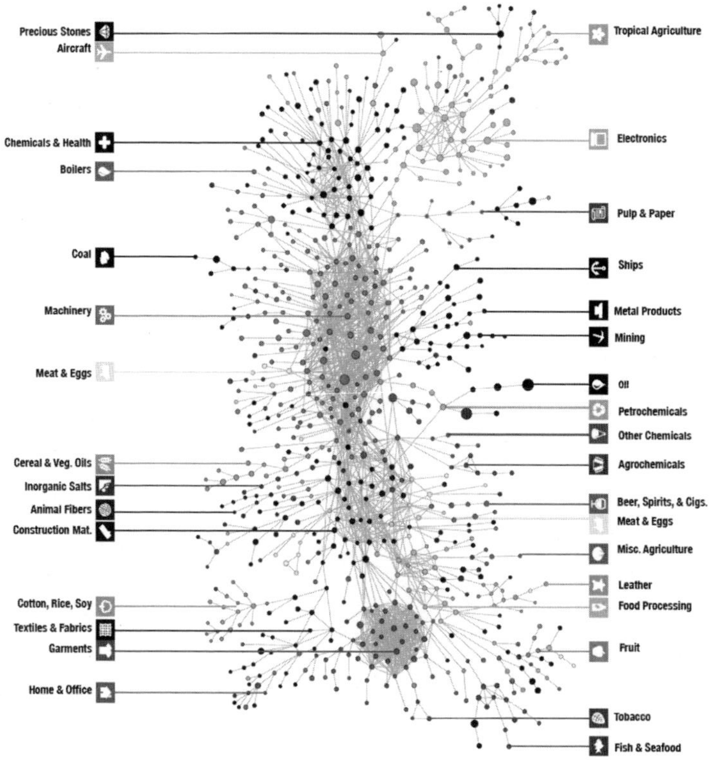

그림9. 생산공간(product space).

사이에는 유사성이 존재한다"는 가정이 깔려 있다(간단히 말해서 셔츠와 블라우스는 비슷한 공정을 거쳐 생산되므로 셔츠를 수출하는 국가는 블라우스를 수출할 가능성이 높다는 뜻이다). 직원채용 데이터를 쉽게 구할 수 있는 국내시장의 경우에는 직종이 비슷한 산업들을 연결하는 것이 더 편리하다(이 데이터에는 해당 산업에 필요한 퍼슨바이트 정보가 담겨 있다).[9]

생산공간의 개념을 이해하기 위해 바나나와 망고, 그리고 오토바이를 예로 들어보자. 국제교역 데이터에 의하면 망고와 바나나는 비슷하지만 오토바이는 다르다. 왜냐하면 망고를 수출하는 나라는 바나나를 수출할 확률이 높지만 오토바이를 수출할 확률은 지극히 낮기 때문이다. 또한 국내 데이터를 봐도 망고와 바나나는 비슷하고 오토바이는 다르다. 망고를 생산하는 기업은 바나나를 생산하는 기업과 비슷한 직원을 고용하고 있는데, 오토바이 생산업체의 직원은 완전히 다른 부류의 사람들이기 때문이다.

생산공간의 장점 중 하나는 경제가 다양해지는 과정을 멋진 그림으로 시각화해준다는 점이다. 국제교역 데이터에 기초하여 작성된 생산공간은 그림9와 같다. 이 네트워크에서 각 마디(작은 원)는 특정 제품을 나타내고, 동일 국가에서 수출될 가능성이 높은 제품들은 선으로 연결되어 있다. 마디의 크기에는 세계시장의 정보가 담겨 있으며(원이 클수록 시장이 크다) 마디의 색은 제품의 종류(의류, 전자제품, 무기염류 등)를 나타낸다(지난 50년간의 데이터에 기초하여 컬러로 작성된 그림은 atlas.media.mit.edu에서 조회할 수 있다).

생산공간은 그 자체로 아름다운 그림이지만, 이것을 각국의 수출구조를 시각화하는 데 응용하면 경제의 발전과정이 뚜렷하게 드러난

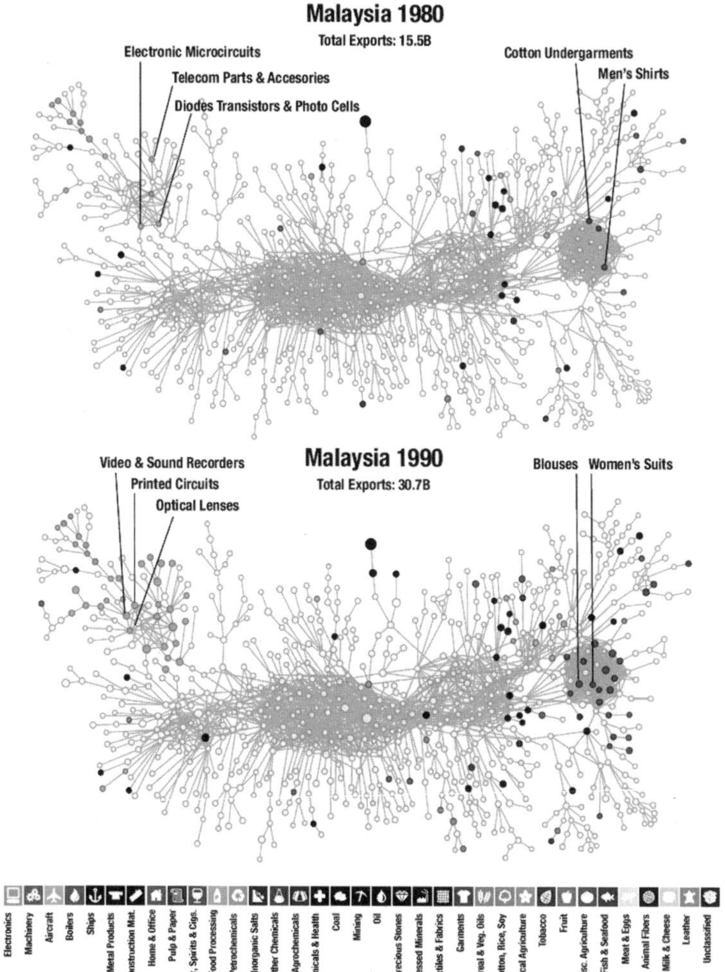

그림10. 말레이시아의 1980년과 1990년도 생산공간. 컬러버전의 그림을 보고 싶으면 경제복잡성관측소(Observatory of Economic Complexity)를 직접 방문하거나 웹사이트에서 조회할 수 있다. 1980년 그림은 http://atlas.media.mit.edu/explore/network/sitc/export/mys/all/show/1980/에, 1990년 그림은 http://atlas.media.mit.edu/explore/network/sitc/export/mys/all/show/1990/에 올라와 있다.

다. 그림10은 1980년과 1990에 말레이시아의 수출품목을 나타낸 것으로, 검은 마디(검은 원)는 말레이시아가 수출한 품목이고 밝은 회색 마디는 말레이시아가 수출하지 않은 품목이다. 이 생산공간 그림에는 한 국가의 수출품목뿐만 아니라 그와 관련된 품목정보까지 들어 있다. 말레이시아의 경우에는 생산구조가 10년 사이에 관련 산업 쪽으로 진화했음을 알 수 있다. 1980년에 말레이시아는 전자제품(왼쪽 위)과 의류(오른쪽)를 주로 수출했고 1990년에는 경제가 좀더 다양해졌지만, 제품의 다양화가 무작위로 진행된 것은 아니다. 퍼슨바이트이론에서 예견된 바와 같이 말레이시아의 산업다양화는 지식과 노하우가 기존의 산업과 비슷한 쪽으로 진행되었다(함께 수출되는 품목의 변화를 보면 알 수 있다). 이것은 세계각국의 통계자료와 다양한 연구를 통해 입증된 사실이다.[10]

브라질의 (상품과 서비스가 모두 포함된) 국내통상 데이터에서도 동일한 현상이 관측된다. 필요한 자료는 내가 알렉스 시모스Alex Simoes, 데이브 랜드리Dave Landry와 함께 브라질의 경제구조를 분석하기 위해 만든 웹사이트 DataViva에서 찾을 수 있다.[11] 이번에는 그림이 너무 복잡해지지 않도록 브라질의 벨로리존테Belo Horizonte시 안에 있는 자치구 노바리마Nova Lima에 집중해보자. DataViva에는 수출데이터 대신 고용데이터를 사용했는데, 이 자료를 이용하면 교육, 식당, 도로건설 등과 같이 수출과 무관한 업종까지 포함하여 모든 경제구획을 연결하는 '산업공간industry space'을 작성할 수 있다. 그림11은 비슷한 직종끼리 선으로 연결한 산업공간 배치도이다(예를 들어 도로건설회사와 철도건설회사는 유사한 건설기업으로 연결된다. 두 기업은 도시공학자와 석공, 굴

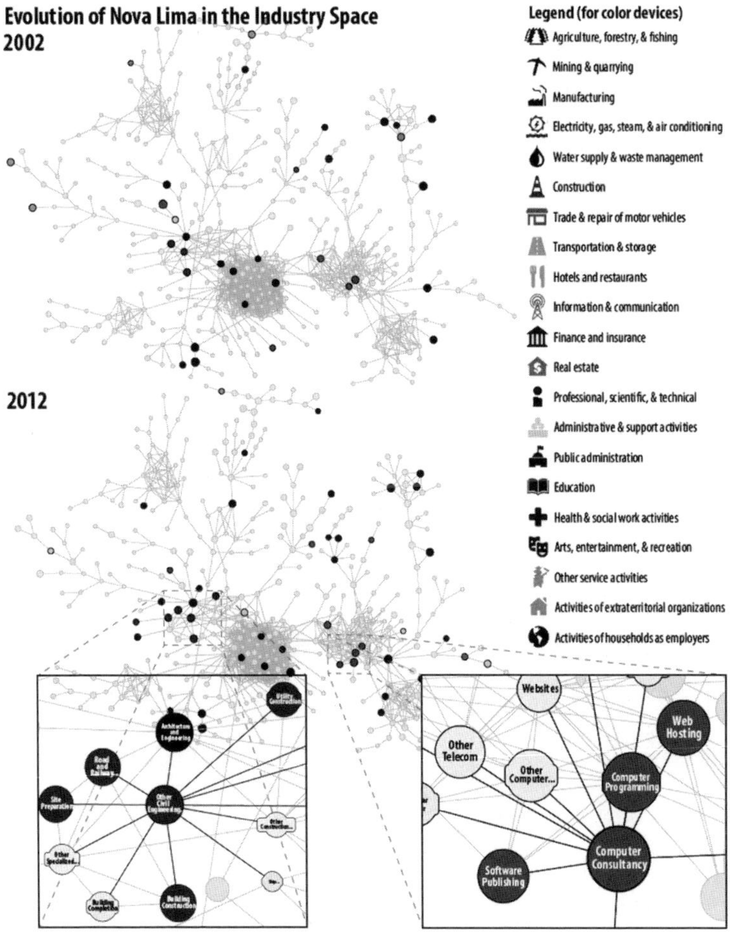

그림11. 노바리마의 2002년 및 2012년도 산업공간.

착기술자 등 비슷한 부류의 직원이 필요하기 때문이다).[12] 그림에서 보다시피 노바리마는 말레이시아와 비슷한 경향을 보이고 있다. 그러나 노바리마에서 다양해진 품목은 전자제품이 아니라 소프트웨어 출판과 컴퓨터 상담(그림11의 오른쪽 상세부에 있는 서비스업종), 그리고 지존작업site preparation과 철거, 설비 등이다(왼쪽 상세부에 있는 건설업종).

산업-위치 네트워크의 내재성과 국가의 성장동력, 그리고 생산공간을 종합하면 지금까지 논해온 퍼슨바이트이론과 현장에서 얻은 데이터 사이에 두 개의 중요한 연결고리가 부각된다.[13] 특정 지역에 존재하는 산업과 그 안에 축적된 지식과 노하우 사이의 링크는 양방향 도로이므로, 특정 산업이 서서히 개발되었다는 것은 이미 그 지역에 있는 유-무형의 자원을 활용하는 쪽으로 지식과 노하우가 서서히 축적되었음을 의미한다. 기업에게 지식과 노하우가 필요한 만큼, 지식과 노하우도 자신을 활용해줄 기업이 있어야 가치를 발휘할 수 있다. 유전자에 비유하면 유전자가 눈동자의 색을 좌우하지만 눈동자가 있어야 유전자가 제 역할을 할 수 있는 것과 같은 이치다. 그러므로 산업에는 지식과 노하우 등 지역의 특성이 반영되어 있으며, 그 반대도 마찬가지다. 산업에는 지식과 노하우를 축적하는 데 어떤 요소들이 필요한지를 보여준다.

다시 실리콘밸리로 되돌아가보자. 이곳에는 소프트웨어와 하드웨어, 웹사이트 등을 만드는 데 필요한 지식과 노하우(다량의 퍼슨바이트)가 집결되어 있다. 실리콘밸리에 지식과 노하우를 축적한 사람은 그 근처에서 일자리를 찾는 전문직 실업자들이 아니라, 기업에 소속되어 소프트웨어와 하드웨어를 개발하는 '취업된 전문가'들이다. 사실 실리콘밸리에 둥지를 튼 기업들은 하나같이 파란만장한 역사를 갖고 있다. 스티브 잡스는 애플사를 설립하기 전에 아타리Atari사에서 일했고, 스티브 워즈니악은 HPHewlett-Packard사의 직원이었다. 그리고 앞에서도 말했지만 스티브 잡스는 제록스사의 PARC연구소에서 배운 그래픽 사용자 인터페이스와 객체지향 프로그래밍을 상품화하는 등, 다른 사람의 아이디어를 빌리는 데 탁월한 재능을 발휘했다. 만일 HP와 아타리, 그리고 제록스사가 다른 곳에 둥지를 틀었다면, 실리콘밸리는 애플사가 탄생하는 데 필요한 지식과 노하우를 축적하지 못했을 것이다. 이와 같이 다른 기업의 지식과 노하우의 일부를 차용하여 탄생한 기업은 산업다양화로 가는 징검다리 역할을 한다.

퍼슨바이트이론은 다량의 지식과 노하우를 축적하거나 옮기기 어려운 이유를 설명해줄 뿐만 아니라, 지식과 노하우가 (산업-위치 데이터의 내재성에 나타난 것처럼) 계층적으로 쌓이는 이유까지 설명해준다. 다량의 지식과 노하우가 축적되려면 대형 네트워크가 필요하고, 대형 네트워크를 옮기려면 거기 연결된 모든 사람들을 옮겨야 한다. 그래서 산업-위치 네트워크에는 내재성이 존재하며, 각 나라의 수출품목은 생산공간에 가까운 쪽으로 이동하는 경향이 있다.

그러나 이 세상에 예외 없는 법칙은 없다. 실제로 생산네트워크가 통째로 이전된 사례가 몇 차례 있었다. 제2차세계대전이 끝난 후 독일에서 미국으로 이주하여 우주로켓 개발을 이끌었던 베르너 폰 브라운Werner von Braun을 떠올려보자. 당시 폰 브라운은 혼자 온 것이 아니라, 독일에서 함께 일했던 과학자 수백 명을 데리고 왔다. 브라운은 독일에서 온 연구팀과 미국의 로켓과학자들을 한 팀으로 엮어서 우주로켓을 만드는 데 필요한 네트워크를 구축할 수 있었다. 그러나 이것은 극히 드문 경우여서, 무려 70여 년이 지난 지금까지도 우주로켓을 자체 제작할 수 있는 나라는 극히 일부에 불과하다. 브라운과 비슷한 스케일의 네트워크를 옮기려면 퍼슨바이트이론을 직관적으로나마 이해해야하며, 역사적, 정치적 변수도 유리한 쪽으로 작용해야 한다. 퍼슨바이트이론의 관점에서 볼 때 브라운의 기술이전은 새로운 제품이 생산공간으로 갑자기 뛰어든 경우에 해당한다. 그러나 20세기 중반에 미국은 항공산업분야의 선진국이었기에 아폴로 프로젝트를 완수할 수 있었다. 만일 독일과학자들의 기술이 개발도상국으로 넘어갔다면 브라운은 퍼즐조각의 대부분을 끼워넣지 못했을 것이고, 인류는 달에 발자국을 남기지 못했을 것이다.

이로써 우리는 퍼슨바이트이론의 타당성을 입증하는 증거 두 개를 확보했다. 첫번째 증거는 퍼슨바이트이론으로 산업-위치 네트워크의 내재성을 설명할 수 있다는 것이고, 두번째 증거는 산업의 다양화가 비슷한 제품을 생산하는 쪽으로 편향되는 이유를 설명할 수 있다는 것이다. 여기에 한 가지 추가하자면, 퍼슨바이트이론은 한 국가의 생산구조와 경제성장의 상관관계를 설명해준다. 다음 장에서 알게 되겠지만, 한 국가의 수출품목을 보면 미래의 수익을 예측할 수 있다. 다시 말해서, 사회에 내재되어 있는 지식이 국가의 번영을 결정한다는 뜻이다. 또한 다음 장에서는 경제성장의 원리를 설명할 때 종종 인용되는 거시경제이론을 퍼슨바이트이론과 연결하여 경제성장의 원인이 '정보의 성장'임을 입증할 것이다.

10장

여섯번째 본질

Hay dos panes. Usted se come dos. Yo Ninguno.
Consumo Promedio: un pan por persona.
여기 빵 두 개가 있다. 네가 두 개를 다 먹었고, 나는 하나도 못 먹었다.
그러나 평균소비량으로 따지면 1인당 한 개씩 먹은 셈이다.
니카노르 파라

경제를 서술하는 방법은 여러 가지가 있다. 전통적인 거시경제 교과서를 충실하게 따라가면서 경제를 인적 자본, 노동 등 생산요소factors of production별로 분해할 수도 있고, 과학교과서에 적힌 대로 다른 사물처럼 에너지, 물질, 정보 등으로 분해할 수도 있다. 이 장을 읽다보면 알게 되겠지만 위의 두 가지 방법은 양립 가능하며, 이들을 결합하면 경제적 요소를 구체적인 물리량과 사회적 과정으로 해석할 수 있다. 또한 경제적 요소와 물리적 해석을 연결하면 경제를 좌우하는 또하나의 요소가 수면 위로 떠오른다. 그것은 집합적 단계에 축적되는 지식과 노하우로서, 경제활동을 더욱 다양하고 복잡하게 만드는 요인이기도 하다. 앞으로 이것을 경제복잡성economic complexity이라 부르기로 하자.

자연을 자본이나 노동과 같은 생산요소로 설명하는 것은 경제학의 오랜 전통이다. 경제학의 아버지로 불리는 애덤 스미스는 경제를 땅과 노동, 그리고 기계로 분해했는데, 여기서 기계란 현대경제학의 물적 자본이나 기술에 해당한다.[1] 스미스는 기계(또는 고정자본)를 '향상된 생산능력'과 동등하게 취급했다. 그가 저술한 『국부론The Wealth of Nations』에는 다음과 같이 적혀 있다. "고정자본의 목적은 생산노동력을 증대하거나 동일한 인원으로 더 많은 일을 하도록 만드는 것이다."[2] 스미스는 그와 동시대에 살았던 제임스 와트의 증기기관을 '노동력을 향상시키는 수단'으로 간주했다. "기계가 개선되면 (…) 동일한 인원으로 동일한 작업을 더 저렴한 가격에 수행하거나 더 단순한 기계로 수행할 수 있다."[3]

20세기 경제학자들은 애덤 스미스의 이론에 수학을 도입하여 자본에 의해 좌우되는 경제성장을 미적분학과 미분방정식으로 설명했다. 최초의 경제모형에서 경제의 결과물은 '경제가 평형상태에 도달했을 때 자본에 대한 노동의 비율'로 정의되며, 경제성장은 경제의 저축률(나중에 사용하려고 모아놓은 자본)과 자본의 감가상각(자본을 잠식하는 요인들)이 줄다리기를 벌이면서 이루어진다.

그후 기존의 이론을 검증하는 데 필요한 데이터가 확보되었을 무렵에 로버트 솔로Robert Solow가 구식(1950년대) 경제성장모형에 과감한 수정을 가했고, 이보다 수십 년 전에 러시아 태생의 미국 경제학자이자 GDP, 즉 국내총생산Gross Domestic Product의 개념을 창시했던 사이먼 쿠즈네츠Simon Kuznets는 국민계정national account 체계를 확립하여 경제평가의 기준을 마련했다.[4] 그러나 솔로의 경제모형은 현장에서 얻은 데이터와 일치하지 않는다. 쿠즈네츠는 1971년에 노벨상 수상연설을 하는 자리에서 다음과 같이 말했다. "이 계량을 제안한 기존의 이론은 생산요소를 좁은 의미로 정의했고, 생산성이 향상되는 것은 '설명할 수 없는 빈 틈'으로 내버려두었다. 이것은 우리의 무지한 정도를 말해주는 척도이다."[5]

쿠즈네츠가 말한 "무지의 척도measure of our ignorance"란 요즘 통용되고 있는 총요소생산성Total Factor Productivity에 해당한다. TFP는 경제학자들이 이론에서 예측되는 경제적 출력과 실제 데이터 사이의 격차를 언급할 때 흔히 사용하는 용어이다(이 차이는 주어진 입력하에서 경제가 생산할 수 있는 출력의 양으로 해석할 수 있다).[6] 경제학자들은 이 격차를 해소하기 위해 솔로의 이론을 더욱 발전시켰고, 20세기 후반에는 솔로의 이론을 개선한 새로운 경제성장모형이 우후죽순처럼 난립했다.[7] 이때 제시된 모형들은 생산요소와 축적과정을 설명하기 위해 경제학에 새로운 요소와 수학도구를 도입했다.

그러나 일부 경제학자들은 총합aggregation의 개념이 경제성장과 개발을 설명하는 최선의 방법이 아니라고 생각했다. 로버트 솔로의 지도교수이자 노벨상 수상자인 바실리 레온티에프Wassily Leontief는 총합에 의존한 이론이 특별한 산업을 고려하지 않았음을 깨닫고 1971년도 미국경제학회지에 다음과 같은 글을 기고했다. "다양한 경제변수들의 평균을 취하여 변수의 수를 줄이거나 여러 개를 하나로 묶어서 단일변수로 취급하던 시대는 지났다. 지금 우리는 각 변수의 특성을 그대로 살린 채 복잡한 분석체계를 다룰 수 있는 수준에 도달했다."[8] 당시 하버드 경영대학교에서 국가와 기업의 경쟁력에 대해 연구하고 있던 미국의 저명한 경제학자 마이클 포터Michael Porter도 복합이론에 지나치게 의존하는 세태를 걱정하다가 "특화된 요소specialized factors"의 사용을 권장하고 나섰다. 여기서 잠시 그의 저서인 『경쟁에 관하여On Competition』의 일부를 읽어보자.

> 표준경제이론에 의하면 생산요소(노동력, 토지, 천연자원, 자본, 사회기반시설 등)는 모든 거래의 흐름을 좌우한다. 일반적으로 한 국가는 다른 국가보다 유리한 요소가 최대한으로 반영된 제품을 수출하는 경향이 있다. 애덤 스미스와 데이비드 리카도David Ricardo가 처음으로 제안했던 이 정책은 고전경제학의 기본원칙으로 자리잡았다. 그러나 내가 보기에는 가장 불완전하면서 완전히 틀린 생각이다. (…) 통상적인 생각과 달리, 고졸자나 대졸자들의 일반적인 능력으로는 현대의 국제경쟁에서 우위를 점하기 어렵다. 경쟁력을 보유하려면 광학전문연구소나 소프트웨어 개발사를 위한 벤처자금 등 국가적으로 유리한 요소를 산업에 필요한 쪽으로 특화시켜야 한다. (…) 국가 간 경쟁에서 우위를 점하려면 특화된 요소를 창조하는 세계적 수준의 연구소를 설립하고 끊임없이 개선해야 한다.[9]

솔로의 경제모형이 실제 데이터와 다르다고 해서 레온티에프의 이론에 영향을 주지는 않는다. 20세기 후반에 경제학자들은 다른 사회과학자들의 도움을 받아 경제성장의 집합모형aggregate model에 부합되는 새로운 '요소'를 찾기 위해 총력을 기울였다.

주류 경제학자들로부터 최초로 인정받은 요소는 인간의 신체에 저장된 지식과 노하우, 즉 '인적 자본human capital'이었다. 이것은 폴 로머Paul Romer와 같은 경제학자들이 발전시킨 이론적 모형과 경제현장에서 얻은 경험으로부터 탄생한 개념이다.[10] 그레고리 맨큐Gregory Mankiw와 데이비드 로머David Romer, 그리고 데이비드 웨일David Weill은 인적 자본을 이론에 포함시켜서 솔로의 모형과 실제 데이터를 비교했는데,[11] 이들이 사용한 인적 자본은 취학률과 관련된 데이터였기 때문에 교육과 학습, 지식, 노하우를 반영하는 데에는 다소 무리가 있었지만,[12] 1960~1985년 사이에 이루어진 경제성장을 어느 정도 설명할 수 있었다(솔로의 모형으로는 설명할 수 없었다). 또한 이들의 모형은 "인적 자본을 도입하면 부유한 나라가 가난한 나라보다 경제성장이 느리게 진행되는 것을 확인할 수 있다"는 솔로의 예측이 사실임을 확인했다. 결국 솔로의 이론은 틀린 것이 아니라, 인적 자본이 누락되어 불완전했던 것뿐이다.

그러나 인적 자본을 도입해도 솔로의 모형과 실제 데이터 사이의 격차(쿠즈네츠가 '무지의 척도'라고 말했던 격차)는 좁혀지지 않는다. 원인은 여러 가지가 있겠으나, 부분적으로는 경험에 기초한 접근법의 한계이다. 무엇보다도 취학률은 지식과 노하우의 척도가 될 수 없다. 취학률과 관련된 데이터는 교육기관에서 보낸 시간을 말해줄 뿐, 사람의 뇌 안에 들어 있는 지식의 척도가 아니기 때문이다. 표준화된 테스트를 실행하면 학생들이 익힌 기초적 기술에 대한 정보를 이론에 반영할 수 있겠지만, 수많은 학생들이 보유한 지식의 다양성을 반영할 수는 없으므로 극히 제한된 정보에 불과하다. 게다가 표준화된 테스트로는 창의성과 성실성, 그리고 팀을 이루었을 때 가장 중요한 요소인 '팀워크'를 측정할 수 없다(비슷한 능력을 가진 사람들을 여러 팀으로 나눠서 경쟁을 시켜보면 팀 사이의 격차가 개인차보다 훨씬 크게 나타나는 경우가 종종 있다).[13]

결국 새로운 요소를 추가해도 세상에 대한 우리의 이해와 실제 경험 사이의 격차를 줄일 수는 없었다. 그러나 경제학자들은 이 격차를 줄이기 위해 다양한 개념을 개발했고, 1980년대 말부터는 사회적 자본 social capital이 강력한 후보로 떠오르기 시작했다. 사회적 자본은 개인의 지식이나 기계가 아닌 '사람들을 서로 연결하는 능력'에 중점을 두고 있다.

앞서 말한 바와 같이 사회적 자본은 사회적 관계에 경제적 가치를 부여하는 개념으로, 이론적으로는 별문제가 없지만 경제현장에 적용하기에는 다소 무리가 있었다. 사회적 자본을 계량하려면 소셜네트워크와 지역문화를 수치로 나타낼 수 있어야 하는데, 이것은 물적 자본이나 교육을 수치로 나타내는 것보다 훨씬 어렵다. 경제학자들은 이 과제를 완수하기 위해 새로운 데이터를 도입해야 했다.

사회적 자본을 계량하기 어려운 이유는 이뿐만이 아니다. 사회적 관계에서 경제적 가치를 창출하는 방법은 여러 가지가 있다. 예를 들어 사회적 자본의 '연결bridging'과 '결합bonding'은 분명히 다른 개념이다.[14] 이름에서 알 수 있듯이 '사회적 자본의 연결'은 연결대상들이 서로 알지 못하는 상황에서도 얼마든지 이루어질 수 있다. 예를 들어 한 그룹에 속한 개인은 정보나 상품을 다른 그룹과 거래할 수 있으며, 직업네트워크 안에서 자신에게 허용된 정보를 조합하여 새로운 가치를 창출할 수 있다.

사회적 자본의 연결은 판매와 중개, 그리고 관리업무에 중요한 요소이며 특히 은행지점장과 혁신팀의 성공 여부를 예측하는 잣대로 알려져 있다.[15] 그러나 인간관계의 경제적 가치를 제대로 판단하려면 사회자본의 연결 외에 결합까지 고려해야 한다.

사회적 자본의 결합은 사회적 자본의 연결을 보충하는 개념으로, 강한 링크로 촘촘하게 연결된 사회구조 안에 축적된다. 여기서 말하는 '링크'란 평범한 관계가 아니라, 가장 친한 친구나 평생을 함께해온 동료를 의미한다. 또한 접촉횟수가 적은 사람들 사이에서는 복잡한 생산활동이 진행될 수 없으므로, 제품생산에 필요한 링크도 결합링크에 포함된다. 다시 말해서, 사회적 자본의 결합은 여러 사람들이 팀을 이루어 상호작용을 반복하는 '눈에 보이지 않는 능력'을 나타낸다. 이것은 각 개인이 사회적 자본을 연결하여 경제적 가치를 창출하는 능력과 구별되어야 한다.

사회적 자본의 연결과 결합은 서로 반대되는 개념이지만, 둘 다 경제활동에서 중요한 역할을 한다. 모든 사람들이 거래활동에 참여하고 있는 경제시스템은 아무도 거래활동을 하지 않는 시스템과 다를 것이 없다. 이와 마찬가지로 풍부한 노하우와 강한 결속력으로 뭉친 여러 팀들이 서로 연결되지 않은 채 유지되는 경제시스템에는 기회가 별로 없다. 교환이 이루어지지 않으니 가치 있는 물건을 만들 필요가 없고, 팀의 혁신에 필요한 정보도 흐르지 않기 때문이다.

여기서 중요한 것은 사회적 자본을 묘사하기가 어렵다는 점이다. 사회적 자본은 여러 가지 요소가 모인 집합적 개념이고, 이 개념을 풀어헤치면 다양한 개념들이 꼬리를 물고 나타나기 때문이다. 사회적 자본에는 연결과 결합뿐만 아니라 '외지인에 대한 사회의 신뢰'와 같은 문화적 가치도 포함되어 있다.

이런 한계 때문에 사회적 자본은 계량하기 어렵고, 굳이 계량을 한다 해도 일부 몇 개 국가에서만 가능하다. 그러나 경제학자들이 지금까지 수집해온 데이터는 사회적 자본이 경제성장과 관리에 중요한 기여를 하고 있음을 보여주고 있다. 경제성장모형에 사회적 자본을 도입한 논문은 1990년대 중후반부터 발표되기 시작하여,[16] 모호한 개념을 구체화하는 데 많은 기여를 했다.

21세기로 접어들면서 경제성장을 좌우하는 요인은 물적 자본과 인적 자본, 사회적 자본(사회제도 포함), 토지(천연자원, 기후, 바다로의 접근성 등 지리적 요인 포함), 그리고 노동(사람)의 다섯 가지로 요약되었다. 물론 각 요인의 규모와 배합, 경제와의 관계 등을 놓고 토론을 벌일 수도 있지만, 이들이 과거에도 경제성장을 좌우하는 요인이었다는 점에는 논쟁의 여지가 없다.

지금부터 이 다섯 가지 요인을 물질과 에너지, 노하우, 지식, 정보로 재해석하여 앞에서 논했던 집합적 지식과 노하우, 그리고 정보와 연결시켜보자.

제일 먼저 물적 자원부터 살펴보자. 물적 자원의 사례로는 세탁기, 건물, 자동차, 시멘트 운반용 트럭, 숟가락 등을 들 수 있다. 세탁기는 빨래방의 물적 자본이고 숟가락은 식당의 물적 자본이다. 이 물건들의 공통점은 상상력이 구체화된 결과라는 것이다. 그러므로 물적 자원은 제조과정에 투입된 지식과 노하우를 운반하는 '실물정보'인 셈이다.

즉, 물적 자원은 정보로 이루어져 있으며, 2부에서 언급한 '구체화된 상상력'에 해당한다.

다음으로 인적 자본과 사회적 자본을 생각해보자. 인적 자본은 개인의 지식과 노하우로 이루어진 사회의 자산으로 사람들 사이의 네트워크에 축적된 지식-노하우와는 다른 개념이며, 사회적 자본은 사회의 연결능력(다량의 지식과 노하우—다량의 퍼슨바이트—를 축적하는 데 필요한 네트워크를 구축하는 사회의 능력) 자체를 의미한다. 사회적 자본은 이 네트워크에 축적된 지식과 노하우가 아니라 네트워크를 구축하는 능력(개인적 가치, 통신, 운송기술, 표준, 신뢰 등)이다.

그러나 이 개념적 도해에는 기업과 기업네트워크에 집합적으로 축적된 지식과 노하우가 빠져 있다. 앞으로 보게 되겠지만 이 누락된 요소는 경제적 출력을 설명하고 미래의 경제성장을 예측하는 데 반드시 필요하다.

사회에 저장된 지식과 노하우의 특징을 설명하기 전에, 저량stock과 다양성diversity의 차이점부터 짚고 넘어갈 필요가 있다. 저량은 경제의 출력과 성장을 설명하는 집합모형에서 자주 인용되고, 다양성은 구성원소의 특성을 고려한 모형을 구축할 때 반드시 필요한 개념이다.

앞에서도 말했지만 재학기간이나 표준화된 테스트와 같은 인적 자본 측정법이 불완전한 이유는 개인 네트워크에 축적된 지식과 노하우의 다양성을 반영하지 못하기 때문이다(그림12 참조). 개중에는 운동을 잘하는 학생도 있고 손재주가 뛰어난 학생도 있으며, 수학이나 언어에 탁월한 재능을 보이는 학생도 있다. 그러나 대부분의 테스트는 "학생들이 공통적으로 갖고 있는 지식"을 측정하도록 고안되었다(게다가 이

그림12. 공정한 선발을 위해 여러분 모두에게 똑같은 과제를 내드리겠습니다. 자, 지금부터 나무 위로 기어올라가보세요.[17]

공통지식은 아주 편협한 기술에 불과하다).

물적 자원 계량법의 경우에도 사정은 별로 다르지 않다. 과거부터 경제학자들은 물적 자본의 저량을 측정할 때 물건의 가격을 더하는 단순한 방법을 사용해왔는데, 이런 식으로 계산하면 곤로 세 개만 달랑 놓여 있는 부엌과 곤로 한 개에 모든 주방기구가 갖춰진 부엌을 구별할 수 없다. 시장가격을 기준으로 항목을 종합한다는 것은 필요 없는 물건도 시장에서 거래될 수 있다고 가정한다는 뜻이다.[18] 부엌의 경우, 우리는 여분의 곤로를 다른 주방기구와 교환할 수 있다. 이 논리는 이론적으로 별 문제가 없지만, 실제로 자본거래가 항상 쉽게 이루어지는 것은 아니다. 많은 형태의 자본들이 특별한 용도에 한정되어 있기 때문에 시장에서 그것을 찾는 사람은 극소수에 불과하다. 게다가 사회기반시설까지 고려하면 물건이나 프로젝트를 거래하는 것은 현실적으로 불가능하다. 제아무리 수완이 뛰어난 사람이라 해도 교량 세 개를 공항과 바꿀 수 없고, 휴대폰 통신망을 고속도로와 바꿀 수 없다. 그러므로 레온티에프의 충고에 따라 경제에 포함된 각 요소의 특성을 유지하려면 저량보다 다양성에 초점을 맞춘 계량법을 도입해야 한다. 물적 자본뿐만 아니라 지식과 노하우도 마찬가지다. 다양성에 초점을 맞춘다는 것은 사과에 오렌지를 더하거나 자동차 정비공에 광부를 더하지 않고, 이들의 차이를 유지한 채 경제의 능력을 평가한다는 뜻이다.

어떻게 하면 각 요소의 특성을 살리면서 경제를 서술할 수 있을까? 산업 및 제품과 관련된 데이터에서 답을 찾아보자. 앞장에서 말한 대로, 한 지역산업에서 수출한 품목데이터에는 그 지역의 생산능력이 반영되어 있으면서 각 요소의 특성이 남아 있다. 즉, 산업과 제품의 데이터에는 지역생산네트워크에 축적된 지식과 노하우뿐만 아니라, 물적 자본과 인적 자본의 다양성까지 반영되어 있다.

예를 들어 제트엔진 생산과 관련된 데이터에는 항공역학 전문인력과 기계공, 재료, 열역학, 그리고 제트엔진을 설계하고 테스트하는 특수시설 등에 대한 정보가 담겨 있다. 또한 과일 수출 데이터에는 농업의 노하우와 냉장보관시설, 관세, 그리고 국제위생표준 등이 담겨 있다. 이와 같이 수풀품목 데이터를 보면 물적 자본의 지식, 노하우, 다양성과 함께 관련 제도의 효율성까지 알 수 있다.

"모든 제품에는 각 요소의 특성을 누락시키지 않고서도 경제를 서술하는 방법이 들어 있다"는 생각은 레온티에프가 남긴 문헌에서 찾아볼 수 있다.[19] 입력-출력 행렬에 기초한 그의 연구는 '다른 산업의 입력에 대한 특정 산업의 출력의 비율'로 요약된다. 그러나 이 책에서는 레온티에프의 관점을 조금 개선하여 입력-출력 행렬을 사용하지 않고 수출데이터에 초점을 맞추기로 한다. 수출데이터에는 각기 다른 경제구획을 연결하는 정보가 담겨 있지 않지만, 많은 국가에서 장기간에 걸친 데이터를 쉽게 구할 수 있다. 게다가 이 데이터는 민간에 공개된 대부분의 입력-출력 행렬보다 훨씬 자세한 항목으로 세분되어 있다(입력-출력 행렬은 수십 개의 산업으로 작성되었지만, 수출데이터의 품목은 1,000개에 달한다). 간단히 말해서, 수출데이터는 각 요소의 특성을 그대로 살린 채 경제를 확대시켜주는 돋보기 역할을 한다.

앞서 말한 대로 제품의 특징을 분류할 때에는 보편성(해당 제품을 수출하는 국가의 수)뿐만 아니라, 수출국의 다양성까지 고려할 필요가 있다. 또한 '귀하기 때문에 보편성이 낮은 품목(우라늄원석 등)'과 '제조과정이 복잡해서 보편성이 낮은 품목(광학기기 등)'을 구별하려면 제품의 보편성과 다양성을 모두 고려해야 한다. 지금부터 이 논리를 경제 전반에 걸쳐 적용해보자.

우선 첫번째 접근법으로, 하나의 경제시스템에서 제작되거나 수출되는 제품의 종류(다양성)를 생각해보자. 제품의 종류가 많으면 개인이나 집단에 축적된 지식과 노하우도 많을 것이다. 그러나 제품의 다양성만으로는 생산과정이 얼마나 복잡한지 알 수 없다. 두 경제시스템에서 수출되는 물품의 항목수가 같다고 해서 두 시스템이 동일하다는 보장은 없다. 땅에서 캐낸 우라늄원석을 수출하는 것과 항공기를 수출하는 것은 분명히 다르기 때문이다. 그러므로 경제시스템을 정확하게 평가하려면 어떻게든 이 한계를 극복해야 한다. 한 가지 방법은 제품의 특성에 관한 정보에 보편성을 추가하는 것이다.

하나의 경제시스템에서 생산된 제품의 보편성을 고려하면 제품의 특성을 좀더 자세히 알 수 있지만, 이것만으로는 아직 부족하다. 앞에서 말한 대로 제품의 보편성에는 복잡성이 '대충' 투영되어 있기 때문에, 경제를 정확히 서술하기에는 역부족이다. 경제를 좀더 정밀하게 계량하려면 각 제품의 계량법을 개선할 필요가 있다. 이럴 때 "해당 제품을 수출하는 국가의 다양성"까지 고려하면 제품의 정보를 좀더 구체화할 수 있다.

생산(수출)국가의 다양성으로 제품의 계량법을 개선하고, 여기에 제품의 보편성을 추가하여 생산국가를 계량한다니, 언뜻 들으면 무슨 순환논리 같다. 그러나 이 순환성은 수학적으로 명확한 한계가 있다. 여기서 얻은 결과는 내가 2008년에 "경제복잡성"이라는 제목으로 발표한 논문에 정리되어 있는데, 이제 곧 알게 되겠지만 미래의 경제성장을 예측하는 데 매우 효과적이다.[20]

지금까지 말한 경제계량법의 성능을 확인하기 위해 몇 가지 사례를 들어보자. 그림13a는 국가의 다양성(수출품목의 수)에 대한 1인당 국민총생산을 나타낸 그래프이고 그림13b는 좀더 복잡한 버전으로, 국가의 평균다양성에 대한 1인당 국민총생산을 나타낸 그래프이다. 여기서 말하는 평균다양성이란 국가의 다양성과 그 국가가 수출한 제품의 보편성을 통합한 개념으로, 경제복잡성을 나타내는 지표로 사용할 수 있다. 말로 설명하면 혀가 꼬일 정도로 복잡한데, 아무튼 지금 당장은 '단순한 다양성보다 좀더 정확한 다양성의 척도'쯤으로 생각하면 된다.

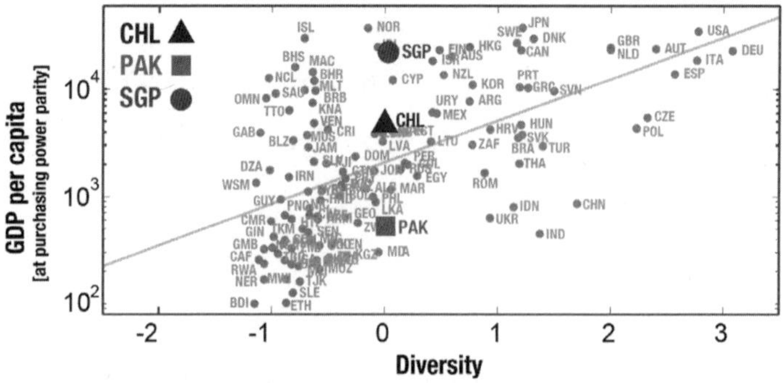

그림13a. 각 국가의 수출품목의 다양성에 대한 1인당 GDP(2000년).

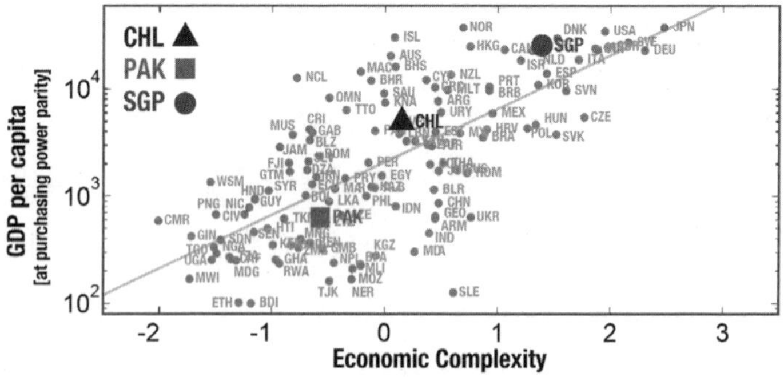

그림13b. 각 국가의 경제복잡성에 대한 1인당 GDP(2000년).

그림 13a와 13b에는 싱가포르와 칠레, 그리고 파키스탄이 강조되어 있는데, 이 세 나라를 택한 이유는 2000년도 수출품목수가 똑같아서 다양성만으로는 구별되지 않기 때문이다. 싱가포르, 칠레, 파키스탄은 1인당 GDP에서 큰 차이를 보이지만 수출품목수가 거의 같기 때문에 그림13a에서 거의 수식선 상에 도열되어 있다. 그러나 여기에 제품의 보편성과 그 제품을 수출하는 나라의 다양성까지 고려하면 세

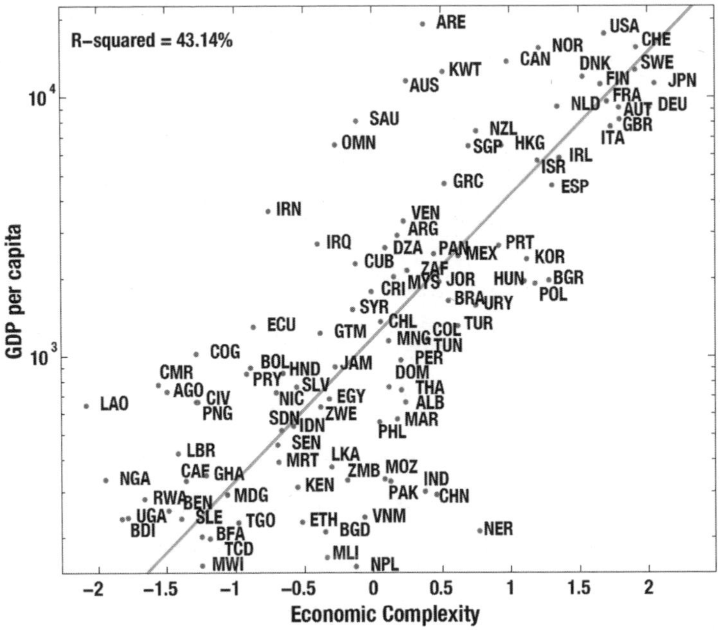

그림14. 1인당 GDP에 대한 경제복잡성(1985년).

국가는 가로축에서도 간격이 멀어지게 된다. 그림13b를 보면 파키스탄의 오른쪽에 칠레가 있고, 칠레의 오른쪽에 싱가포르가 있다. 한 국가에서 수출된 제품의 특성정보(보편성 및 그 제품을 수출한 국가들의 다양성)를 추가한 결과, 싱가포르의 경제가 칠레의 경제보다 복잡하고, 칠레의 경제가 파키스탄의 경제보다 복잡하다는 사실이 겉으로 드러난 것이다.

경제복잡성과 1인당 GDP의 관계는 별로 놀라운 결과가 아니다. 경제복잡성이 중요한 이유는 긴 기간에 걸쳐 1인당 GDP가 변하는 양상을 설명할 수 있기 때문이다.

경제복잡성이 경제성장을 설명한다는 사실은 그림14에서 확인할 수 있다. 이 그림은 1985년을 기준으로 세계 각국의 경제복잡성(수학 공식을 토대로 계산되었음)과 1인당 GDP의 관계를 나타낸 도표인데, 임의의 국가가 놓인 위치는 크게 세 구획으로 나눌 수 있다. 회색 대각선 위에 놓인 국가들은 경제복잡성에 비해 1인당 GDP가 높고, 대각선 아래에 있는 국가들은 경제복잡성에 비해 1인당 GDP가 낮다. 그리고 대각선과 일치하는 국가들은 1인당 GDP가 경제복잡성으로부터 예측된 값과 일치하는 국가이다.

그렇다면 이 그래프는 시간의 흐름에 대하여 어떤 양상으로 변해 갈 것인가? 인도나 중국처럼 대각선 아래에 있는 국가들은 대각선과 일치하거나 그 위에 있는 국가들보다 빠르게 성장하는 경향이 있다(그림15 참조). 이는 곧 국가의 수입이 긴 기간에 걸쳐 경제복잡성에 내재된 정보를 따라가는 경향이 있음을 의미한다. 간단히 말해서, 국가의 수입은 경제복잡성으로부터 예측할 수 있다. 그러므로 돈을 벌려면 무언가를 만들어야 한다.

경제복잡성으로부터 얼마나 먼 미래의 경제성장률까지 예측할 수 있을까? 여기서 흥미로운 점은 경제복잡성이 5년 이내의 단기간 경제성장률을 예측하지 못한다는 것이다. 짧은 기간 동안은 주기적으로 찾아오는 경제위기와 물가 및 환율의 변화가 큰 영향을 미치기 때문일 것이다. 그러나 분석대상기간을 10~15년으로 늘이면 경제복잡성으로부터 미래의 경제성장률을 매우 정확하게 예측할 수 있다. 이것은 '장기간에 걸쳐 소득을 창출하는 능력'에 대한 정보가 경제복잡성에 들어 있음을 시사한다.

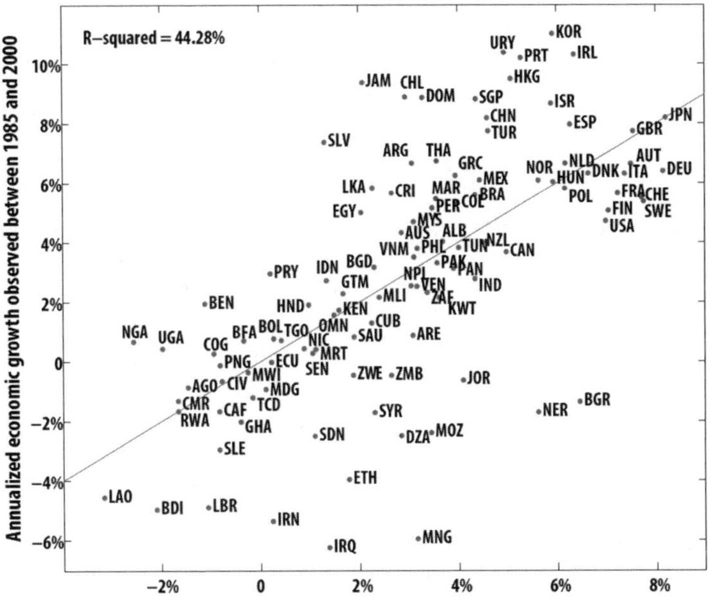

그림15. 1985년도 각국의 경제복잡성과 1인당 GDP 사이의 격차(1985년 데이터)로부터 예견된 경제성장률과 1985~2000년 사이에 나타난 실제 성장률을 비교한 그래프.

경제성장률과 경제복잡성 사이의 역학관계를 추정하는 방법 중 하나는 한 국가에서 생산-수출된 제품들이 소득의 평형수준을 결정한다고 생각하는 것이다. 이는 곧 한 국가의 평균소득이 자국과 경제복잡성이 비슷한 다른 국가들의 소득에 점점 더 가까워진다는 뜻이다. 또는 개개의 산업과 직업소득이 각자 고유한 값으로 수렴한다고 생각할 수도 있다. 예를 들어 숙련된 소프트웨어 개발자는 직장의 위치가 어디이건 높은 연봉을 받고, 과일을 따는 일꾼은 어디서 일하건 낮은 연봉을 받는다. 이것은 각 직업과 산업의 연봉이 한 국가 안에서 분야마다 동일하다는 뜻이 아니라, 같은 직종의 연봉이 세계적으로 비슷하게

평준화된다는 뜻이다(단, 비슷해질 때까지 꽤 긴 시간이 걸린다).[21]

1인당 GDP와 경제복잡성을 변수로 삼아 작성된 데이터에는 위에 언급한 것 외에도 많은 정보가 들어 있다. 제일 먼저 눈에 띄는 현상은 직원들의 월급을 무조건 줄인다고 해서 경제적 이득이 보장되지 않는다는 것이다. 경제적 이득을 보려면 자국의 경제복잡성과 비교했을 때 상대적으로 월급이 적어야 한다.

미국의 생산공장이 중국으로 이전한 사례를 생각해보자. 지난 수십 년 동안 미국의 언론들은 기업의 중국 이전을 '낮은 임금'이라는 한 가지 명분으로 설명해왔지만, 인구가 많으면서 임금이 중국보다 낮은 나라들도 많다. 예를 들어 인도네시아의 인구는 2억 명이 넘고 에티오피아는 8,000만 명, 나이지리아도 1억 명이 넘는다. 나이지리아와 인도네시아의 1인당 GDP는 중국의 절반 수준이고 에티오피아는 중국의 1/10밖에 안 된다. 그런데도 미국의 기업들이 이런 국가로 이전하지 않은 이유는 도시와 기업, 그리고 사람들의 제품생산능력이 중국에 훨씬 못 미치기 때문이다. 중국의 선전深圳과 같은 공장밀집지역의 임원들과 대화를 나눠보면 그곳에 내재된 능력을 실감할 수 있다. 이곳에 공장을 짓고 스마트폰과 전자제품을 생산하는 외국기업들은 한결같이 "선전을 택한 이유는 낮은 임금 때문이 아니라 제품생산의 최적지이기 때문"이라고 입을 모은다. 그만큼 선전에는 제품생산에 필요한 지식과 노하우가 축적되어 있다는 뜻이다. 임금지출을 줄이는 것이 목적이었다면 이들은 선전이 아닌 인도네시아나 에티오피아로 갔을 것이다.[22]

* * *

우리는 이 장의 서두에서 물적 자본에서 인적 자본으로, 그리고 인적 자본에서 사회적 자본으로 대상을 넓혀가며 경제성장과 생산요소의 관계를 살펴보았다. 또한 이 요소들은 세계경제의 성장원리를 그런대로 잘 설명하고 있지만 기술적, 개념적으로 중요한 약점이 있다는 것도 알게 되었다. 종합적 요소가 갖고 있는 약점 중 하나는 경제를 구성하는 요소의 개별적 특성에 대한 정보가 누락되어 있다는 것이다. 다양성보다 저량에 중점을 두면 사과에 오렌지를 더하거나 곤로에 냉장고를 더하고, 그래픽 디자이너에 전기공학자를 더하는 오류를 범하게 된다. 레온티에프를 비롯한 여러 학자들도 섣부른 종합의 위험성을 경고한 바 있다. 그러나 경제현장에서 이 한계를 극복하기란 결코 쉬운 일이 아니다.

여러 국가의 수출품목 데이터를 활용하면 각 품목의 특성을 살린 채 경제를 계량할 수 있다. 이것이 가능한 이유는 국가와 수출품목을 연결하는 데이터가 하나의 네트워크를 형성하기 때문이다. 이 네트워크 안에서 한 요소의 특성은 내부적 성질(제품이나 국가의 특성)을 통해 서술될 뿐만 아니라, 마디의 연결패턴을 통해 서술될 수도 있다. 예를 들어 특정 마디에서 가장 가까운 국가들은 서로 연결된 품목의 수를 나타내고 두번째로 가까운 국가들은 제품의 보편성을 나타내며, 세번째로 가까운 국가들은 제품과 연결된 국가의 평균 개수를 나타내는 식이다.

경제복잡성을 계량하는 방법은 이뿐만이 아니다. 똑같은 데이터를 다른 각도에서 바라보면 새로운 패턴이 발견될 수도 있다. 또는 국가와 산업을 연결하거나 산업과 직업의 종류를 연결하면 산업과 위치 대신 위치네트워크나 직업네트워크에 기초하여 경제복잡성을 계량할 수 있다. 여기서 알 수 있는 사실은 어떤 형태이건 경제요소의 특성을 살린 네트워크를 이용하면 경제복잡성을 계량할 수 있다는 것이다.

그러나 위에서 제시한 새로운 계량법은 경제적 출력을 예측할 수 있다. 이 결과는 사회제도, 사회적 자본, 인적 자본 등의 정보뿐만 아니라 경제시스템에 종합적으로 축적된 지식과 노하우까지 포함한다.

다음 장에서는 국내경제나 생산요소, GDP 등 경제적 개념에서 벗어나 좀더 서술적이면서 생물학적-역사적인 관점에서 지식과 정보를 포장하고 해독하는 집단의 능력과 생물계에 존재하는 이와 동등한 메커니즘을 비교해볼 것이다. 이 과정을 거치면 시스템으로 하여금 정보의 양육능력을 재생산하도록 만드는 메커니즘을 이해하게 될 것이다.

11장 지식과 노하우, 그리고 정보의 결합

지금까지 우리는 지식과 노하우, 그리고 이들의 실질적 응용에 기초한 경제서술법을 개발했고, 이들을 축적하고 퍼뜨리는 메커니즘에 대해 알아보았다. 우리가 개발한 경제서술법은 (1) 지식과 정보를 축적하고 전파하는 능력과, (2) 지식과 정보를 포장하여 제품으로 구현하는 능력, 그리고 (3) 지식과 노하우를 세분하는 방법에 중점을 두고 있다.

정보와 노하우는 분명히 다른 개념이다. 정보는 음악이나 DNA와 같이 특정 형태로 나열된 '질서'이고, 지식과 노하우는 정보를 처리하는 '시스템의 능력'을 의미한다. 노하우의 대표적 사례로는 광합성을 수행하는 생물네트워크나 광물에서 자동차를 만드는 과정처럼 동질의 소그룹이 모여서 스스로 규모를 키워나가는 인간네트워크를 들 수 있다.

그러나 노하우와 정보는 서로 밀접하게 연결되어 있다. 시스템이 정보를 수집하는 능력은 정보의 유동성에 따라 크게 달라진다. 정보가 유동적이면 노하우를 축적하는 '동적 네트워크'를 구축할 수 있다. 식물의 씨앗이 대표적 사례이다. 씨앗에는 나무와 같은 식물이 탄생하는 데 필요한 정보가 노하우가 집약되어 있다. 나무가 되는 것은 유전자 정보의 지령에 따라 씨앗에 내재되어 있던 노하우가 현실세계에 발현된 결과이다. 씨앗이 나무로 자라려면 광합성을 수행하고, 땅속에서 흡수한 물과 영양분을 잎으로 전송하는 통로를 만들고, 해충으로부터 자신을 보호하는 데 필요한 노하우를 끄집어내야 한다. 나무가 갖고 있는 지식과 노하우는 씨앗에 저장된 지식과 노하우보다 훨씬 복잡하다. 나무는 씨앗에서 찾아볼 수 없는 다양한 기능을 수행할 수 있다. 즉, 지식과 노하우가 현실세계에 발현되면 그것을 낳은 모태보다 월등한 무언가가 탄생한다.

그런데 씨앗처럼 한정된 영역 안에 갇혀 있던 노하우와 정보가 풀려나는 것은 DNA에 내장된 정보의 결과인가? 아니면 씨앗의 세포에 들어 있는 노하우와 DNA에 새겨진 정보가 복합적으로 작용한 결과인가?

나무가 단순히 DNA를 내뱉으면서 번식하지 않는 데에는 그럴 만한 이유가 있다. 이렇게 단순한 방식으로는 번식이 이루어질 수 없기 때문이다. 씨앗은 단순한 유전물질이 아니라 다양한 세포기관이 들어 있는 복합체이다. 세포기관이 없으면 DNA분자에 담겨 있는 정보에 접근할 수 없고 정보를 풀어헤칠 수 없으며, 재생할 수도 없다. DNA는 생명체를 재생산하는 데 반드시 필요한 요소지만, 단백질 네트워크와 세포기관이 없으면 아무런 기능도 발휘하지 못한다. DNA 자체에는 정보를 추출하는 기능이 없고 노하우도 없기 때문에, DNA가닥을 맨땅에 아무렇게나 던져놓으면 나무로 자랄 수 없다.

DNA의 정보를 추출하는 생물학적 네트워크는 유전자염기서열에 저장되어 있는 원판과 DNA에 함축되어 있는 제어규칙에 따라 새로운 단백질과 세포기관을 만들어서 씨앗을 나무로 변환시킨다. 노하우와 정보가 긴밀하게 연결되어 생명체에 내장되어 있는 노하우를 최대한 효율적으로 추출하는 것이다.

DNA에 저장된 정보와 씨앗의 생물학적 상호작용네트워크에 저장된 노하우가 긴밀하게 협조하여, 노하우를 가장 효율적으로 재생산하면서 주변으로 퍼뜨린다. 여기에 적절한 환경이 주어지면 씨앗은 나무로 자라고 꿀벌집단에 여왕벌이 탄생하고, 몇 마리의 토끼가 호주대륙을 접수한다. 이처럼 생물계에서는 노하우와 정보의 결합이 쉽게 일어나는데, 사람과 제품으로 이루어진 경제시스템에서는 전혀 그렇지 않다.

생물계와 경제계의 공통점은 방대한 양의 노하우가 점점 커지는 대형 네트워크 안에 저장되어 있다는 것이다. 토끼의 몸 안에 저장된 노하우는 암토끼의 배아胚芽에 저장된 노하우보다 많다. 배아는 생물학적 발육을 통해 노하우를 추출하면서 토끼로 자라난다. 또한 생물계의 노하우는 불연속적으로 분할되어 있으며, 각 구획에는 유한한 양의 노하우가 저장되어 있다. 간이나 허파와 같은 생체기관은 세포에 없는 기능을 수행할 수 있고, 토끼는 개개의 생체기관이 수행할 수 없는 일을 할 수 있으며, 전체 생태계는 어떤 개체에도 없는 노하우를 보유하고 있다(예를 들어 생태계는 의식이라는 것이 없는데도 환경을 제어하는 방법을 알고 있다). 각 단계에서 노하우의 수준이 달라지는 전환점은 앞서 논의했던 퍼슨바이트와 펌바이트의 한계와 비슷하며, 이 이점을 정확하게 파악하면 어떤 규모에서 노하우와 정보의 결합이 끊어지는지 알 수 있다.

생명체에 내장된 노하우의 상당부분은 주어진 지령에 따라 정보가 밀집된 작은 분자(DNA)와 생명체를 재생산하는 데 필요한 노하우-네트워크 안에 담을 수 있지만, 생태계의 노하우는 이처럼 작고 우아한 용기 안에 담는 것이 불가능하다. 그래서 생태계 전체를 재생하는 것은 하나의 개체를 재생하는 것보다 훨씬 어렵고, 파괴하기도 쉽지 않다. 노하우를 운반하는 네트워크의 능력이 어떤 시점에서 어떻게 소멸되는지 주의 깊게 관찰하면 경제와 자연생태계의 유사점을 알 수 있다.

경제의 규모가 크면 재생산에 한계가 있다. 생태계와 마찬가지로, 이미 다량의 노하우를 보유한 경제시스템에 더 많은 노하우가 축적되려면 네트워크를 불연속적인 구획으로 쪼개서 중간네트워크를 구축한 후, 각 구획에 노하우를 배분해야 한다. 생태계의 무리와 개체는 경제에서 기업과 사람으로 대치되지만, 분할원리는 똑같이 적용된다. 자연생태계는 DNA와 같이 작은 규모에서도 노하우가 고밀도로 응축된 채 정보와 긴밀하게 연결되어 있으나, 규모가 작은 경제에서는 이런 연결상태가 유지되기 어렵다. 공학책이나 예술책, 또는 음악책을 열심히 읽으면 공학자나 예술가, 또는 음악가가 되는 데 약간의 도움을 받을 수는 있겠지만, 기린의 배아가 자라서 기린이 되는 것처럼 효율적이면서 매끄럽고 우아하게 구현되지는 않는다. 경제가 정보에 기록된 지침에 따라 노하우를 포장하고 추출하는 능력은 생명체보다 훨씬 떨어진다. 이런 차이가 나는 이유는 경제의 노하우가 "포장되지 않은 형태"로 존재하기 때문이다. 경제의 노하우는 네트워크에 저장되어 있으며, 그중 일부는 "읽기"와 "쓰기"를 통해 포장될 수 있다. 그러나 정보를 이용하여 노하우를 저장하는 인간의 능력은 매우 제한되어 있기 때문에, 선진경제시스템에 저장된 노하우를 다른 장소로 옮기는 것은 지극히 어려운 일이다. 경제에는 DNA와 분자네트워크가 밀접하게 결합되어 있는 '씨앗'이 존재하지 않으므로, 노하우를 옮기려면 전체시스템을 통째로 옮기는 수밖에 없다. 이것은 노하우가 지리적으로 특정 지역에 집중되는 이유를 설명해줄 뿐만 아니라, 자동차 운전법(제품을 사용하는 데 필요한 지식과 노하우)이 자동차 제작법(제품을 생산하는 데 필요한 지식과 노하우)보다 효율적으로 빠르게 전파되는 이유까지 설명해준다. 경제에는 'DNA-세포 상호협동' 같은 메커니즘이 존재하지 않기 때문에 노하우를 작은 부피로 포장할 수 없고, 이로 인해 경제개발이 전파되는 데 커다란 제한을 받는다. 즉, 노하우를 포장하고 추출하는 능력은 광역적 경제시스템의 형태를 좌우하는 핵심요소이다.

여기서 한 가지 사고실험을 해보자. 10명의 남녀학생들에게 태양열로 작동하는 노트북 컴퓨터를 나눠주고 고립된 섬에 가둬놓았다(배터리가 방전되어 노트북을 못 쓰는 사태는 발생하지 않는다). 컴퓨터에는 인터넷 브라우저를 비롯하여 지금까지 출판된 모든 책과 잡지가 들어 있다. 그렇다면 이 청소년들은 5~10세대 안에 주어진 정보를 모두 추출할 수 있을까? 과연 이들은 웹사이트에 올라와 있는 문헌으로부터 야금학과 농업, 전자공학 등 현대문명의 노하우-네트워크를 구축할 수 있을까? 아니면 정보를 추출하는 데 실패하여 바깥세상에 존재하는 사회를 구축하지 못하고 원시인으로 살아가게 될까? 윌리엄 골딩William Goldong의 『파리대왕Lord of the Flies』을 방불케 하는 이 상황을 현실 세계에 똑같이 구현할 수는 없지만, 일부 고립된 집단이 노하우를 상실하거나 노하우를 추출하는 데 실패한 사례는 인류의 역사에서 쉽게 찾아볼 수 있다.

우선 첫번째 사례로, 고립된 지역에 거주하면서 기술을 잃어버린 사람들이 있다. 재레드 다이아몬드는 그의 저서 『총, 균, 쇠』에 다음과 같이 적어놓았다. "극단적인 경우가 호주의 태즈메이니아 원주민이다. 이들은 현대세상에서 가장 단순한 사회로 가기 위해 뼈로 만든 도구와 낚시마저 포기했다. 다른 호주 원주민들도 활과 화살을 버리고 이와 같은 삶을 택했을 것이다. 토러스제도Torres Islands(호주 토러스해협에 있는 300여 개의 섬들: 옮긴이)의 원주민들은 카누를 사용하지 않고 가우아Gaua Isaland(남태평양 바누아투에 있는 화산섬: 옮긴이)의 원주민들은 한때 카누를 포기했다가 다시 사용하고 있다. 또한 폴리네시아에는 도기陶器가 없고 폴리네시아인과 멜라네시아인의 대부분은 전쟁에서 활과 화살을 사용하지 않는다. 북극 에스키모족Polar Eskimos은 활과 화살, 카약을 사용하지 않으며 도싯 에스키모족Dorset Eskomos은 활과 화살, 송곳을 쓰지 않고 개도 기르지 않는다."[1] 물론 이 원주민들에게는 태양열로 작동하는 노트북 컴퓨터도 없고, 이들의 목적은 현대사회의 모든 노하우를 재현하는 것도 아니다.

두번째 사례로 제임스타운과 버지니아, 플리머스, 그리고 매사추세츠에 건설되었던 식민지를 생각해보자. 영국의 초기 식민지 개척자들이 이곳에 진출하여 성공할 수 있었던 것은 유럽사회를 그대로 재현했기 때문이 아니라, 다른 지역과 연결을 시도했기 때문이다. 제임스타운에 정착한 초기 이주민들은 인육을 먹을 정도로 자원부족에 시달리다가 존 롤프John Rolfe가 담배 씨앗을 가져온 후로 영국에 담배를 수출하고 생필품을 수입하면서 생계를 이어갈 수 있었다. 이런 상업적 링크가 없었다면 제임스타운 사람들은 로어노크(Roanoke, 미국 버지니아주 남서부에 있는 도시. 16세기 말에 100여 명의 영국인들이 이곳으로 이주했으나 3년 만에 아무런 흔적도 없이 사라졌다. 이 사건은 지금도 미스터리로 남아 있다: 옮긴이)의 전철을 그대로 밟았을 것이다. 미국의 명절인 감사절은 영국에서 이주해온 사람들이 식량부족으로 곤경에 처했을 때 음식을 나눠주었던 원주민의 선행을 기억하는 날이다. 제임스타운과 마찬가지로 플리머스도 영국과 계속 교류하면서 본토의 노하우를 축적하여 훗날 뉴잉글랜드New England(메인, 뉴햄프셔, 버몬트, 매사추세츠, 코네티컷, 로드아일랜드 6개 주의 통칭: 옮긴이)의 초석이 되었다.

마지막으로, 좀더 최근의 사례를 살펴보자. 20세기 초에 포드자동차회사는 아마존 타파조스강Tapajos River 유역에 코네티컷주와 맞먹을 정도로 방대한 땅을 사들였다(사람들은 이곳을 포드란디아Fordlandia라고 불렀다).[2] 원래 목적은 이곳에 고무나무 농장을 조성하여 자동차 타이어에 필요한 천연고무를 자체 조달하는 것이었는데, 헨리 포드는 그 지역을 공장지대로 개발하여 미국 중서부에 견줄 만한 자동차생산지로 키운다는 장기계획까지 세워놓고 있었다. 그러나 포드란디아는 단 1kg의 고무도 생산하지 못했다. 그곳의 거주민들은 제임스타운이나 로어노크의 이주민들처럼 굶주리진 않았지만 포드의 일방적인 복지정책에 항의하며 꿈의 땅을 떠나기 시작했고, 결국 포드란디아 프로젝트는 참담한 실패로 끝나고 말았다. 기술적 한계와 생물학적 재해, 그리고 정치적, 도덕적 분쟁이 원대한 계획을 무산시킨 것이다. 포드란디아는 포드사에서 잔뼈가 굵은 기술자와 관리자들의 경험과 노하우로 세워졌으나, 1920년대에 미시간주에서 이룬 성공신화를 아마존 정글에서 재현하기에는 역부족이었다. 무엇보다도 가장 큰 실패요인은 미시간 네트워크에 저장된 노하우를 타파조스강으로 옮기지 못했기 때문이다.

지금까지 우리는 노하우와 정보를 포장하고 추출하는 능력과 사람들의 네트워크에 노하우를 축적하는 능력, 그리고 노하우의 실용적 사용법이 담겨 있으면서 개인의 능력을 향상시켜주는 제품을 만드는 능력에 중점을 두고 경제적 과정의 중요성을 강조해왔다.

그러나 우리의 여정은 아직 끝나지 않았다. 뒤에 이어지는 마지막 장에서는 물리계와 사회, 그리고 경제생태계에서 새로 알게 된 내용과, 이 시스템들이 정보의 성장에 기여하는 메커니즘을 정리해보기로 한다.

5부

에필로그

Epilogue

12장

물리적 질서의 진화
—원자에서 경제로

우주는 에너지와 물질, 그리고 정보로 이루어져 있다. 이들 중 에너지와 물질은 처음부터 자연스럽게 존재해온 반면, 정보는 겉으로 표출되는 길을 스스로 찾아야 한다. 물론 쉬운 일은 아니다.

우리의 이야기는 정보의 성장에 기여하는 일부 물리적 메커니즘을 서술하는 것으로 시작되었다. 여기에는 "평형으로부터 벗어난 계에서 나타나는 정보의 자발적 출현(소용돌이의 사례)"과 "고체의 내부에 축적되는 정보(단백질과 DNA)", 그리고 "물질의 계산능력"이라는 세 가지 개념이 포함된다.

첫번째 개념은 정보와 에너지를 연결해준다. 왜냐하면 정보는 평형으로부터 벗어난 계에서 자연스럽게 나타나기 때문이다. 이 계는 여러 개의 입자로 이루어져 있으며, 계의 특성은 에너지의 흐름에 의해 결정된다. 에너지가 흐르면 물질은 스스로 조직화되고, 일리야 프리고진이 말한 대로 에너지가 흐르는 비평형계에서는 질서(또는 정보)가 탄생한다. 비평형계가 평형상태로 접근하면서 정보가 자발적으로 탄생하는 것은 모든 시스템에서 일반적으로 나타나는 현상이다. 흔한 사례로는 욕조에서 물이 빠질 때나 우유가 커피와 섞일 때 나타나는 소용돌이를 들 수 있다.

그러나 비평형계의 사례만으로는 복잡한 정보를 이해할 수 없다. 바로 여기서 '고체'라는 형태와 물질의 계산능력이 위력을 발휘한다.

항상 증가하는 엔트로피는 언제든지 정보를 파괴할 수 있다. 정보가 살아남으려면 어딘가에 숨어야 한다. 정보가 단명한 곳에서는 정보가 자랄 수도 없기 때문이다. 엔트로피의 무차별 공격으로부터 정보가 안전하게 숨을 수 있는 곳이란 다름아닌 '고체의 내부'이다. 이곳에서 정보는 재조합되고, 바로 이 재조합을 통해 정보는 꾸준히 성장한다.

에르빈 슈뢰딩거는 1944년에 출간한 그의 저서 『생명이란 무엇인가?What Is Life?』에서 생명과 관련된 정보를 운반하는 고체의 중요성을 강조한 바 있다. 그는 생명체를 "정보를 저장하고 처리하는 능력이 뛰어나면서 평형상태에서 한참 벗어난 시스템"으로 이해했다. 또한 그는 정보를 저장하고 운반하려면 단백질이나 DNA와 같은 고체가 반드시 필요하지만, 이런 분자의 정보저장능력을 좌우하는 것은 고체성이 아닌 복잡성이라고 생각했다.

DNA 같은 고체는 비주기적 결정구조를 갖고 있기 때문에 다량의 정보를 담을 수 있다. DNA는 장거리 및 단거리 상호관계를 이용하여 정보를 저장한다. 이것은 우리가 사용하는 문자의 원리와 같다. 긴 단어는 장거리 상호관계에, 짧은 단어는 단거리 상호관계에 해당한다. 철자를 아무렇게나 섞어놓으면 무의미한 나열에 불과하지만, 26개의 알파벳을 주어진 규칙에 따라 조합하면 의미 있는 단어를 얼마든지 만들어낼 수 있다.

따라서 정보성장의 미스터리를 풀어줄 두번째 실마리는 고체에서 찾을 수 있다. 물론 모든 고체가 정보를 운반할 수 있는 것은 아니다. 정보를 운반하려면 구조가 정교해야 한다. 무작위구조나 주기적 구조로 되어 있는 고체는 DNA처럼 복잡한 고체만큼 많은 정보를 저장할 수 없다.

"고체는 정보성장에 필수적이다." 우리는 이 사실로부터 어떤 환경이 정보성장에 적절한지 예측할 수 있다. 그 중에서도 가장 중요한 것은 계를 구성하는 입자들의 평균운동에너지의 척도인 '온도'이다. 완전히 얼어붙은 환경에서는 정보가 자랄 수 없다. 이런 환경에서 정보는 이동할 수 없고 재조합될 수도 없기 때문이다.[1] 반면에 온도가 너무 높아도 정보는 자랄 수 없다. 태양과 같이 뜨거운 곳에서는 평형상태에서 벗어난 소용돌이가 사방에서 몰아치고 있지만, 고체가 존재하지 않기 때문에 정보가 재조합되고 자라날 여지가 전혀 없다(예를 들어 태양에는 길다란 단백질 사슬이 존재할 수 없다). 사실 태양은 온도가 너무 높아서 대부분의 원자들이 원자핵과 전자로 분리된 채 격렬한 소용돌이 속에서 어지러운 춤을 추고 있다(이런 상태를 플라스마plasma라 한다: 옮긴이). 그러므로 뜨거운 세상에서는 아주 간단한 정보밖에 존재할 수 없는데, 그것을 보관할 만한 고체마저 없으니 정보가 자라는 것은 원리적으로 불가능하다.

정보가 출현하려면 에너지가 필요하고, 정보가 보존되려면 고체가 필요하다. 그러나 이들만으로는 정보가 자랄 수 없다. 정보가 자라기 위해 추가로 필요한 것이 바로 '물질의 계산능력'이다.

물질이 계산을 할 수 있다는 것은 우리 우주가 갖고 있는 놀라운 특성 중 하나이다. 생각해보라. 만일 물질에게 계산능력이 없었다면 생명도 존재하지 않았을 것이다. 박테리아와 식물, 동물, 그리고 당신과 나는 일종의 컴퓨터이다. 당신의 몸을 이루고 있는 수많은 세포들은 당신조차 인식하지 못할 정도로 방대한 양의 연산을 수행하고 있다. 앞에서도 말했지만 물질의 계산능력은 생명체가 탄생하는 데 반드시 필요한 전제조건이었으며, 우주가 정보를 낳게 된 시발점이기도 했다. 물질에게 계산능력이 있으면 어떤 정보를 저장하고 어떤 정보를 복제할 것인지 스스로 선택할 수 있게 된다. 결국 정보가 폭발적으로 성장할 수 있었던 것은 물질의 계산능력 덕분이었다.

평형에서 벗어난 계와 고체, 그리고 물질의 계산능력을 조합하면 우주에 정보가 존재하고 자라나는 원리를 이해할 수 있다. 이 세 가지 메커니즘은 정보를 엔트로피의 공격으로부터 안전한 곳으로 숨겨준다. 물론 우주 전역이 안전할 수는 없다. 정보가 숨을 수 있는 곳은 세포, 인간의 육체, 도시, 또는 행성과 같이 지극히 좁은 영역으로 한정된다. 그러나 이 아이디어를 현존하는 실체에 적용하려면 인간과 사회, 그리고 경제의 언어로 재구성해야 한다. 경제시스템에서 정보가 자라는 것도 위에 열거한 기본 메커니즘 덕분이지만, 규모가 큰 사회와 경제시스템에서는 메커니즘이 사뭇 다른 형태를 취한다.

우리가 사는 세상에는 인간과 물체가 공존하고 있기에, 소용돌이나 단백질보다 구조가 훨씬 복잡하다. 특히 인간은 (적어도 우리가 알기로는) 물질의 계산능력이 최상급으로 구현된 개체로서, 개인의 두뇌와 사회가 새로운 정보를 창출하도록 조직화하는 쪽으로 계산능력을 발휘하고 있다. 우리가 창출한 대부분의 정보는 물체에 보관되며, 우리는 이 물체를 통해 메시지를 교환하거나 사회활동 조율한다. 그러나 더욱 중요한 것은 물체를 통해 지식과 노하우의 실용적 사용법이 전파된다는 것이다.

초기 호미니드의 경제와 21세기 경제는 규모와 내용에서 엄청난 차이가 있지만, '물체에 축적된 정보'를 기반으로 이루어졌다는 공통점을 갖고 있다. 엄밀히 말해서 현대와 호미니드시대의 차이점은 원자들이 배열된 방식뿐이다. 그러나 바로 이 차이 때문에 원시시대와 현대는 완전히 다른 세상이 되었다.

물리적으로 구현된 정보는 현대사회에 생명을 불어넣는 혈액과도 같은 존재이다. 물체와 메시지는 사람들을 서로 연결시켜주고, 사람들의 사회활동이 정보가 더욱 성장하는 쪽으로 이루어지도록 유도한다. 그 옛날 활과 창에 담겨 있던 정보는 수만 년 동안 성장을 거듭하여 에스프레소머신과 제트비행기가 되었으며, 최근에는 휴대전화와 무선라우터(Router, 네트워크 연결장치: 옮긴이)에서 방출되는 광자에 정보를 담는 수준까지 발전했다. 그러나 무엇보다도 놀라운 것은 정보가 물체뿐만 아니라 무형의 마음에도 저장될 수 있다는 사실이다. 인간은 주변환경에 정보를 저장만 하는 것이 아니라, 상상을 통해 구체화시킬 수 있다.

상상력을 구체화한다는 것은 머릿속에서만 존재해왔던 추상적 개념을 손으로 만질 수 있는 물건으로 창조한다는 뜻이다. 비행기와 헬리콥터, 그리고 휴 허Hugh Herr가 착용한 로봇다리는 만들어지기 전까지만 해도 상상 속에서만 존재했었다. 상상력을 현실세계에 구현하는 것은 오직 인간만이 갖고 있는 능력이다. 우리는 이 능력 덕분에 무형의 마음속에서 창조된 개념을 이 행성에 존재하는 재료를 이용하여 손에 만져지는 물건으로 만들어낼 수 있다.

그러나 상상을 구현하는 것은 결코 쉬운 일이 아니다. 물질에 정보를 주입하려면 우리의 계산능력을 최고수준까지 끌어올려야 한다. 게다가 한 개인의 계산능력으로는 부족한 경우도 종종 있다. 현대사회에 유통되는 복잡한 정보를 생산하려면 사람들의 네트워크를 포함하는 복잡한 계산능력이 필요하다. 사람들은 새로운 정보를 갈망하고, 사회와 경제는 그 정보를 생산하는 데 필요한 지식과 노하우를 축적한다. 이런 점에서 볼 때 사회와 경제는 방대한 양의 계산을 수행하는 초대형 컴퓨터라 할 수 있다.

전통적인 경제이론은 이 컴퓨터가 최상의 성능을 발휘할 수 있는 것이 가격체계 덕분이라고 주장한다. 그러나 실제로 경제컴퓨터는 이론에서 말하는 것보다 훨씬 투박한 방식으로 작동하고 있다.

경제는 자신보다 훨씬 먼저 태어난 소셜네트워크와 직업네트워크를 통해 작동한다. 그러므로 경제활동은 이들의 제한을 받을 수밖에 없다. 이 네트워크가 중요한 이유는 다량의 지식과 노하우를 축적하는 유일한 수단이기 때문이다. 그러나 후쿠야마와 그라노베터가 지적한 대로 네트워크의 크기와 형태, 그리고 진화하는 방식은 사회의 신뢰도와 가족의 중요성 등 역사적 배경과 제도의 영향을 받는다.

그러므로 사회-경제 분야에서 우리에게 주어진 가장 중요한 문제는 지식과 노하우를 사람들의 네트워크에 심는 것이다. 이를 통해 우리는 인간이라는 종의 계산능력을 키우고, 궁극적으로는 정보의 성장에 기여할 수 있다.

경제의 성장은 궁극적으로 정보의 성장을 통해 이루어진다. 정보가 자라나는 것은 인간의 집단적 계산능력이 진화하면서 상상력의 구현을 통해 인간의 전반적인 능력이 향상되었기 때문이다. 비행기에서 치약에 이르기까지, 모든 상상력의 결정체(물건)는 실용적인 지식과 노하우를 증폭시키고, 사회의 상상력을 키우고, 정보창출능력을 강화시켜준다. 우리는 이 물건들 덕분에 지식과 노하우를 축적하는 네트워크를 만들었고, 정보를 종합적으로 처리하는 능력을 키울 수 있었다.

개인의 능력에는 한계가 있다. 지식과 노하우가 주변에 지천으로 널려 있어도, 한 사람이 접수할 수 있는 양은 그리 많지 않다. 개인의 한계를 극복하려면 서로 협조하는 수밖에 없고, 네트워크는 이 과정에서 사람들이 집단적으로 발명한 걸작품이다. 네트워크가 없었다면 정보를 처리하고 상상력을 구체화하는 우리의 능력은 크게 제한되었을 것이다. 앞에서 우리는 이와 관련된 이야기를 좀더 쉽게 풀어가기 위해 퍼슨바이트라는 개념을 도입했다. 간단히 말해서, 1퍼슨바이트 이상의 지식과 노하우를 요하는 물건을 만들려면 네트워크가 반드시 있어야 한다.

퍼슨바이트이론은 경제활동의 복잡성과 소셜/직업네트워크의 크기 사이에 모종의 관계가 있음을 시사하고 있다. 활동에 필요한 지식과 노하우가 많을수록 더 큰 네트워크에서 실행되어야 한다. 이 관계는 전 세계 산업의 구조와 진화과정을 이해하는 데에도 중요한 실마리를 제공해준다. 퍼슨바이트이론에 의하면 (1) 경제활동이 단순할수록 더 많은 지역에서 행해지고, (2) 복잡한 경제활동은 오직 다양한 경제시스템에서 실행될 수 있으며, (3) 모든 국가의 산업은 이미 생산중인 제품과 관련된 제품을 생산하는 쪽으로 다양화되고, (4) 장기적으로 볼 때 한 지역의 소득수준은 경제의 복잡한 정도에 걸맞은 값으로 수렴한다. 특히 마지막 항목은 그 지역의 생산품목을 보면 알 수 있다. 모든 제품에는 지역 특유의 지식과 노하우가 투영되어 있기 때문이다. 위에 제시된 예측은 산업현장의 데이터를 근거로 검증할 수 있는데, 지금까지는 모두 옳은 것으로 판명되었다.

정보와 계산은 한데 어우러져 복잡한 춤을 추고 있다. 이들이 어떤 춤을 추느냐에 따라 원자세계와 경제시스템에서 정보의 성장여부가 결정된다. 이 춤은 에너지의 흐름과 고체의 존재, 그리고 물질의 계산능력을 동력으로 삼아 영원히 계속될 것이다. 에너지가 흐르면 물질은 자체적으로 조직화되고 계산능력도 향상된다. 반면에 단백질이나 건물처럼 구조가 견고한 고체는 내재된 질서를 유지하는 역할을 한다. 고체는 질서를 창조하는 데 필요한 에너지를 최소한으로 줄이고, 엔트로피의 공격으로부터 정보를 보호해준다. 그러나 뭐니 뭐니 해도 가장 중요한 것은 집합적인 형태의 계산이 지구 전역에서 실행되고 있다는 점이다. 우리의 세포는 단백질로 구성된 네트워크로서, 이로부터 형성된 세포기관과 신호전달경로를 통해 분열하고, 복제하고, 심지어는 죽는 시기까지 결정한다. 우리의 사회도 집합적인 컴퓨터이며, 우리가 생산한 물건을 통해 새로운 형태의 정보처리능력을 꾸준히 개발하고 있다.

*　*　*

우주가 진화하고 엔트로피가 끊임없이 증가하는 동안 우리의 지구는 정보로 가득찬 '우주 특구'로 남았다. 인간은 성장하는 질서의 일부가 되어 사회적 관계를 형성하고, 사업상의 동맹을 맺고, 아이를 낳고, 웃고 울면서 살아왔다. 그러나 바쁜 삶에 쫓기다보니, 정보의 아름다움을 쉽게 망각하곤 한다. 긴급상황이 발생하면 우리의 마음은 소용돌이처럼 몰아치고, 과거가 존재하지 않는 우주에 살면서 오직 미래를 향한 계산만 수행하고 있다. 우리는 신의 도움 없이 창조된 정보를 영구보존해야 한다는 의무감 대신 연봉과 세금에 온 신경이 곤두서 있다. 이런 와중에도 정보는 물리학의 원리에 따라 꾸준히 성장해왔으며, 좋건 싫건 지금 우리에게 주어져 있다. 이것을 어떻게 활용하느냐에 따라 개인과 국가의 미래는 크게 달라질 것이다.

온몸으로 쓰는 감사의 글

아래 이어지는 감사의 글은 이 책을 탄생시킨 일련의 사건과 불가분의 관계에 있다. 키보드를 두드리다가 코피를 흘려본 사람은 알겠지만, 글을 쓴다는 것은 '소통의 예술'이자 머릿속을 가득 채운 생각 중에서 자신이 하고 싶은 말을 골라내는 '발견의 예술'이기도 하다. 문제는 이 발견이 아무 때나 이루어지지 않는다는 점이다.

머릿속에서 한 권의 책을 발견하는 것은 정말로 고민스럽고 불편한 작업이다. 이 임무를 완수하려면 정신적인 토사물을 매일 먹어야 한다. 끊임없는 되새김질이 단어 선정에 도움이 되기를 간절히 바라면서 먹고, 토하고, 반쯤 구워진 아이디어를 다시 삼키고, 토하고… 가끔은 효과를 볼 때도 있다.

『정보의 진화』는 원래 내가 쓰려던 책이 아니었고, 출판대리인에게 팔려고 쓴 책도 아니다. 사실 이 책은 경제성장과 경제복잡성, 그리고 경제개발에 관한 다른 글을 집필하던 중 머릿속에서 '발견한' 책이다. 글을 쓰다가 문득 경제성장이라는 주제가 너무 협소하다는 생각이 든 것이다. 경제성장은 사회와 경제의 표면에서 일어나는 현상이며, 우리의 삶이 개선되고 있음을 느끼고 싶은 절박한 마음에서 비롯된 현상이다(우리가 타인의 삶을 개선하고 있다고 느끼고 싶은 온정주의적 심리와도 관련되어 있다). 그러나 우리의 쾌락적이고 온정주의적인 충동은 깊이가 별로 없다. 우리가 '인간적인 과학'에서 배운 점이 있다면, 우주의 중요한 속성은 대체로 표면 밑에 숨어 있다는 것이다. 진리는 쉽게 보이지 않으면서 인간의 피상적인 근심과 욕구를 한참 초월해 있다.

몇 년 동안 나를 사로잡았던 문제에서 한 걸음 뒤로 물러나 박탈과 자책감, 번영, 최적화, 평형, 부와 같은 미사여구로부터 탈출하려고 안간힘을 쓰면서, 나는 경제성장이라는 것이 훨씬 크고 범우주적이면서 우리의 삶과 더욱 밀접한 현상의 부수적 결과임을 깨달았다. 그 현상이란 일간지의 헤드라인이나 정치판을 장식하는 성장이 아니라, 우리의 삶과 사회를 가능하게 만드는 성장이다. 그렇다. 나는 지금 정보와 물리적 질서의 성장을 이야기하는 중이다. 어느 순간 나는 모든 것이 정보로 귀결된다는 사실을 깨달았고, 그후로는 더이상 경제를 소득과 규제, 또는 중개인과 결부지을 수 없게 되었다. 경제란 '정보의 성장'이라는 심오한 현상이 현실세계에 투영된 결과였던 것이다.

이 책의 집필을 시작한 날이 지금도 기억난다. 2012년 10월 2일, 나는 보스턴의 로건공항에서 브뤼셀로 가는 비행기를 기다리고 있었다. 그곳에서 하룻밤을 보낸 후 MIT에서 개최한 대학-산업 연계프로그램에 참여하여 세미나를 할 예정이었는데 일정이 너무 빡빡한데다 계속되는 연구에 몸과 마음이 지칠 대로 지쳤는지, 노트북 컴퓨터에 단어를 마구 토해내기 시작했다.

당시는 글을 쓰기에 적절한 시기가 아니었다. 그해 9월과 11월에는 톈진과 베이징을 거쳐 교토, 도쿄, 워싱턴, 브뤼셀, 뉴욕, 산티아고, 그리고 리스본을 정신없이 돌아다니면서 모든 에너지를 소진해버렸다. 오죽하면 연말에 "2013년에는 절대 여행을 하지 않겠다"는 결심까지 했을까. 나는 가족과 집필에 좀더 많은 시간을 할애하고 싶었고, 그 약속은 제법 충실하게 이행되었다.

2012년 12월과 2013년 1월에는 에너지가 어느 정도 충전되어 머릿속에 떠오른 생각들을 조금씩 써나가기 시작했는데, 이것이 지금의 4, 5, 6장이 되었다. 이 책이 완성될 수 있었던 것은 바로 이 시기에 써놓은 원고 덕분이다. 나는 이 부분을 집필하면서 "구체화된 상상력crystallized imagination"이라는 개념을 떠올렸고, 이것을 드롭박스 폴더의 이름으로 사용했다(이 책의 가제목이기도 했다).

그후 2013년 겨울에 나의 딸이 태어났고, 나는 아내 안나와 함께 자녀 양육이라는 멋진 여행을 함께했다. 나의 일과 삶의 최고 조력자인 아내에게 진 빚은 평생을 갚아도 모자랄 것이다.

이 기간 동안 절친한 친구인 므리두Mridu에게 받았던 도움도 잊을 수 없다. 그녀는 옆자리에 앉아 내가 쓴 글을 수시로 소리내어 읽으면서, 장차 이 책을 읽게 될 독자들의 느낌을 내가 먼저 느낄 수 있게 해주었다. 이 자리를 빌어 므리두에게 깊은 감사의 말을 전한다. 그녀가 없었다면 이 책은 완성되지 못했거나, 완성됐다 해도 내가 원하는 형태는 아니었을 것이다.

그해 겨울에 나에게 주어진 또하나의 임무는 나의 글에 관심을 가질 만한 출판사를 찾는 것이었다. 책의 판권을 파는 것은 나에게 생소한 일이었으나, 다행히도 카틴카 맷슨Katinka Matson의 도움을 받아 제안서를 쓰고, 인터뷰도 무사히 마칠 수 있었다. 카틴카는 몇 명의 편집자를 나에게 소개해주었는데, 그중 한 사람이 팀 바틀릿Tim Bartlett이다. 당시 베이직북스의 편집자였던 팀은 내가 집필중인 글이 경제성장을 넘어 그 이상의 내용이 담긴 책이 될 것이라고 굳게 믿으면서, 나의 오락가락하는 아이디어에도 불구하고 지원을 아끼지 않았다(심리적으로 위축되었을 때에도 그의 응원은 큰 힘이 되었다). 팀은 나의 원고를 다듬으면서 글 쓰는 기술을 전수해주었으며, 그의 손을 거칠 때마다 나의 원고는 몰라볼 정도로 업그레이드되었다. 그러나 아쉽게도 그는 2013년에 베이직북스를 떠났다.

나는 2013년에 나만의 '글쓰기 의식'을 개발했다. 매일 아침마다 집에서 도보로 30분 거리에 있는 카페 볼티지Voltage에 출근도장을 찍는 것이다. 나는 대부분의 글을 이곳에서 썼다. 오전 8시~11시 사이에 도착하여 테이블 위에 노트북 컴퓨터를 펼쳐놓고 머릿속에서 우글거리는 단어와 전쟁을 치르다보면 어느새 시간은 오후로 접어들고, 더 이상 전쟁을 치를 수 없을 정도로 머리가 복잡해지면 카페를 나와 다음에 쓸 글을 떠올리곤 했다. 그리고 저녁에 MIT연구소에서 퇴근하여 집으로 걸어오는 길에 가끔씩 나의 친구인 이그나시아 에체베리아Ignacia Echeverria(나차라는 애칭으로 불림)를 불러내기도 했다. 통계물리학자인 나차는 엔트로피와 엔탈피, 그리고 정보에 관하여 나와 많은 이야기를 주고받았다.

볼티지 카페에 가면 항상 키치 앤드 칵투스Kitch and Cactus(용설란 시럽을 넣은 라테)와 아보카도 베이글을 주문했는데, 사실 이것은 메뉴에 없었다. 그곳에 2년 동안 매일같이 드나들다보니 사라와 릴리안, 안나, 에밀리, 리 등 바리스타들과도 친분이 쌓였다. 이들과 많은 대화를 나누진 못했지만 내가 글을 쓴다는 사실을 알고 집필에 적절한 분위기를 만들어준 것은 정말로 고마운 일이었다. 그들에게 감사하지 않는다면 나는 정말로 배은망덕한 인간이 된다.

2013년 여름에 나는 볼티지 카페에서 6장과 7장을 탈고했다. 이 원고와 더불어 그곳에서 읽었던 로널드 코스Ronald Coase와 올리버 윌리엄슨Oliver Williamson의 논문은 3부(6~8장)의 기초가 되었다.

2013년 가을, 아직 원고가 완성되기 전에 안나의 뱃속에 있던 아기가 세상 빛을 볼 준비가 되었다. 아이리스의 탄생은 이 책의 방향을 크게 바꿔놓았다. 사실은 그전부터 임신한 아내에게 영감을 받아 출산과 관련된 이야기를 원고에 조금 섞어넣었었다. 그러나 갓 태어난 아이리스의 모습을 보니 감정이 북받치면서 새로운 아이디어가 마구 떠올랐다.

아이리스는 2013년 10월 6일, 토요일과 일요일 사이에 태어났다. 월요일에 나는 케임브리지 스트리트에 있는 텁탭룸 레스토랑에서 이미 써놓은 1장의 도입부를 완전히 뜯어고쳤다. 특히 "딸아이의 출산을 기다리며 앉아 있던 의자는 정말 불편했다"는 첫 문장은 수십 차례 교정을 거치는 와중에도 토시 하나 건드리지 않고 그대로 살려두었다.

그 무렵에 나는 제임스 글릭James Gleick의 명저인 『정보The Information』를 탐독하고 있었는데(사실은 읽은 것이 아니라 아이팟을 통해 "들었다"), 계속 읽다보니(듣다보니) 정보이론에 관심이 급증하여 클로드 섀넌Claude Shannon과 워런 위버Warren Weaver, 그리고 노버트 위너의 오리지널 논문까지 읽게 되었다. 이 책의 2장은 주로 제임스 글릭의 『정보』에서 영감을 받아 집필된 것이다(교정을 거치면서 많이 달라지긴 했다). 2장을 탈고한 곳은 볼티지 카페가 아니라 인만 스퀘어Inman Square에 있는 카페 1369였다.

2013년 가을부터는 정보의 개념을 이 책의 핵심으로 장착하는 작업에 착수했다. 그 와중에 정보의 물리학적 기원이 점점 더 궁금해졌지만, 곧 "정보이론은 커뮤니케이션을 다루는 수학에 중점을 두고 있으며, 정보의 물리학이나 그 기원에는 별 관심이 없다"는 사실을 알게 되었다. 그런데 연구소에서 그룹미팅을 하던 중 이런 이야기를 했더니 도시설계자인 프란시스코 휴메레스Francisco Humeres가 나에게 일리야 프리고진의 연구에 대하여 귀띔해주었고, 나는 당장 웹으로 들어가 그의 논문과 저서를 닥치는 대로 긁어모았다. 역시 그의 책에는 시간화살과 질서의 기원이 자세하게 서술되어 있었고, 나는 프리고진의 연구를 내 책에 반영하여 3장을 완성하느라 11월을 다 보냈다.

계약서상에는 이 책의 원고마감일이 2014년 2월로 되어 있었다. 그런데 2013년 12월이 되자 슬슬 걱정되기 시작했다. 과연 기한 내에 탈고할 수 있을까? 시간이 촉박한데도 나는 소셜네트워크와 직업네트워크의 기원에 관한 부분을 좀더 자세히 쓰고 싶었다. 지식과 노하우를 축적하는 사회에서 네트워크는 가장 기본적인 단위이고, 지식과 노하우를 축적하는 네트워크의 능력은 사회제도와 사회적 과정의 영향을 받기 때문이다. 그래서 나는 전공과 완전히 다른 분야인 소셜네트워크와 사회적 자본에 관한 문헌을 뒤지기 시작했다(나는 물리학자들이 개발한 네트워크 서술법을 연구하여 박사학위를 받았다).

로욜라 대학교의 정치학자이자 내 아내의 친구인 올가 아브데예바Olga Avdeyeva는 나에게 프랜시스 후쿠야마의 책 『신뢰』를 소개해주었는데, 정말로 탁월한 추천이었다. 그후로 나는 11월에서 12월 크리스마스 휴가가 끝날 때까지 딸아이를 돌보면서 후쿠야마와 그라노베터, 퍼트넘의 책을 비롯하여 사회자본이론서를 거의 끼고 살다시피 했고, 2014년 1월에 이 모든 내용을 종합하여 8장을 완성했다.

원고마감일인 2월로 접어들었을 즈음에 원고는 거의 완성되었지만 책의 제목과 서문, 그리고 전체적인 짜임새가 그다지 마음에 들지 않았다. 게다가 담당편집자인 팀 바틀릿이 출판사를 떠나는 바람에 졸지에 혼자가 되어, 집필에 관한 한 외로운 나날을 보내야 했다. 그리하여 2월부터 4월 동안은 원고를 뒤로 제쳐두고 강의와 논문, 프로젝트 등 원래 해왔던 일에 집중했다.

결정적인 계기는 2014년 5월에 찾아왔다. 나의 친구인 므리두가 우리 동네로 이사를 온 것이다. 나와 므리두는 내가 사는 콘도의 주차장에서 보스턴의 스카이라인을 바라보며 책에 대하여 많은 대화를 나누었다. 그리고 이 무렵 베이직북스의 켈러허T. J. Kelleher가 새로운 편집자로 배정되어 외톨이 신세를 면하게 되었다. 그후 나는 므리두와 켈리허의 조언을 바탕으로 이미 써놓은 서문과 입문을 지워버리고 루트비히 볼츠만의 이론에 기초하여 처음부터 다시 써내려갔다. 새로 쓴

서문은 정보와 계산의 세분화(저자는 이 단어를 quantization로 표기했다: 옮긴이)에 중점을 두었고, 책의 가제목도 "구체화된 상상력"에서 "비트와 원자The Bit and The Atom"로 바꾸었다.

나에게 2014년 여름은 꽤나 힘든 시기였다. 원고를 빨리 마감해야 하는데 MIT에서 승진심사가 발목을 잡았고, 다른 일정도 수많은 문서 작성과 여행스케줄로 가득차 있었다. 그해 8월에 나는 안나와 아이리스를 데리고 상트페테르부르크를 방문했는데, 이 기간에도 매일 카페에 출근하여 기어이 9장을 완성했다.

상트페테르부르크에서 일정을 마치고 나는 다시 콜롬비아, 브라질, 칠레를 순차적으로 방문했는데, 일정은 빡빡했지만 좋은 사람들을 만난 덕분에 원고의 중압감에서 잠시나마 해방될 수 있었다. 그리고 이 무렵에 책의 제목과 관련하여 펭귄 UK사의 헬렌 콘포드Hellen Conford와 짧은 연락을 주고받았는데, 그는 "구체화된 상상력"이라는 제목이 다소 몽상적인 느낌이어서 책의 내용과 어울리지 않는다고 했다.

산티아고에서는 나의 친구이자 데사롤로 대학교의 교수인 카를로스 로드리게스Carlos Rodriquez를 방문했다. 그와 만나기 전에 고등학교 동창인 마리아 호세 바디넬라Maria Jose Badinella와 학교 졸업 후 처음으로 연락이 닿았다. 나는 두 사람에게 집필중인 책에 대하여 약간의 설명을 해주고 카를로스와는 저녁때까지 술을 마시며 담소를 나누다가 부모님이 살고 있는 집으로 갔다. 그런데 집에 도착할 무렵, 내 머릿속에 "질서는 왜 자라는가Why order grows"라는 문장이 계속 머릿속에서 맴돌았다. 지난 2년 동안 찾아 헤매왔던 문장이 드디어 떠오른 것이다. 다음날 나는 책의 가제목을 "정보는 왜 자라는가Why Information Grows"로 수정했는데, 혹시나 하는 마음으로 구글에서 검색을 해보니 관련 기사가 거의 없었다. Why와 Infromation, 그리고 Grow라는 세 단어는 별로 어울리는 조합이 아니었던 것이다. 오늘(2014년 11월 11일) 다시 구글에서 "Why Information Grows"를 검색해보니 관련 글이 4개 올라왔다. 첫번째는 아마존에서 내 책을 홍보하는 기사였고 두 개는 글이 도중에 끊겨서 무슨 내용인지 알 수 없었다(검색어를 "Why Economies grow"로 바꾸면 관련 글이 무려 26,000개나 된다!).

칠레에서 건진 것이 달랑 이 세 단어뿐이라 해도, 나의 여행은 완전 성공이었다. 그러나 이 문장을 제목으로 사용하려면 책의 구성을 완전히 갈아엎어야 했다. 그렇다고 책을 다시 쓸 수는 없었기에, 장의 순서를 재배열하고 이들 사이를 매끄럽게 연결하는 문장을 추가하는 것으로 1차 수정을 마쳤다.

그주 토요일에 산티아고에서 비행기를 타고 버지니아주 리스버그로 날아갔다(거의 한 달 동안 주말만 되면 비행기를 탔다). 미주개발은행에서 개최한 행사에서 연설을 하기로 되어 있었기 때문이다. 나는 행사 전날인 일요일에 허름한 골프장 휴게실에 앉아 원고를 계속 수정해나갔다.

마지막 수정작업은 정말로 어려웠다. 그 와중에도 나는 뉴헤이븐과 뉴욕, 런던, 그리고 사우디아라비아를 연달아 방문했고 연구실을 새 건물로 옮겼으며, 연구팀에 학생 4명을 추가로 영입했다. 이제 원고 최종마감일이 3주밖에 남지 않았으니, 최선을 다하는 것 외에 다른 방도가 없었다. 이 무렵에 나는 자다가 한밤중에 수시로 깨어 원고 걱정을 하면서 뜬눈으로 아침을 맞이하곤 했다. 수정을 대충 마치고 나니 원고의 단어 수가 무려 1만 개나 줄어 있었다. 아내의 위로와 도움이 없었다면 견뎌내지 못했을 것이다.

그사이에 볼티지 카페가 너무 유명해져서 항상 사람들로 들끓는 바람에 집중을 할 수가 없었다. 그래서 나는 3주 동안 볼티지 카페를 배신하고 MIT 근처에 있는 커먼웰스 레스토랑에서 마지막장을 써내려갔다.

그토록 노력했음에도 불구하고, 결국 나는 책을 포기했다. 무슨 소리냐고? 책을 써본 사람은 알겠지만 100퍼센트 마음에 드는 원고를 편집자에게 건네주는 것은 원리적으로 불가능하다. 책이 제때에 나오려면 적절한 단계에서 더이상의 원고 수정을 포기하는 수밖에 없다. 그러나 나는 내가 낳은 이 '고아'가 독자들의 머릿속에서 자신의 집을 찾아가기를 간절히 기원한다.

반항심으로 가득찬 고아를 키우는 것은 결코 쉬운 일이 아니었다. 담당편집자를 비롯한 출판사의 여러 직원들과 가까운 친구들의 도움이 없었다면 해내지 못했을 것이다. 모두가 고마운 사람들이지만, 그중에서도 특히 감사의 마음을 전하고 싶은 사람들이 있어서 여기 소개한다. 알렉스 시모스Alex Simoes와 데이브 랜드리Dave Landry는 이 책의 기획 초기단계부터 열성적으로 참여하여 시각디자인과 관련된 부분을 끊임없이 업그레이드해주었고, 제니퍼 갈라Jennifer Gala는 나에게 친구 이상의 존재로 항상 든든한 버팀목이 돼주었으며, 도미닉 하트만Dominik Hartmann과 저메인 카민스키Jermain Kaminsky, 알리 알모사위Ali Almossawi, 그리고 이선 주커만Ethan Zukerman은 초기 원고를 읽고 값진 조언을 해주었다. 나의 부모님과 조부모님, 누님과 여동생 세자르 E.

히달고César E. Hidalgo, 누리아 라마치오티Nuria Ramaciotti, 카테리나 히달고Caterina Hidalgo, 누리아 히달고Nuria Hidalgo, 안토니오 라마치오티Antonio Ramaciotti, 누리아 페레Nuria Ferre가 나에게 베풀어준 사랑에 깊이 감사드리며, 연구소를 거쳐간 학생 사하르 로넨Sahar Ronen, 대니얼 스밀코프Daniel Smilkov, 디팩 자그디시Deepak Jagdish와 나의 친구 안드레 바렌스Andre Barrence, 에밀리아 파이바Emilia Paiva에게도 고마운 마음을 전한다. 물론 도중에 나에게 등을 돌린 사람들도 한때는 매우 고마운 사람들이었다.

이제 나는 어려운 과제를 끝낸 후 찾아오는 공허감에 빠진 채 과연 내 글을 읽어줄 사람이 있을지 전전긍긍하고 있다. 나의 딸 아이리스는 이제 기어다니기 시작했고, 가끔은 두 발로 서기도 한다. 나는 아이리스의 정보처리능력이 하루가 다르게 발전하는 모습을 보면서 부모를 향한 갓난아이의 애정을 마음껏 누리는 중이다. 물론 세월이 지나면 아이리스는 이 시절을 까맣게 잊겠지만, 나에게는 평생 잊을 수 없는 추억으로 남을 것이다. 아이리스와 안나는 내 삶의 원천이자 나의 모든 것이다. 그들이 원고를 직접 써주지는 않았지만, 이 책은 그들로부터 탄생한 것이나 다름없다.

주

입문: 원자에서 인간으로, 인간에서 경제로

1. 여기서 말하는 '원자'는 원자핵과 전자로 이루어진 원소를 의미하는 것이 아니라, 기체를 이루는 기본단위인 원자와 분자를 통칭한다.

2. 진화론과 인간행동양식의 관계를 설명한 책으로는 리처드 도킨스의 『이기적 유전자*The Selfish Gene*』(Oxford: Oxford University Pewss, 2006)와 스티븐 핑커의 『빈 서판*The Blank Slate: The Modern Denial of Human Nature*』(New York: Penguin, 2003)이 있다. 둘 다 역사에 길이 남을 명저로 꼽힌다.

3. 정보이론은 양자역학에도 도입되어 '양자정보이론(quantum information theory)'이라는 새로운 분야를 낳았다. 그러나 양자정보이론은 양자역학과 달리 고전적 정보이론과 상치되지 않는다.

4. Friedrich Hayek, "The Use of Knowledge in Society", *American Economic Review* 35, no.4(1945): 519-530.

5. George A. Akerlof, "The Market for 'Lemons': Quality Uncertainty and the Market Mechanism",*Quarterly Journal of Economics* 84, no.3(1970): 488-500.

6. Claude E. Shannon and Warren Weaver, *The Mathematical Theory of Communication*(Urbana: University of Illinois Press, 1963), 8.

7. 같은 책, 31.

8. 볼츠만의 엔트로피(S_B)는 $S_B = k_B \ln(W)$로 정의된다. 여기서 k_B는 에너지/온도(E/T)의 단위를 갖는 볼츠만상수이고 W는 주어진 거시상태(macrostate)가 취할 수 있는 미시상태(microstate)의 개수이다. 영국의 물리학자 조사이어 윌러드 기브스(Josiah Willard Gibbs)는 주어진 물리계가 특정 미시상태(i-번째 미시상태)에 놓일 확률 pi를 정의하여 볼츠만의 엔트로피에 약간의 수정을 가했다. 기브스가 새로 정의한 엔트로피(S_G)는 $S_G = -\Sigma_i pi \ln(p_i)$이다. 언뜻 보기에는 완전히 다른 것 같지만, 모든 i에 대하여 $pi = 1/N$으로 대치하면 두 정의는 완전히 같아진다. 즉, 모든 미시상태의 확률이 똑같은 열평형상태에서는 $S_B = S_G$이다.
섀넌의 정보엔트로피는 $H = -\Sigma_i p_i \log_2(p_i)$로 정의되는데, 여기서 pi는 i-번째 문자가 등장할 확률이다(ln는 e를 밑수로 하는 자연로그함수이고, $\log_2$는 2를 밑수로 하는 로그함수이다: 옮긴이). 전체적으로 곱해지는 상수를 제외하면 섀넌의 엔트로피와 깁스의 엔트로피는 기본적으로 동일한 형태이다($\log_2$와 ln은 서로 비례관계에 있다).

1장: 시간여행의 비밀

1. 인간과 동물의 또다른 중요한 차이는 '창작적 언어능력'이다. 즉, 인간은 허구의 이야기를 만들어낼 수 있다. 여기서 흥미로운 것은 창작적 언어능력과 복잡한 인공물의 진화과정이 밀접하게 연결되어 있다는 점이다.

언어는 문자보다 훨씬 먼저 개발되었기 때문에, 언어의 기원을 추적하는 것은 결코 쉬운 일이 아니다. 지금까지 알려진 가장 오래된 문자기록이라고 해 봐야 겨우 7000년 전에 불과하다. 그래서 고고학자들은 문자에 기록된 물건의 복잡한 정도를 가늠하여 언어의 기원을 추적하고 있는데, 여기에는 두 가지 근거가 있다. 첫째, 돌촉이 달린 창이나 자동차의 기화기(캬뷰레터)처럼 복잡한 물건을 만들 수 있는 사람은 각 부품을 하나로 조립했을 때 어떤 식으로 작동하는지를 이해하는 사람이다. 이것은 여러 개의 단어가 모여서 문장으로 이루고, 문장이 모여서 이야기가 되는 과정과 비슷하다. 다시 말해서, 복잡한 도구를 만들었다는 것은 도구가 완성되기 전에 각 부품의 형태와 역할, 조립방법, 그리고 전체적인 작동원리를 머릿속에 그릴 수 있다는 뜻이다. 이것은 원시적인 '문법(어법)'으로 간주할 수 있으며, 두뇌활동에서도 이와 비슷한 패턴이 발견된다. 복잡한 도구를 만들려면 언어를 구사할 때와 비슷한 '조합능력'이 필요하다. 도구를 조합하는 능력 덕분에 언어를 사용할 수 있었다고 단정짓기는 어렵지만, 조합능력과 언어능력은 비슷한 시기에 획득되었을 가능성이 높다.

고고학자들이 도구의 복잡한 정도로부터 언어의 기원을 추적할 수 있다고 믿는 두번째 근거는 지식의 전파와 관련되어 있다. 도구가 널리 사용되려면 그와 관련된 지식이 널리 보급되어야 하는데, 간단한 도구의 제작 및 사용법은 단어 몇 개로 전달할 수 있지만 화살이나 창과 같이 복잡한 도구의 경우에는 언어가 훨씬 복잡하고 정교해야 한다. 예를 들어 돌멩이로 호두를 깨는 기술은 굳이 언어를 동원하지 않아도 옆에서 지켜보기만 하면 누구나 따라할 수 있다. 그러나 복잡한 도구를 설명할 때에는 화자들 사이에 의사소통의 효율을 높여주는 '뉘앙스'가 중요하다. 예를 들어 같은 언어를 사용하는 사람들끼리는 화살촉에 독을 바르거나 돌도끼 날을 나무손잡이에 고정시키는 기술을 훨씬 쉽게 전수할 수 있다.

지금까지 알려진 바에 의하면 호모 사피엔스가 활과 돌도끼를 사용한 것은 수렵생활이 주류를 이루었던 7만 년~10만 년 전이었다. 이는 곧 상상을 구현하는 인간의 능력이 문자를 사용하는 능력보다 먼저 개발되었고, 초기의 인류가 아프리카 대륙을 떠나기 전부터 복잡한 도구와 언어를 사용했음을 의미한다. 인간이 동물과 다른 것은 단순한 도구를 사용했기 때문이 아니라, 자연물보다 훨씬 월등하고 복잡한 인공물을 만들 수 있었기 때문이다. E. O. Wilson, *The Social Conquest of Earth*(New York: W. W. Norton, 2012); Yuval Harari, *Sapiens: A Brief History of Humankind*(New York: Random House, 2014) 참조.

2. 랜들 데이비스(Randall Davis)와 하워드 슈로브(Howard Shrobe), 그리고 피터 스졸로비츠(Peter Szolovits)가 1993년에 출간된 『AI 매거진 *AI Magazine* 14』(no.1)의 17-33쪽에 기고한 글 「지식표현이란 무엇인가?(What is a Knowledge Representation?)」에는 다음과 같이 적혀 있다. "첫째, 지식표현은 물체나 상황을 대신하는 가장 기본적인 대체물로서, 이것을 이용하면 직접 겪어보거나 행동을 취하지 않고서도 결과를 예측할 수 있다."

3. 반세기 전에 마이클 폴라니(Michael Polanyi)는 '형식지(explicit knowledge)'와 '암묵지(tacit knowledge)'를 엄밀하게 구분했다. 이 책에서 말하는 '노하우(knowhow)'는 암묵지를 의미하는데, 내가 굳이 이런 단어를 쓰는 이유는 서로 다른 두 개의 개념을 언급할 때 하나의 단어에 각기 다른 형용사(explicit, tacit)를 붙여서 구별하는 것보다, 완전히 다른 단어를 사용하는 쪽을 선호하기 때문이다. 형식지와 암묵지의 개념을 좀더 자세히 알고 싶다면 해리 콜린스(Harry Collins)의 『암묵지와 형식지 *Tacit and Explicit Knowledge*』(Chicaro: University of Chicago Press, 2010)를 읽어보기 바란다. 이 책에서 콜린스는 암묵지를 원리적으로는 설명 가능하지만 종종 서술에 실패하는 '관계적 암묵지(relational tacit knowledge)'와 몸으로 실천할 수는 있지만 설명하기 어려운(자전거 타기 등) '육체적 암묵지(somatic tacit knowledge)', 그리고 사회적 상호작용을 통해 미가 부여되는(어법 등) '집합

적 암묵지(collective tacit knowledge)'로 세분했다.

4. 이 인용문은 컴퓨터역사박물관 웹사이트(www.computerhistory.org/fellowawards/hall/bios/Marvin,Minsky)에 올라와 있는 마빈 민스키의 자서전에서 발췌한 것이다.

2장: 의미 없는 몸체

1. 이런 식의 가격비교법을 나에게 제안한 사람은 나의 친구이자 학창 시절 논문 지도교수였던 프란시스코 클라로(Francisco Claro)이다. 그는 몇 년 전에 전투기를 대상으로 이와 비슷한 계산을 수행했다.

2. 이 계산은 2013년 1월 14일 동부시간 16시45분에 goldprice.org에 올라온 데이터를 참고한 것이다. 정확한 가격은 1kg 당 53,586달러였다.

3. 에릭 바인하커(Eric Beinhocker)의 책 『부는 어디서 오는가*The Origin of Wealth*』(Boston: Harbard Business School Press, 2005)에는 이와 관련된 내용이 잘 서술되어 있다.

4. 독자들은 "부가티의 모든 가치가 오로지 물리적 질서에서 온 것만은 아니다"라고 주장하고 싶을 것이다. 오케이, 맞는 말이다. 나도 인정한다. 물리적 질서 외에 추가로 부여된 가치에 대해서는 나중에 따로 다룰 예정이니, 책을 좀더 읽어주기 바란다.

5. '질서(order)'라는 단어는 다양한 의미를 갖고 있는데(order는 '질서'라는 뜻 외에 '정돈' '명령' '주문'이라는 뜻도 있다), 이 책에서는 "계의 각 부분이 나열된 방식"을 뜻한다(예를 들어 옷장 속의 옷들이 특정 순서에 따라 나열되어 있으면 물리적 질서가 높은 상태이다). 이 정의에 의하면 사고 이전의 부가티와 사고가 난 후의 부가티는 물리적 질서가 다르기 때문에 가치도 다르다.

6. 이 게임에서는 모든 문자가 사용될 확률이 똑같기 때문에, 섀넌의 이론 중에서 가장 간단한 사례에 속한다. 다들 알다시피 실제 문장에서는 모든 문자와 단어가 동일한 빈도수로 등장하지 않는다. 예를 들어 임의의 트위터에는 "qwzykq"보다 "http://"가 등장할 확률이 압도적으로 높다. 브라이언이 바보가 아니라면 이 사실을 십분 활용하여 질문의 개수를 줄일 수 있다. 사례가 너무 단순해서 현실성이 떨어진다고? 그렇다면 애비와 브라이언이 둘 다 외계인이라고 가정해보자. 이런 경우에 브라이언이 애비의 트위터에 대하여 알고 있는 것이라곤 "32개의 문자로 이루어진 140개의 문자열"이라는 사실뿐이므로, 본문의 가정과 잘 맞아떨어진다.

7. 브라이언이 던져야 할 질문의 개수는 총 700개인데, 이 숫자는 다른 곳에서도 등장한다. 32개의 문자로 만들 수 있는 140자짜리 트위터의 총 개수가 2^{700}개이다. 일반적으로 질문의 개수는 $N\log_2(S)$로 표현되는데, 여기서 N은 '메시지에 들어 있는 문자의 개수(본문의 사례에서는 140)'이고, S는 '사용 가능한 문자의 개수(본문의 사례에서는 32)'이다. 이것은 $\log_2(S^N)$으로 쓸 수 있으며, 여기서 S^N은 '모든 가능한 트위터의 개수'에 해당한다(본문의 사례에서는 $321^{40}=2^{700}$이다). 일반적으로 메시지에 담겨 있는 정보의 양은 모든 가능한 메시지의 수에 $\log_2$를 취한 값과 같다. 그 이유는 각 문자의 범위를 반씩 줄여나가야 메시지의 내용을 가장 효율적으로 알아맞힐 수 있기 때문이다.

8. 경기장이나 공연장에서 사람들이 이런 식으로 앉게 되는 요인은 여러 가지가 있다. 관람객들이 앞좌석이나 뒷좌석에 몰려 앉는 집단행동양식은 토머스 셸링(Thomas Schelling)의 『미시동기와 거시행동*Micromotives and Macrobehavior*』(New York: W. W. Norton, 2006)에 잘 서술되어 있다.

9. Manfred Eigen, *From Strange Simplicity to Complex Familiarity: A Treatise on Matter, Information, Life and Thought*(Oxford University Press, 2013), 310.

10. Tomas Rokicki, et. al., "The Diameter of the Rubik's Cube Group Is Twenty", *SIAM Journal on Discrete Mathematics* 27, no.2(2013), 1082-1105.

11. 루빅스큐브를 맞추는 데 필요한 이동횟수가 처음으로 알려진 것은 1981년 7월이었는데, 당시 산출된 값은 52회였다. 그후 이 숫자는 1990년에 42회, 2000년에 29회, 2008년에 22회로 점차 줄어들다가 최종적으로 20에 도달했다. 자세한 내용은 http://ruwix.com/the-rubiks-cube/mathematics-of-the-rubiks-cube-permutation-group에 올라와 있는 루빅스(ruwix)의 글 "Mathematics of the Rubik's Cube"를 참고하기 바란다.

12. 불규칙적이면서 다양한 장-단거리 상호관계가 정보에 포함되어 있다는 아이디어는 더글러스 호프스태터(Douglas R. Hofstarter)에 의해 연구된 바 있다. 자세한 내용은 그의 저서인 『괴델, 에셔, 바흐*Gôdel, Escher, Bach,: An Eternal Golden Braid*』(New York: Basic Books, 1979)의 Chapter VI: The Location of Meaning에 잘 나와 있다.

13. 최근 들어 정보를 이용하여 유전물질 안에서 새로운 유전자를 찾는 연구가 활발하게 진행되고 있다. Anna-Ruxandra Carvunis et al., "Proto-genes and De Novo Gene Birth", *Nature* 487, no.7407(2012): 370-374.

14. Dave Muinger, "A Simple Toy, and What It Says About How We Learn to Mentally Rotate Object", *Cognitive Daily* blog, September 17, 2008, http://scienceblogs.com/cognitivedaily/2008/09/17/a-simple-toy-and-what-it-says; Helena Örnkloo and Claes von Hofsten, "Fitting Objects into Holes: On the Development of Spatial Cognition Skills", *Development Psychology* 43, no.2(2007): 404.

3장: 영원한 변칙

1. 공상과학영화에서는 시간여행이 단골메뉴로 등장하지만 과거, 현재, 미래를 "생각한다"는 것은 다소 문제의 소지가 있다. 현대물리학에 의하면 미래는 매 순간마다 만들어지고 있을 뿐, 별개로 존재하는 세상이 아니다. 유일하게 존재하는 것은 현재이며, 현재는 인접과거(방금 전의 과거)로부터 계산될 수 있다(단, 100% 정확한 계산은 불가능하다). 그러나 현재가 인접과거로부터 만들어진다고 해서, 먼 과거의 정보가 현재에 영향을 미치지 않는다는 뜻은 아니다. 독자들은 다음의 사실만 기억하면 된다. "가장 가까운 과거의 어딘가에 물리적으로 담겨 있는 정보가 현재에 영향을 미치고 있다."

2. 물리학에서 시간이 과거와 미래로 모두 흐를 수 있는 이유는 시간이 갖고 있는 '대칭(symmetry)' 때문이다. 특정 변수를 바꿔도 물리계가 변하지 않을 때, 그 물리계는 "대칭을 갖고 있다"고 말한다. 운동방정식에 등장하는 시간변수 t를 $-t$로 바꿔도 방정식이 변하지 않기 때문에, 이론상 시간은 얼마든지 과거로 흐를 수 있다. 시간이 과거로 흘러도 운동방정식은 여전히 유효하며, 물리법칙에도 위배되지 않는다.

3. 물리적 일을 생산하는 쪽으로 전환될 수 있는 에너지를 '자유에너지(free energy)'라 한다. 그러므로 열은 자유에너지가 아니다. 선반 위에 놓인 볼링공은 열에너지와 중력적 위치에너지를 갖고 있는데(공의 온도가 절대온도 0K가 아니므로 열에 의한 에너지가 분명히 존재한다), 이중에서 자유에너지는 위치에너지뿐이다.

4. Nobel Media AB, "The Nobel Prize in Chemistry 1977", www.nobelprize.org/nobel_prizes/chemistry/laureates/1977.

5. 소용돌이에 정보가 많은 이유는 물분자들의 속도가 매우 규칙적으로 분포되어 있기 때문이다. 여기서 잠시 프리고진의 말을 들어보자. "오랜 세월 동안 과학자들은 난류를 입자의 불규칙한 이동이나 잡음으로 간주해왔는데, 사

실은 그렇지 않다. 난류를 거시적 관점에서 보면 매우 불규칙적인 혼돈계 같지만, 미시적 스케일에서 보면 고도로 조직화된 운동이다." Ilya Prigogine and Isabelle Stenger, *Order Out of Chaos: Man's New Dialogue with Nature*(New York: Bantam, 1984), 141.

6. Ilya Prigogine, "Étude thermodynamique des phénomènes Irréversibles", PhD thesis, Universite Libre de Bruxelles, 1947.

7. L. M. Martyushev and V. D. Seleznev, "Maximum Entropy Production Principle in Physics, Chemistry and Biology", *Physics Reports* 426, no.1(2006): 1-45.

8. Ilya Prigogine and Grégoire Nicolis, "Biologicak Orders, Structure and Instabilities", *Quarterly Reviews of Biophysics* 4, nos. 2-3(1971): 107-148. 통계물리학과 질서, 그리고 생명에 대한 최신이론은 Jeremy L. England, "Statistical Physics of Self-Replication", *Journal of Chemical Physics* 139, no.12(2013): 121923을 참고하라.

9. 이 사고실험은 물리적으로 정확하지 않지만(욕조를 얼리면 소용돌이도 멈춘다), 상상력을 동원하면 논리를 계속 진행할 수 있다.

10. 소용돌이를 얼리면 물분자의 위치정보는 그대로 남아 있지만, 속도(또는 운동량)와 관련된 정보는 사라진다.

11. DNA가 유전정보를 운반한다는 것은 1944년에 실행된 에이버리-매클리오드-매카티 실험(Avery-McLeod-McCarty experiment)을 통해 사실로 확인되었다. 슈뢰딩거가 자신의 책에 "단백질 또는 DNA"라고 쓴 것을 보면, 이 사실을 모르고 있었던 것 같다(슈뢰딩거의 책도 같은 해인 1944년에 출간되었다: 옮긴이).

12. 사실 이것은 계의 규모에 따라 달라진다. 열역학적 요동이 너무 약해서 물체의 구조가 바뀌지 않는 경우, 고체는 얼어붙은 상태로 간주할 수 있다. 상온에 노출된 건물이나 자동차가 이런 경우에 해당한다. 반면에 단백질은 열역학적 요동이 중요하기 때문에 질서와 무질서의 경계 근처에서 살아간다. 단백질구조는 상온에서 열역학적 요동이 일어나도 안정한 상태를 유지할 수 있다.

13. 이런 경우를 전문용어로 '분기(bifurcation)'라 한다. 일반적으로 분기는 중간화합물 M이나 최종화합물 O의 일부가 I와 M의 조합으로부터 만들어지는 비선형계에서 주로 나타난다.

14. Stuart Kauffman, *The Origins ofm Order: Self-Organization and Selection in Evolution*(New York: Oxford University Press, 1993).

15. 자세한 내용은 프리고진과 스텐저스의 *Order Out of Chaos*와 *The End of Certainty: Time, Chaos, and the New Laws of Nature*(New York: Free Press, 1977)를 참고하라.

4장: 뇌 바깥의 세상

1. 상상력을 결정(crystal)에 비유한 이유는 결정 속의 원자들이 정적인 상태에서 질서정연하게 배열되어 있기 때문이다. 우리가 만드는 물건은 주로 손으로 만질 수 있는 고체이며, 그 안에는 유동적이고 역동적인 상상력이 고정된 채로 담겨 있다. 2015년에 생산된 자동차는 후속 모델이 나오기 전까지 '2015년 모델'이라는 이름으로 고정된다. 지금 쓰고 있는 이 책도 마찬가지다. 한 번 출판된 초판은 개정판이 나오기 전까지 (물론 그런다는 보장은 없지만) 똑같은 정보를 담은 채 고정되어 있다. 이런 의미에서 볼 때 우리가 만드는 물건은 상상력이 고정된 결정체이며, 우리의 아이디어가 구현된 정적인 산물이다.

2. 경제학에서는 기술을 "생산활동을 통해 거둬들인 이익(output)에 대한 생

산비용(input)의 비율"로 생각하는 경향이 있다. 경제적 관점에서 보면 꽤 그럴듯한 설명이지만, 정작 기술을 창조한 대부분의 기술자들은 이런 식의 매정한(?) 정의에 동의하지 않을 것이다. 기술자들이 생각하는 기술이란 "만질 수 있거나(마이크로칩) 디지털 형태이며(소프트웨어 라이브러리) 인간의 능력을 확장시켜주는 산물"이다. 기술은 작업시간을 단축시키고 복잡한 일의 효율을 높일 뿐만 아니라, 불가능한 일을 가능하게 만들어주기도 한다. 경제학자들은 품질에 지장을 주지 않으면서 월급 지출이 줄었을 때 "기술이 향상되었다"고 말한다. 이익은 똑같은데 생산비용이 감소하면 총 생산성이 높아진 것이고, 이것이 곧 '경제학적 기술'을 가늠하는 척도이다. 그러나 기술자들의 관점에서 볼 때 이런 것은 기술의 향상으로 볼 수 없다. 그 덕분에 "과거에는 불가능했지만 지금은 할 수 있는" 일이 전혀 없기 때문이다.

3. 물론 수출을 하는 주체는 국가가 아닌 기업이지만, 한 국가의 수출구조는 수많은 기업의 실적을 종합한 결과이므로, 국가가 수출한다고 간주해도 크게 틀리지 않을 것이다.

4. "Products That Chile Exports to South Korea(2012)", *Observatory of Economic Complexity*, MIT Media Lab, http://atlas.media.mit.edu/explore/tree_map/hs/export/chl/kor/show/2012.

5. "Products That Chile Imports from South Korea(2012)", *Observatory of Economic Complexity*, MIT Media Lab, http://atlas.media.mit.edu/explore/tree_map/hs/import/chl/kor/show/2012.

6. 앵거스 매디슨(Angus Madison)의 GDP 평가자료에 따르면 1900년에 칠레의 1인당 국민소득은 1990년도 화폐가치를 기준으로 2,194달러였다. 같은 시기에 스페인은 1,786달러, 스웨덴은 2,083달러, 핀란드는 1,877달러였다.

7. "Products Exported by Chile(2012)", *Observatory of Economic*

Complexity, MIT Media Lab, http://atlas.media.mit.edu/oi5z2n.

8. 현재 칠레의 1가구 평균 가족 수는 2.9명이다. 자세한 자료는 www.ministeroidesarrollosocial.gob.cl/casen2009/familia.php를 참고하라.

9. International Energy Agency, "Electricity/Heat in World in 2009", www.iea.org/stats/electricitydata.asp?COUNTRY_CODE=29.

10. 사실 석유는 자동차가 발명되기 전에도 램프를 밝힐 때 간간이 사용되었다.

11. Nikola Tesla, *My Inventions*(n.p.: Philbox, 2013).

12. "인간의 모든 활동은 효용성을 극대화하는 쪽으로 행해진다"는 관점은 경험을 통해 구축된 경제학의 현시선호(revealed preference)에 부합되지 않는다. 간단히 말해서, 이론(효용성의 극대화)과 경험적 확인(각 개인의 선택에는 개인의 취향이 반영되어 있음)을 별개로 간주하면 논리의 순환을 쉽게 이해할 수 있다. 각 개인이 효용성을 최대화한다는 것을 하나의 가설로 간주했을 때, 이 가설을 확인하기 위해 테스트를 한다면 모든 가능한 결과 중에서 개인이 효용성을 최대화하지 않는 사례가 나올 수 있는 테스트를 해야 한다. 현시선호는 사람들의 구매행위가 자신의 선호도를 극대화하는 쪽으로 이루어진다고 가정하고 있으므로 방금 말한 테스트가 될 수 없다. 즉, 현시선호에서는 개인의 선택이 효용성을 극대화하지 않는 결과가 나올 수 없다. 따라서 최대효용성이라는 개념과 현시선호의 개념을 하나로 엮은 논리로는 개인의 행위가 사리사욕이나 그와 비슷한 동기에서 비롯된다는 것을 증명할 수 없다. 이 점을 정확하게 짚은 사람이 프랜시스 후쿠야마다. 그는 자신의 저서에 최대효용성과 이것을 대하는 경제학자의 태도를 언급하면서 다음과 같이 적어놓았다. "일부 경제학자들은 효용성의 정의를 '돈이 주는 만족감'보다 넓게 확장함으로써 이 문제를 피해가고 있다. 예를 들면 '옳은 일을 하면

서 느끼는 심리적 즐거움'이나 '타인의 소비행태를 보면서 느끼는 대리만족'까지 포함시키는 식이다. 경제학자들은 '사람들이 선택하는 패턴을 관찰하면 무엇이 유용한지 알 수 있다'고 주장한다. 노예제도에 반대하는 폐지론자(abolitionist)들과 이자율에 민감한 투자전문가들도 효용성을 추구한다는 점에서 같은 집단으로 분류할 수 있다(단, 폐지론자가 생각하는 효용성은 정신적인 면에 집중되어 있다). 논리를 아무리 극단적으로 밀고 가도, 결국 '효용성'이란 사람들이 추구하는 선호도를 설명하는 형식적 개념일 뿐이다. 효용성을 이렇게 형식적으로 정의하면 경제학의 기본전제는 '사람들은 최대화하기 위해 선택하는 것을 최대화한다'는 식의 무의미한 반복구가 되어 이론의 설득력을 퇴화시킨다." Francis Fukuyama, *Trust: The Social Virtues and the Creation of Prosperity*(New York: Free Press, 1995), 19.

5장: 증폭기

1. 이것은 도시활동가로 알려진 제인 제이콥스(Jane Jacobs)의 사상을 떠올리게 한다. 그녀는 "경제에서 탐욕과 사리사욕의 역할은 무엇인가?"라는 질문을 받고 다음과 같이 대답했다. "당신은 경제에서 가장 중요한 부분을 망각하고 있다. 탐욕을 발휘할 대상이 없으면 탐욕이라는 감정 자체가 존재하지 않는다." 제인 제이콥스의 인터뷰 동영상은 http://www.youtube.com/watch?v=UPNpdBCqzU에서 조회할 수 있다.

2. George Johnson, *The Ten Most Beautiful Experiments*(New York: Knopf, 2008), 76-86.

3. 노버트 위너의 책은 대부분의 표현이 직설적이지 않기 때문에, 약간의 확대해석을 시도해도 큰 무리는 없으리라 생각한다. Nobert Wiener, *The Human Use of Human Beings: Cybernetics and Society*(Boston: Houghton Mifflin, 1950).

6장: 개인의 한계

1. 산업의 종류와 위치 및 발생시기를 설명하는 이론은 크게 산업클러스터이론(industrial clusters)과 신경제지리이론(new economic geography), 조직과 문화에 중점을 둔 경제지리이론(economic geography), 그리고 진화론적 경제지리이론(evolutionary economic geography)으로 나뉜다. 이 네 가지 이론은 학문적 의견을 달리하는 '학파'로 간주할 수도 있지만, 여기서는 경제적 이득과 산업다양화의 패턴, 그리고 각기 다른 지역에서 발견되는 산업적 특성의 근원을 개념화하는 방법의 차이로 이해하고자 한다.

제일 먼저 산업의 역할을 강조하는 관점부터 살펴보자. 폴 크루그먼(Paul Krugman)과 마사히사 후지타(Masahisa Fujita), 그리고 앤서니 베너블스(Anthony Venables)의 신고전주의적 접근법이 여기에 속한다. 신경제지리이론은 산업이 특정 지역에 집중되는 이유를 설명하는 이론으로, 완벽하게 내생적(內生的)인 일반-평형모형(general-equilibrium model)을 구축하는 것을 목표로 하고 있다. 이를 위해 신경제지리이론은 몇 가지 이론적 트릭을 도입했는데, 딕시트와 스티글리츠의 독점경쟁모형과(Avinash K. Dixit and Joseph E. Stiglitz, "Monopolistic Competition and Optimum Product Diversity", *American Economic Review* 67, no.3[1977]: 297-308), 폴 새뮤얼슨의 빙산경비(iceberg costs)가 바로 그것이다(Paul A. Samuelson, "The Transfer Problem and Transport Costs, II: Analysis of Effects of Trade Inpediments", *Economic Journal* 64, no.254[1954]: 264-289). 그러나 이 모형들은 지나치게 양식화되어 있어서 경험적 타당성을 입증하는 데에는 한계가 있다. 실제로 모형이 예견했던 산업의 집중화 정도는 현실세계보다 훨씬 강하게 나타나는 것으로 판명되었으며(Paul Krugman, "What's New About the New Economic Geography?", *Oxford Review of Economic Policy* 14, no.2[1998]: 7-17), 최근 연구를 통해 다양한 질문과 답이 제시되었다(Stephen J. Redding, "The Empirics of the New Economic Geography", *Journal of Regional Science* 50, no.1, 2010: 297-311).

집단보다 개인에 중점을 둔 접근법을 시도한 대표적인 학자로는 도시이론가인 리처드 플로리다(Richard Florida)를 들 수 있다(방법이 조금 다르긴 하지만, 신경제지리이론을 연구하는 학자들도 이 접근법을 시도했다). 그는 도시에 집중된 산업의 경쟁력이 창조적 인물(개인)을 끌어들이는 능력에 의해 좌우된다고 주장했다(Richard Florida, *The Rise of the Creative Class and How It's Transforming Work, Leisure, Community, and Everyday Life*(New York: Basic Books, 2002).

하버드 경영대학원 교수 마이클 포터는 산업집중화의 원인으로 개인의 역량 대신 지역적 특성이나 지역기업 간 네트워트의 역할을 강조했는데(Michael E. Porter, *On Competition*, Boston: Havard Business School Press, 2008), 그의 이론은 19세기에 산업지역분포를 연구했던 앨프리드 마셜(Alfred Marshall)의 이론과 닮은 점이 있다(*Principles of Economics*, London: Macmillan, 1890). 포터는 산업클러스터를 수요조건과 특수요인, 경영전략, 그리고 관련 산업과 연결지었는데, 특히 관련 산업에 대한 부분은 앨버트 허시먼(Albert Hirschman)의 후방연쇄효과를 연상케 한다(Albert O. Hirschman, "The Strategy of Economic Development", in A. N. Agarwal and S. P. Singh, eds., *Accelerating Investment Developing Economies*, London: Oxford University Press, 1969).

경제지리이론을 지지하는 학자들은 산업의 집중화에 지역의 역할을 강조하면서, 각 지역의 특성에 기초하여 지역 간의 차이를 설명하고 있다. 이들은 산업클러스터 간의 차이점을 각 지역의 사회적 제도와 형식적 제도에서 찾고 있는데, 대표적 저술로는 프랜시스 후쿠야마의 *Trust: The Social Virtus and the Creation of Prosperity*(New York: Free Press, 1995)와 애너리 색스니언(AnnaLee Saxenianm)의 *Regional Advantage*(Cambridge, MA.: Harvard University Press, 1996), 그리고 대런 애스모글루(Daron Acemoglu)와 제임스 A. 로빈슨(James A. Robinson)의 *Why Nations Fail: The Origins of Power, Prosoerity, and Poverty*(New York: Crown Business, 2012)가 있다. 예를 들어 두 산업클러스터의 구조와 성과를 지역의 문화(종교, 가족지향성 등)의 관점에서 비교하는 것은 사회적 제도에 기초한 이론이며, 그 지역의 형식적 관습을 통해 비교하는 것은 형식적 제도에 기초한 이론이다. 마지막으로 진화론적 경제지리이론은 기업과 기업네트워크에 지식이 축적되는 과정을 가장 중요하게 취급한다. 리처드 넬슨(Richard R. Nelson)과 시드니 윈터(Sidney G. Winter)에 의해 처음 제안된 이 이론은 기업에 내재된 암묵적 특성과 지식을 흡수하는 기업의 능력, 그리고 지식의 재조합을 강조하고 있는데(*An Evolutionary Theory of Economic Change*, Cambridge, MA: Havard University Press, 1982), 기본적인 개념은 슘페터의 이론에서 빌려온 것이다(Joseph A. Schumpeter, *The Thoery of Economic Development: An Inquiry into Profits, Capital, Credit, Interest, and the Business Cycle*, Cambridge, MA: Harvard University Press, 1934). 론 A. 보슈먼(Ron A. Boschman)과 코언 프렌켄(Koen Frenken)의 "Why Is Economic Geography", *Journal of Economic Geography* 6, no.3(2006): 273-302에는 진화적 경제지리이론과 다른 이론이 체계적으로 비교되어 있다.

2. "경제적 개체는 자신이 만드는 제품의 제작법을 알아야 한다"는 생각은 경제학의 전통적인 기본가정에 위배된다. 경제학자 리카르도 하우스만(Ricardo Hausmann)과 대니 로드릭(Dani Rodrick)은 사업가들이 주어진 위치에서 생산비용을 알아야 한다는 사실을 환기시켰다. 그러나 여기에 들어가는 비용은 경제의 주된 모형에 누락되어 있다(Ricardo Hausmann and Dani Rodrick, "Economic Development as Self-Discovery", *Journal of Development Economics* 72, no.2(2003): 603-633).

3. Michael Polanyi, *The Tacit Dimension*(Garden City, NY: Doubleday, 1966), 4.

4. Walter Powell, "Neither Market nor Hierarchy", *Research in Organizational Behavior* 12(1990): 295-336. 암묵적 지식에 관한 자세한 내용은 Richard R. Nelson and Sidnet G. Winter, *An Evolutionary Theory of Economic Change*(Cambridge, MA: Havard University Press, 1982)의 4장 2절을 참고하라.

5. 사회적 학습에 관한 내용은 앨버트 밴두라(Albert Bandura)의 *Social Learnung Theory*(Englewood Cliffs, NJ: Prentice-Hall, 1977: 305-316)에 잘 나와 있다. 사회적 학습의 이점과 경험적 전달과정에 관한 최신 논문으로는 루크 렌델(Luke Rendell) 등의 "Why Copy Others? Insights from the Social Learning Strategies Tournament"(*Science* 328, no.5975, 2010: 208-213)가 있다.

6. 동일한 시설이나 환경에서 배우는 것은 엄밀히 말해서 '사회적 학습(social learning)'이 아니라 '상황에 기반을 둔 학습(context-based learning)'이다.

7. 물론 사람마다 사물변별능력에 차이가 있으므로 능력이 뛰어난 사람은 퍼슨바이트보다 많은 양을 축적할 수도 있다. 그러나 사회에 축적되는 집합적 지식과 가장 똑똑한 개인이 축적할 수 있는 지식의 차이는 개인들 사이의 차이보다 압도적으로 크다. 그러므로 퍼슨바이트를 생산적 지식의 기본단위로 간주하면 복잡한 제품이나 사람들의 네트워크 등 집합적 과정을 좀더 쉽게 이해할 수 있다.

8. 사회기능적 측면에서 볼 때, 사람들로 이루어진 네트워크가 다량의 지식을 축적하는 능력은 소셜네트워크의 경제적 기능과 구별되어야 한다. 소셜네트워크는 '정보이동'과 '보상 및 처벌 관련 자료', 그리고 '신뢰의 저장' 등을 통해 경제에 영향을 미친다. 사회학자 마크 그라노베터는 다음과 같이 말했다. "사회구조, 특히 소셜네트워크는 세 가지 면에서 경제에 영향을 주고 있다. 첫째, 소셜 네트워크는 정보의 품질과 이동에 영향을 미친다. 대부분의 정보는 미묘한 구석이 있고 증명하기도 어렵기 때문에, 많은 사람들은 근원을 알 수 없는 정보를 믿는 대신 자신이 알고 있는 사람들이 하는 말을 믿는다. 둘째, 소셜네트워크는 개인적 친분관계를 통해 그 효과가 증폭되는 경향이 있기 때문에 보상과 처벌의 중요한 근거가 된다. 셋째, 소셜네트워크는 구성원들에게 '사람들은 개인적 이득을 포기하는 한이 있어도 옳은 일을 할 것'이라는 신뢰감을 갖게 한다(Mark Granovetter, "The Impact of Social Structure

on Economic Outcomes", *Journal of Economic Perspective* 19, no.1, 2005: 33-50). 소셜네트워크와 경제네트워크의 관계에 대해서는 8장에서 다룰 예정이다.

9. 사회적 학습이 지식의 축적을 느리게 만드는 이유는 학습의 기회를 포착하기가 어렵고 비용도 많이 들기 때문이다. 일반적으로 사회적 학습은 다른 학습의 속도를 높이는 효과가 있다(전문가에게 배우면 많은 시간이 절약된다). 여기서 중요한 점은 한 개인이 사회적 학습을 통해 특별한 지식을 습득할 기회가 그리 많지 않다는 것이다.

10. 유전자가 인간의 활동에 미치는 영향은 스티븐 핑커의 『빈 서판*The Black Slate: The Modern Denial of Human Nature*』(New York: Penguin, 2003)에 잘 나와 있다.

11. 지난 수십 년 동안 정치학자와 생물학자들은 유전자정치학(genopolitics)을 연구해오면서 정치적 성향이 유전자의 영향을 받는다는 증거를 꽤 많이 확보했다. 이 연구는 주로 일란성 쌍둥이와 이란성 쌍둥이의 투표기록과 정당가입전력을 토대로 진행되었는데, 논란의 여지가 전혀 없는 것은 아니다. 대부분의 사람들은 자신의 정치적 성향이 유전자의 영향을 받지 않는다고 믿고 있으며, 정치학자들 중에는 유전자와 정치적 성향의 연결관계 자체를 부정하는 사람도 있다. 이 문제를 다룬 문헌으로는 래리 바텔스(Larry Bartels)의 "Your Genes Influence Your Political Views. So What?"(Monkey Cage blog, Washington Post, November 12, 2013)이 있다. 일반인을 위한 유전자정치학 관련 기사로는 존 히빙(John Hibbing)의 "Why Biology Belongs in the Study of Politics"(Monkey Cage blog, Washington Post, November 27, 2013)를 추천한다. 정치와 유전학의 상호관계를 주제로 한 논문 목록은 다음과 같다.

· John R. Alford, Carolyn L. Funk, and John R. Hibbing, "Are Political Orientations Genetically Transmitted?", *American Political Science Review* 99, no.2(2005): 153-167.

· Carolyn Funk et al., "Genetic and Environmental Transmission of Political Orientations", *Political Psychology* 34, no.6(2013): 805-819.
· Christian Kandler, Wiebke Bleidorn, and Rainer Riemann, "Left or Right? Sources of Political Orientation: The Roles of Genetic Factors, Cultural Transmission, Assortative Mating, and Personality", *Journal of Personality and Social Psychology* 102, no.3(2012): 633.
유전학과 정치참여를 주제로 한 논문 목록은 다음과 같다.
· James H. Fowler, Laura A. Baker, and Christopher T. Dawes, "Genetic Variation in Political Participation", *American Political Science Review* 102, no.2(2008): 233-248.
· James H. Fowler and Christopher T. Dawes, "Two Genes Predicr Voter Turnout", *Journal of Politics* 70, no.3(2008): 579-594.
· James H. Fowler and Christopher T. Dawes, "In Defense of Genopolitics", *American Political Science Review* 107, no.2(2013): 362-374.

12. Brett Stetka, "What Do Great Musicians Have in Common? DNA", *Scientific American*, August 4, 2014.

13. 일반적으로 개인의 유전적 차이는 집단의 유전적 차이보다 크다. 이 사실은 인종주의나 우생학적 논리를 반박할 때 자주 인용되곤 한다. 스티븐 핑커의 『빈 서판』에서도 이 논지가 중요한 역할을 하고 있다.

14. 두뇌의 지식(또는 정보) 운반능력은 경이로우면서도 매우 흥미롭다. 이 문제에 최초로 관심을 가진 사람은 헝가리 태생의 수학자이자 만물박사인 존 폰 노이만(John von Neumann)이다. 그는 맨해튼 프로젝트에 참여하는 동안 컴퓨터에 관심을 갖게 되었는데, 이때 떠올렸던 생각들은 *The Computer and the Brain*(New Haven, CT: Yale University Press, 1958)에 잘 정리되어 있다. 이 책에서 노이만은 두뇌와 컴퓨터가 근본적으로 다른 구조임을 강조했

다. 트랜지스터로 만들어진 컴퓨터는 두 개의 입력을 하나의 출력으로 내놓지만, 신경으로 이루어진 인간의 두뇌는 수천, 수만 개의 입력을 처리하여 하나의 출력으로 내놓는다. 노이만은 두뇌의 진동수를 약 100Hz로 추산했는데, 다량의 입력을 처리하려면 이보다 훨씬 높아야 한다.

인간의 두뇌는 약 10^{10}개의 뉴런과 10^{14}개의 시냅스(synapse, 뉴런의 연결부위)로 이루어져 있다(시냅스 하나당 평균 10,000개의 뉴런이 연결되어 있다). 개개의 시냅스를 비트(bit)로 간주하면 두뇌의 용량은 100테라바이트(100TB, 10만 GB)쯤 된다. 또는 현존하는 시냅시스를 '1'로, 물질화되지 않은 시냅시스를 '0'으로 간주하고 100,000개 중에서 10,000개의 시냅시스가 선택되었다고 가정하면 두뇌의 저장용량은 1,000테라바이트(1페타바이트, 1PB)까지 올라간다.

7장: 링크는 공짜가 아니다

1. Greg Grandin, *Fordlandis: The Rise and Fall of Henry Ford's Forgotten Jungle City*(New York: Metropolitan Books, 2009).

2. 독자들 중에는 "다임러와 벤츠, 잡스와 워즈니악처럼 대부분의 기업은 단 몇 명의 인원에서 출발했으므로, 실제로는 적은 수의 퍼슨바이트만으로도 자동차나 컴퓨터를 만들 수 있다"고 생각하는 사람도 있을 것이다. 실제로 다임러 자동차와 애플 I 컴퓨터는 몇 인분의 노동력만으로 충분히 만들 수 있었다. 그러나 기업의 규모가 커지고 제품이 복잡해지면 생산에 필요한 지식의 양도 증가하기 마련이다. 2014년에 생산되어 전 세계로 팔려나간 메르세데스 300 모델과 주문제작된 몇 대의 엔진구동마차가 같을 수는 없다. 이들 사이의 차이점을 이해하려면 같은 종류의 제품이라도 구조가 복잡할수록 많은 수의 퍼슨바이트가 필요하다는 것을 사실로 받아들여야 한다.

3. 기업을 분할하는 것은 지식축적능력에 한계가 있기 때문이 아니다. 대부분의 기업은 고용 가능한 직원의 수에 한계가 있다. 그러나 고용에 한계가 없는 기업이라 해도 언젠가는 지식을 수용하는 데 한계에 도달하게 되고, 그 결과

는 이미 고용된 직원을 활용하는 내부작업비용과 외부인을 활용하는 외주비용의 차이로 나타난다(이것은 로널드 코스의 기업이론과도 일치한다. 자세한 내용은 7장의 후반부에서 다룰 예정이다).

4. Ronald Coase, "The Nature of the Firm"(*Economica* 4, 16, 1937: 386-405)을 참조. 학자들 중에는 존 R. 커먼스(John R. Commons)의 "Institutional Economics"(*American Economic Review* 21, 1931: 648-657)를 거래비용이론의 기원을 간주하는 사람도 있다. 거래비용이론과 기업경제학, 그리고 나중에 명명된 신제도경제학은 경제적 주체들 사이의 상호작용과 그 상호작용을 유도하는 결정들, 그리고 상호작용을 매개하는 계약과 지배구조를 연구하는 학문이다. 이 분야의 입문서(논문)로는 하워드 셸란스키(Howard A. Shelanski)와 피터 G. 클라인(Peter G. Klein)의 "Empirical Research in Transaction Cost Economics: A Review and Assesment"(*Journal of Law, Economics, and Organization* 11, no.2, 1995: 335-361)를 추천한다.

5. 이 이야기는 로널드 코스의 "The Institutional Structure of Production"(*American Economic Review* 82, no.4, 1992: 713-719)에서 인용되었다.

6. 원문은 "Everything should be made as simple as possible, but not simpler"이다. 그러나 아인슈타인이 정말로 이런 말을 했는지는 확실치 않다. 이와 관련된 논쟁과 뒷이야기가 궁금하다면 http://quoteinvestigator.com/2011/05/13/einstein-simple을 참고하기 바란다.

7. 기업 규모의 한계를 더욱 단순한 관점에서 설명하는 이론도 있다. 예를 들어 "사람들은 여유가 있는 한 다른 사람을 고용한다"고 가정하면 수익에 따라 기업의 규모가 제한된다.

8. Miyoung Kim, "Analysis: Friend and Foe; Samsung, Apple Won't Want to

Damage Parts Deal", *Reuters*, August 27, 2012.

9. Walter Isaacson, *Steve Jobs*(New York: Simon and Schuster, 2011).

10. 아이패드에 어떤 게임이 탑재되어 있는지 궁금한 독자들을 위해, 본문에 소개된 3개 항목 외에 XCom: Enemy Unknown과 Civilization Revolution, Sim City, Waking Mars, Cyto, Osmos를 추천한다.

11. Oliver Williamson, "Transaction-Cost Economics: The Governance of Contractual Relations", *Journal of Law and Economics* 22, no.2(1979): 233-261.

12. 윌리엄슨은 이것을 "투자적 성격(investment characteristic)"이라 불렀다.

13. 브라이언 우지(Brian Uzzi)가 발표한 논문에 의류제조업자와 공급자 사이의 연결관계가 자세히 분석되어 있다. Brian Uzzi, "Social Structure and Competition in Interfirm Networks: The Paradox of Embeddedness", *Administrative Science Quarterly* 42, no.1(1997): 35-67.

14. "Free Exchange: Down Towns", *The Economist*, August 15, 2013. 그러나 통신비용의 변화를 공정하게 평가하려면 19세기 말의 기업가들이 요즘 사용되는 이메일이나 스카이프 전화(Skype call, 인터넷을 이용한 전화: 옮긴이)에 얼마를 지불했을지 따져봐야 한다. 제임스 글릭(James Gleick)은 그의 저서 *The Information: A History, a Theory, a Flood*(New York: Phantheon, 2011)에서 프랑스인이 발명한 전신장치가 '팔의 위치로 정보를 송신하는 기계'에서 힌트를 얻은 발명품이라고 했다. 이 역학적 통신장비는 전기통신보다 훨씬 오래되었으며, '전보'나 '전신'이라는 단어를 생각할 때 제일 먼저 떠오르는 이미지이기도 하다.

15. 로널드 코스는 "The Institutional Structure of Production"에서 화폐의 표준화기능이 "가장 근본적이면서 사람들이 간과하고 있는 특성"이라고 강조했다.

16. 현재 USB 저장장치 생산자가 지불하는 표준특허비용은 연간 4,000달러이다(http://www.usb.org/developers/vendor).

17. 가정용 정격전압이나 콘센트의 형태는 지역마다 다르지만, 자전거용 타이어의 크기와 의자 및 테이블의 높이는 범세계적 표준으로 정해져 있다. TCP/IP와 같은 프로토콜과 CSS나 HTML 같은 문서형식도 Web에 기반을 둔 범세계적 표준이다. 돈(화폐)도 상업의 형태가 복잡해지면서 필연적으로 대두된 표준이라 할 수 있다. 프리드리히 하이에크(Friedrich Hayek)는 1945년에 발표한 논문 "The Use of Knowledge in Society"(*American Economic Review* 35, no.4, 1945: 519-530)에서 돈을 "각 지역의 수요-공급의 차이를 알려주는 정보공개 메커니즘"으로 규정했다.

18. J. C. Scott, *Seeing like a State: How Certain Schemes to Improve the Human Condition Have Failed*(New Haven, CT: Yale University Press, 1998).

19. M. Pagel, "Human Language as a Culturally Transmitted Replicator", *Nature Reviews Genetics* 10, no.6(2009): 405-415.

20. Ronen Shahar, Bruno Goncalves, Kevin Hu, Alessandro Vespignani, Steven Pinker, and César A. Hidalgo, "Links That Speak: The Global Language Network and Its Association to Global Fame", *Proceedings of the National Academy of Science*(10.1073/pnas.1410931111, 2014).

21. G. F. Davis, *Managed by the Markets: How Finance Re-shaped*

America(New York: Oxford University Press, 2009).

22. L. P. Casalino et al., "What Does It Cost Physician Practices to Interact with Health Insurance Plans?", *Health Affairs* 28, no.4(2009): w533-w543.

23. Henry J. Aaron, "The Costs of Health Care Administration in the United States and Canada: Questionable Answers to a Questionable Question", *New England Journal of Medicine* 349, no.8(2003): 801-803; S. Woolhandler, T. Campbell, and D. U. Himmelstein, "Costs of Health Care Administration in the United States and Canada", *New England Journal of Medicine* 349, no.8(2003): 768-775.

24. Woolhandler, Campbell, and Himmelstein, "Costs of Health Care Administration".

25. 제조공정을 분할하면 또다른 경제적 이득을 볼 수 있다. G. F. Davis, *Managed by the Markets* 참조.

26. Benjamin Ginsberg, *The Fall of the Faculty: The Rise of the All Administration University and Why It Matters*(Oxford: Oxford University Press, 2011).

27. Woolhandler, Campbell, and Himmelstein, "Costs of Health Care Administration".

8장: 우리는 링크를 믿는다

1. 사회자본이론에 "자본(capital)"이라는 단어를 굳이 끼워넣은 이유는 경제학자들의 취향 때문이다. 경제학자에게 당신의 관심사를 연구해달라고 부탁

하고 싶다면, 주제가 무엇이건 간에 "자본"이라는 단어를 끼워넣는 것이 좋다. 그렇지 않으면 거들떠보지도 않을 것이다!

2. 그러나 경제에서 소셜네트워크와 신뢰가 중요하다는 주장은 경제학의 주류이론에 부합되지 않는다. 전통적인(신고전주의적인) 경제학은 사회구조를 결정하는 형식적 제도와 시장의 기능을 지나치게 강조하면서 사람들의 비사회적 관점을 부추기는 경향이 있다. 반면에 경제학자들은 "사회학자들이 각 개인의 사회화된 정도를 지나치게 과대평가하고 있다"고 주장한다. 이 비평을 주도한 사람은 1960년대에 "나의 연구동료들은 개인을 과도하게 사회화된 개체로 간주하고 있다"며 비난했던 저명한 사회학자 데니스 롱(Dennis Wrong)이었다. 이와 관련된 내용은 그의 논문 "The Oversocialized Conception of Man in Modern Sociology"(*American Sociological Review* 26, no.2, 1961: 183-193)를 참고하기 바란다. 여기서 잠시 사회적 자본에 관한 제임스 콜먼(James Coleman)의 논문 "Social Capital in the Creation of Human Capital"(*American Journal of Sociology* 94, 1988: S95-S120)에 실린 비평을 읽어보자.

> 사회적 행동을 설명하는 이론은 크게 두 부류로 나눌 수 있다. 하나는 대부분의 사회학자들이 고수하는 관점으로, "행위자(개인)는 사회화되어 있고 그의 행동은 사회규범과 규칙, 그리고 의무에 의해 제한된다"고 주장한다. 이 학파가 추구하는 최종목표는 인간의 행동을 사회라는 범주 안에서 설명하는 것이다.
> 반면에 대부분의 경제학자들은 "각 개인의 관심사가 다르고 행동도 독립적이므로, 각기 다른 목적을 추구한다"고 주장한다. 이 학파의 최종목표는 효용성을 극대화하는 행동원리를 찾는 것이다. 이 원리는 한계효용체감원리와 연계되어 신고전주의적 경제이론을 탄생시켰고, 공리주의(utilitarianism)와 사회계약설(contractarianism), 생존권 (…) 등 다양한 정치철학사조를 낳았다. 그러나 이 두 가지 이론은 각자 나름대로 심각한 문제를 안고 있다. 사회학적 이론의 문제점은 행위자에게 "행동을 유발하

는 엔진"이 없다는 것이다. 행위자는 환경의 지배를 받을 뿐, 목적이나 방향을 설정하는 내부동력을 갖고 있지 않다. (…) 반면에 경제학적 관점은 경험적 사실에 위배된다. 개인의 행동은 사회에 의해 형태와 목표가 결정되며, 사회의 제약을 받는다. 사회규범과 사람들 사이의 신뢰, 소셜네트워크, 그리고 사회조직은 사회뿐만 아니라 경제에서도 중요한 기능을 수행하고 있다.

인간사회가 상호작용에 아무런 영향도 받지 않은 채 진화하여 지금과 같은 사회구조와 사회기관이 탄생했다고 주장하는 경제학자들의 이론에서도 사회이론과 경제이론은 매끄럽게 융합되지 않는다. 이 점에 관하여 마크 그라노베터는 다음과 같이 언급했다. "신제도경제학파(new institutional economics)는 과거에 법과 역사, 사회, 정치의 우연한 산물로 간주되었던 사회기관과 제도를 특정 경제문제의 효과적인 해결책으로 바라보고 있다. 이것은 1940~1950년대에 유행했던 구조-기능 사회학(structural-functional sociology)과 비슷한 맥락이다." Mark Granovetter, "Economic Action and Social Structure: The Problem of Embeddedness", *American Journal of Sociology* 91, no.3(1985): 481-510. 프랜시스 후쿠야마도 이와 비슷한 논지로 제도경제학을 다음과 같이 비평했다. "대부분의 경제학자들은 집단형성이 도덕적 관습과 무관하게 재산권이나 계약법과 같은 법이 수립되면서 자연스럽게 등장했다고 가정하고 있다." Francis Fukuyama, *Trust: The Social Virtues and the Creation of Prosperity*(New York: Free Press, 1995).

3. Mark Granovetter, *Getting a Job: A Study of Contracts and Careers*(Cambridge, MA: Harvard University Press, 1974).

4. 같은 책.

5. Nelson D. Schwartz, "In Hiring, a Friend in Need Is a Prospect, Indeed", *New York Times*, January 27, 2013.

6. 로버트 퍼트넘은 『혼자 치는 볼링*Bowling Alone*』이라는 저서를 통해 노동시장과 노동임금에서 소셜네트워크의 경제적 중요성을 강조했는데, 그가 제시한 사례들 중에는 이런 것도 있다. "로스앤젤레스에서 지난 5년 사이에 취업한 흑인, 백인여성의 2/3는 회사에 재직중인 지인의 소개로 입사했다." 돈 문제로 넘어가면 지인과의 관계가 더욱 중요해진다. 한국의 사업가들 중 70%가 처음 사업을 시작할 때 주변에서 돈을 빌린 경험이 있는데, 이들 중 41%는 가족에게 빌렸고 24%는 친구의 도움을 받았다(금융기관에서 대출을 받은 사람은 전체의 37%에 불과했다). Putnam, *Bowiling Alone: The Collapse and Revival of American Community*(New York: Simon and Schuster, 2000), 320.

7. Granovetter, "Economic Action and Social Structure".

8. Fukuyama, *Trust*, 49.

9. 퍼트넘은 사회적 자본의 '결합(bonding)'과 '연결(bridging)'을 다른 개념으로 취급했다. 사회적 자본의 결합은 사람들이 서로를 보살펴주는 조밀한 네트워크 안에서 일어나는 반면, 사회적 자본의 연결은 사람들로 하여금 네트워크의 변두리(로널드 버트의 '구조적 공백')에 쉽게 도달하게 해준다. 퍼트넘은 "사회적 자본의 결합은 사회적 초강력접착제 역할을 하고, 사회적 자본의 연결은 WD-40 같은 윤활유 역할을 한다"고 했다. *Putnam, Bowling Alone*, 23.

10. Coren L. Apicella et al., "Social Networks and Cooperation in Hunter-Gatherers", *Nature* 481, no.7382(2012): 497-501.

11. 같은 책. 연구팀은 협조성을 테스트하기위해 원래 형태에서 조금 변형된 '공공재 게임(public-goods game)'을 도입했다. 이들의 연구에 의하면 협동은 자기보고(self-reporting)를 통해 평가되지 않으며, 각 개인이 참여여부를 자유롭게 결정할 수 있는 유사여가활동(pseudo recreational activity)의 결과

물이다.

12. Fukuyama, *Trust*, 52.

13. Coleman, "Social Capital in the Creation of Human Capital".

14. AnnaLee Saxenian, "Inside-Out: Regional Networks and Industrial Adaptation in Silicon Valley and Route 128", *Cityscape*, May 1996, 41-60.

15. 기업의 적응력에 관해서는 마이클 J. 핸델(Michael J. Handel)의 *The Sociology of Organizations: Classic, Contemporary, and Critical Readings*(Thousand Oaks, CA: Sage Publications, 2003), 104-117에 게재된 월터 파월의 "Neither Market nor Hierarchy: Network Forms of Organization"을 참고하라.

16. 사회학자 월터 파월은 이렇게 말했다. "네트워크는 (…) 제품혁신과 주문제작에 필요한 환경을 구축하는 데 약간의 이점을 갖고 있다."(같은 책) 네트워크가 수직구조보다 적응력이 뛰어난 이유는 내부개발보다 타기업과의 연계와 파트너십이 적응에 유리하고(Michael E. Porter and Mark B. Fuller, "Coalitions and Global Strategy", *Competition in Global Industries* 1, no.10, 1986: 315-343 참조) 시장과 기술변화에 관한 정보를 빨리 입수할 수 있기 때문이다.

17. Schwartz, "In Hiring a Friend in Need Is a Prospect, Indeed."

18. Putman, *Bowling Alone*, ch. 23.

19. Fukuyama, *Trust*, 351. 사회제도는 지리적 제한을 받을 뿐만 아니라, 몇 세대에 걸쳐 다른 지역으로 전파되기도 한다. 경제학자들의 연구결과에

의하면 가족 간 결속력은 가족의 규모와 사회적 이동성, 그리고 여성의 노동 참여에 영향을 주며, 이 성향은 이주한 후에도 몇 세대에 걸쳐 유지된다. Alberto Alesina and Paola Guilliano, "The Power of the Family", *Journal of Economic Growth* 15, no.2(2010): 93-125.

20. Putnam, *Bowling Alone*, 345.

21. Fukuyama, *Trust*, 113.

22. 같은 책, 62.

23. Barry Wellman et al., "Does the Internet Increase, Decrease, or Supplement Social Capital? Social Networks, Participation, and Community Commitment", *American Behavioral Scientist 45*, no.3(2001): 436-455.

9장: 복잡한 경제의 진화

1. P. M. Visscher, "Sizing Up Human Height Variation", *Nature Genetics* 40, no.5(2008): 489-490; G. Lettre et al., "Identification of Ten Loci Associated with Height Highlights New Biological Pathways in Human Growth", *Nature Genetics* 40, no.5(2008): 584-592.

2. 제품생산에 필요한 지식이 오직 한 장소에 집중되어 있다고 가정한다는 뜻은 아니다. 8장에서 말한 대로 이 지식은 세계적 기업네트워크를 통해 여러 지역에 분산되어 있다. 그러나 기업들 사이의 상호작용은 중간제품 거래를 통해 이루어진다. 따라서 자동차 생산업체의 위치(국가나 도시)를 언급할 때에는 자동차부품 조립에 필요한 지식을 말하는 것이 아니다. 고무를 가공하고, 금속을 제련하고, 엔진을 제작하는 공정은 다른 지역에서 이루어질 수도 있다.

3. 내재성(nestedness)은 생태학자들이 집중적으로 연구해온 주제로서, 주

로 종과 서식지를 연결하는 존재-부재 행렬(presence-absence matrices)과 꽃과 꽃가루 매개자(곤충 등)를 연결하는 공생네트워크를 다룬다. 관심 있는 독자들은 W, Ulrich, M. Almeida-Neto, and N. J. Gotelli, "A Consumer's Guide to Nestedness Analysis", *Oikos* 118, no.1(2009): 3-17쪽을 읽어보기 바란다.

4. 여기서는 한 국가의 특정 제품 1인당 수출량이 전 세계 평균의 25%를 넘는 경우에 그 국가를 해당품목의 '수출국'으로 간주했다. 이런 기준으로 비교하면 해당 품목의 국제시장 규모와 수출국의 인구를 따로 고려할 필요가 없다.

5. 온두라스와 아르헨티나의 경우, 수출품목이 중복될 확률(이것을 'p값(p-value)'이라 한다)은 4.4×10^{-4}이다. 온두라스와 네덜란드의 p값은 2×10^{-2}이고, 아르헨티나와 네덜란드의 p값은 4×10^{-3}이다.

6. César A. Hidalgo and Ricardo Hausmann, "The Building Blocks of Economic Complexity", *Proceedings of the National Academy of Sciences* 106, no.26(2009): 10570-10575.

7. 다양성의 개념은 지역경제개발과 전략적 경영에 관한 문헌에 자주 등장한다. Koen Frenken, Frank Van Oort, and Thijs Verburg, "Related Variety, Unrelated Variety and Rwgional Economic Growth", *Regional Studies* 41, no.5(2007): 685-697; Ron Boschma and Simona Iammarino, "Related Variety, Trade Linkage, and Regional Growth in Italy", *Economic Geography* 85, no.3(2009): 289-311.

8. 좀더 학술적으로 말하자면, 얼룩말과 말의 공동조상은 말과 악어의 공동조상보다 나중에 출현했다. 그래서 말과 얼룩말은 말과 악어보다 가깝다.

9. 큰 스케일에서는 동일지역 데이터나 동시수출 데이터가 그런 대로 유용하

지만, 작은 스케일에서는 사용할 수 없다. 한 동네에 영업중인 미장원과 빵집의 수가 비슷하다고 해서 두 업종(산업)에 필요한 지식이 비슷하다는 보장이 없기 때문이다. 사람들은 머리를 자르거나 빵을 사기 위해 먼 길을 가지 않으므로, 이런 업종은 극단적으로 '지역화된' 서비스업에 속한다. 반면에 수출에 의존하는 산업은 넓은 영역을 대상으로 하고 있으므로 관련 지식과 노하우를 쉽게 얻을 수 있는 지역에 자리잡는 것이 유리하다.

10. C. A. Hidalgo, B. Klinger, A. L. Barabási, and R. Hausmann, "The Product Space Conditions the Development of Nations", *Science* 317, no.5837(2007): 482-487.

11. Dataviva.info 참조.

12. F. Neffke, M. Henning, and R. Boscha, "How Do Regions Diversify over Time? Industry Relatedness and the Development of New Growth Paths in Regions", *Economic Geography* 87, no.3(2011): 237-265; F. Neffke and M. Henning, "Skill Relatedness and Firm Diversification", *Strategic Management Journal* 34, no.3(2013): 297-316; Frank Neffke and Martin Svensson Henning, "Revealed Relatedness: Mapping Industry Space", *Pappers in Evolutionary Economic Geography* 8(2008): 19.

13. 또다른 것도 부각된다. 이 개념이 구현된 수학모형을 도입하면 행렬에 존재하는 다양성의 분포와 동일장소배치(colocation), 유사성 등을 설명할 수 있다(R. Hausmann and C. A. Hidalgo, "The Network Structure of Economic Output", *Journal of Economic Growth* 16, 4, 2011: 309-342 참조). 이 변수들 사이의 역학적 관계는 크리스티안 피게로아(Cristian Figueroa)와 내가 현재 연구중에 있다.

10장: 여섯번째 본질

1. 물적 자본은 과거에 생산된 물건을 모두 포함하기 때문에 '기계(machinery)'보다 포괄적인 개념이다. 예를 들어 제분소에 보관되어 있는 곡물도 물적 자본에 속한다.

2. Adam Smith, *The Wealth of Nations*(London: T. Nelson and Sons, 1887), 116.

3. 같은 책.

4. 원래 쿠즈네츠는 GDP보다 GNP의 개념을 먼저 창안하여 경제 개량의 수단으로 사용했다. GNP가 GDP로 대치된 것은 1990년대의 일이다. GDP는 한 국가 안에서 생산된 상품과 서비스의 합이고 GNP는 (국내 거주민과 해외 거주민을 모두 포함한) 한 국가의 국민들이 생산한 상품과 서비스의 합이다.

5. Simon Kuznets, "Modern Economic Growth: Findings and Reflections", *American Economic Review* 63, no.3(1973): 247-258.

6. 전문용어로 말하면 TFP(총요소생산성)는 통계모형의 여분항(또는 오차항)에 해당한다. 기술개발에 참여해본 사람들은 선뜻 이해가 안 가겠지만, 경제학자들은 TFP를 종종 '기술'이라 부르고 있다. 경제학에서 기술이란 "동일한 가격으로 더 많은 일을 할 수 있는 능력"을 의미하기 때문이다. 반면에 과학자나 발명가들에게 기술이란 "특정 목적을 완전히 새로운 방법으로 실행하는 수단"이며, 이 과정에서 과거에 없었던 새로운 능력이 개발되기도 한다. 예를 들어 컴퓨터를 이용하면 타자기보다 빠르게 글을 쓸 수 있지만, 컴퓨터는 단순히 "빠른 타자기"가 아니다. 컴퓨터로는 비디오게임을 할 수 있고 3D 도면을 그릴 수 있으며, 3D 프린터를 제어할 수 있다. 물론 타자기로는 상상도 할 수 없는 일이다. 그러나 발명가들은 특별한 능력을 정의하기 위해 '기술'이라는 용어를 좁은 의미로 사용하고 있다. 예를 들어 거대자기저항장치(GMR,

giant magnetoresistance)는 하드 드라이브에서 정보를 읽는 기술인데, 최근에 등장한 기와식 자기기록장치(SMR, Shingled Magnetic Recording, 하드 드라이브의 용량을 수십 TB까지 높여준다)와는 완전히 다른 기술이다.

7. 이 무렵에 등장한 경제이론들은 '결합된 상미분방정식(coupled ordinary differential equation)'과 같은 수학적 도구를 일상적으로 사용했다.

8. Wassily Leontief, "Theoretical Assumptions and Non-observed Facts", *American Economic Review* 61, no.1(1971): 1-7.

9. Michael Porter, On Competition(Boston: Harvard Business School Press, 2008), 188. 난립한 경제이론의 문제점을 지적한 학자로는 에스더 듀플로(Esther Duflo)와 아비지트 배너지(Abhijit Banerjee), 로버트 루카스(Robert Lucas) 등이 있다. 듀플로와 배너지는 경제 시스템 안에서 생산성이 지역마다 큰 차이를 보이기 때문에 총생산함수(aggregate production function)의 개념을 사용할 수 없다고 주장했다. Abhijit V. Banerjee and Esther Duflo, "Growth Theory Through the Lens of Development Economics", in *Handbook of Economic Growth*, vol.1, ed. Phillippe Aghion, 473-552(Amsterdam: elsevier, 2005). 노벨상 수상자인 로버트 루카스는 "올바른 경제개발이론은 총합모형(aggregation modeling) 이상의 무언가를 담고 있어야 한다"고 주장했다. R. E. Lucas, "On the Mechanics of Economic Development," *Journal of Monetary Economics* 22, no.1(1988): 3-42.

10. Paul M. Romer, "Endogenous Technological Change", *Journal of Political Economy* 98, no.5(1990): S71-S102.

11. N. G. Mankiw, D. Romer, and D. N. Weill, "A Contribution to the Empirics of Economic Growth", *Quarterly Journal of Economics* 107, no.2(1992): 407-437.

12. 이들은 1960-1985년 사이에 노동가능인구 중 중등학교 재학생의 비율을 인적 자본 데이터로 사용했다.

13. A. W. Woolley, C. F. Chabris, A. Pentland, N. Hashmi, and T. W. Malone, "Evidence for a Collective Intelligence Factor in the Performanceof Human Groups", *Science* 29, vol. 330, no.6004(2010): 686-688, http://www.sciencemag.org/content/330/6004/686.

14. Roland S. Burt, *Brokerage and Closure: An Introduction to Social Capital*(Oxford: Oxford University Press, 2005).

15. 사회자본의 연결을 다룬 문헌목록은 다음과 같다.
· Ronald S. Burt, *Structural Holes: The Social Structure of Competition*(Cambridge, MA: Harvard University Press, 2009).
· Ronald S. Burt, "The Contingent Value of Social Capital", *Administrative Science Quarterly* 42, no.2(1997): 339-365.
· Ronald S. Burt, "Secondhand Brokerage: Evidence on the Importance of Local Structure for Managers, Bankers, and Analysts", *Academy of Management Journal* 50, no.1(2007): 119-148.
· Alex Pentland, *Social Physics: How Good Ideas Spread: The Lessons from a New Science*(New York: Penguin, 2014).

16. John F. Heliwell and Robert D. Putnam, "Economic Growth and Social Capital in Italy", *Eastern Economic Journal* 21, 3(1995): 295-307; Stephen Knack and Philip Keefer, "Does Social Capital Have an Economic Payoff? A Cross-Country Investigation", *Quarterly Journal of Economics* 112, no.4(1997): 1251-1288; Paul J. Zak and Stephen Knack, "Trust and Growth", *Economic Journal* 111, no.470(2001): 295-321.

17. 나는 이 만화를 페이스북에서 찾았는데, 네티즌들 사이에서 여러 번 회자되었다. 그러나 안타깝게도 출처를 찾는 데는 실패했다.

18. 여기에는 사람들 사이의 상호작용과 상품의 입수 가능성이 가격에 반영되어 있다는 가정도 깔려 있다. 즉, 수요와 공급이 상품의 가치에 가격이 반영되도록 만든다는 가정이다.

19. 레온티에프는 입력(input)을 사들이는 기업들을 서로 연결하는 입력-출력 행렬(input-output matrices)을 연구하면서 생의 대부분을 보냈다. 그가 추구했던 필생의 목표는 GDP와 같은 종합지표를 뛰어넘어 눈에 보이지 않는 부분까지 반영된 경제이론을 구축하는 것이었다.
모든 건설적 행동에 선행하는 이해를 도모하려면 "개발"과 같은 모호한 용어나 광역적 통계에 얽매이지 말고 그 저변을 파고들 필요가 있다. (저개발국을 포함하여) 모든 경제는 복잡한 내부구조를 갖고 있다. 내부에 장착된 기어가 손목시계의 성능을 좌우하는 것처럼, 경제시스템의 성능은 각 부분의 상호관계에 의해 결정된다. 레온티에프는 종합적 개념에 반대되는 이 관점을 끝까지 고수했다.
"국민총생산(GDP)"이나 "총생산량(Total output)" "부가가치" "개인소비지출" "연방정부지출" "수출" 등과 같은 제목으로 발표된 국가회계보고서에는 우리에게 친숙한 외부적 특성이 주로 설명되어 있다. 그러나 최근 들어 경제학을 배우는 학생들과 현장의 관리인들은 종합적 경제용어로는 표현조차 하기 어려운 문제에 직면하고 있다. 이 문제를 해결하려면 경제시스템 내부로 깊숙이 들어가서 세부구조를 살펴봐야 한다.
레온티에프는 자신의 생각을 관철시키기 위해 동료는 물론이고 당시 통용되던 기술과도 한바탕 싸움을 벌였다. 1950~1960년대의 컴퓨터로는 입력-출력 행렬을 계산할 수 없었지만, 1965년 초에 레온티에프는 미국경제의 81개 분야를 대상으로 생산행렬을 산출하는 데 성공했다. 그러나 컴퓨터의 성능이 향상되고 신기술이 개발되면서 굳이 입력-출력 행렬에 의존할 필요가 없어졌기 때문에, 그의 관점은 후대에 충실하게 전수되지 못했다. 현재 미국의

69종 산업을 대상으로 한 입력-출력 행렬은 매년 일반에게 공개되고 있으며, 이들 사이의 링크를 388개로 세분한 행렬은 5년에 한번씩 발표되고 있다. 인간게놈 프로젝트가 완성되고 구글이 인터넷을 지배하는 요즘, 경제를 평가하는 기술은 20세기 중반에 레온티에프가 개발한 방법과 별반 차이가 없다.

20. 이 주제에 관한 문헌목록은 다음과 같다.
· César A. Hidalgo and Ricardo Hausmann, "The Building Blocks of Economic Complexity", *Proceedings of the National Academy of Science* 106, n0.26(2009): 10570-10575.
· César A. Hidalgo, "The Dynamics of Economic Complexity and the Product Space over a 42-Year Period", *working paper* 189, Center for International Development, Harvard University, 2009.
· Ricardo Hausmann and César A. Hidalgo, "The Network Structure of Economic Output", *Journal of Economic Growth* 16, no.4(2001): 309-342.
· Ricardo Hausmann and César A. Hidalgo, *The Atlas of Economic Complexity: Mapping Paths to Properity*(Cambridge, MA: MIT Press, 2014).

21. 경제학에서는 임금과 가격의 균형을 '평형(equilibrium)'이라 하고, 이런 추세가 시장 전체에 나타나는 경우를 '일반적 평형(general equilibrium)'이라 한다. 그리고 본문의 사례처럼 사장의 일부에서 나타나는 경우를 '부분평형(partial equilibrium)'이라 한다.

22. 선전(深圳)의 기업환경에 대해서는 조이치 이토(Joichi Ito)의 "Shenzen Trip Report: Visiting the World's Manufacturing Ecosystem", 링크드인의 2014년 8월 17일자 블로그(http://www.linkedin.com/pulse/article/20140817060936-1391-shenzen-trip-report-visiting-the-world-s-manufacturing-ecosystem)를 참고하라.

11장: 지식과 노하우, 그리고 정보의 결합

1. Jared M. Diamond, *Guns, Germs and Steel: The Fates of Human Societies*(New York: Random House, 1998).

2. Greg Grandin, *Fordlandia: The Rise and Fall of Henry Ford's Forgotten Jungle City*(New York: Metropolitan Books, 2009).

12장: 물리적 질서의 진화—원자에서 경제로

1. 이런 환경에서 정보가 자라게 하려고 강제로 에너지가 흐르도록 만든다면, 어쩔 수 없이 온도가 올라간다.

옮긴이 **박병철**

연세대학교와 동대학원 물리학과를 졸업하고 한국과학기술원(KAIST)에서 이론물리학을 전공해 물리학 박사학위를 받았다. 30년 가까이 대학에서 학생들을 가르쳤으며, 현재 과학 전문 번역가 및 저술가로 활동하고 있다. 2005년 제46회 한국출판문화상, 2016년 제34회 한국과학기술도서상 번역상을 수상했다. 옮긴 책으로는 『신의 입자』 『엘러건트 유니버스』 『파인만의 물리학 강의』 『페르마의 마지막 정리』 『마음의 미래』 『평행우주』 등이 있으며, 지은 책으로는 어린이 과학동화 『라이카의 별』이 있다.

정보의 진화

물리학과 경제학으로 정보성장의 메커니즘을 파헤치다

초판 인쇄 2018년 11월 22일
초판 발행 2018년 12월 4일

지은이 세자르 히달고 | 옮긴이 박병철
펴낸이 염현숙
책임편집 이경록 | 편집 황도옥 | 디자인 강혜림 이주영
마케팅 정민호 이숙재 정현민 김도윤 안남영 | 홍보 김희숙 김상만 이천희 | 저작권 한문숙 김지영
제작 강신은 김동욱 임현식 | 제작처 한영문화사

펴낸곳 (주)문학동네
출판등록 1993년 10월 22일 제406-2003-000045호
주소 10881 경기도 파주시 회동길 210
전자우편 editor@munhak.com | 대표전화 031) 955-8888 | 팩스 031) 955-8855
문의전화 031) 955-3578(마케팅) 031) 955-3572(편집)
문학동네카페 http://cafe.naver.com/mhdn | 트위터 @munhakdongne
북클럽문학동네 http://bookclubmunhak.com

ISBN 978-89-546-5394-7 03320

www.munhak.com